U0947660

“十二五”国家重点图书出版规划项目
长江黄金水道建设关键技术丛书

长江干线航道通航条件技术研究

李国祥　吕永祥　茆长胜　编著

人民交通出版社股份有限公司
China Communications Press Co.,Ltd.

内 容 提 要

本书为《长江黄金水道建设关键技术丛书》之一，主要依托《内河通航标准》和《长江（干线）通航标准》，针对长江干线航道整治工程和小南海枢纽工程以及跨河、临河建筑物建设，围绕长江干线航道特点和航运发展与规划，对船舶通航的技术需求开展长江干线航道通航条件关键技术研究。全书共分七部分，内容包括：绪论，长江干线航道等级与代表船型，航道尺度标准，跨、临河建筑物，拦河建筑物，三峡水利枢纽上下游通航水位的确定，长江干线航道通过能力。

本书可为开展通航条件和通航标准研究提供借鉴和参考，也可供港口与航道、水利、土建类专业工程技术人员参考。

Abstract

As one of the *Key Techniques for Construction of the Yangtze Golden Waterway Book Series*, this book includes several parts as follows: introduction, channel dimension standards and typical ship types, channel classes and typical ship types on the Yangtze River trunk line, structures across or nearby river, structures over river, determination of navigable water level in upper and lower reaches of the Three Gorges Project, and traffic capacity on the Yangtze River trunk line.

This book can serve as reference for not only those engaged in design, construction, management and research of port and waterway projects and water conservancy projects, but also teachers and students of related specialties in colleges and universities.

图书在版编目 (CIP) 数据

长江干线航道通航条件技术研究 / 李国祥，吕永祥，茆长胜编著．—北京：人民交通出版社股份有限公司，2015.12

（长江黄金水道建设关键技术丛书）

ISBN 978-7-114-12587-4

Ⅰ．①长… Ⅱ．①李… ②吕… ③茆… Ⅲ．①长江－航道－通航－条例－研究 Ⅳ．① U697.1

中国版本图书馆 CIP 数据核字 (2015) 第 255803 号

长江黄金水道建设关键技术丛书

书　　名：长江干线航道通航条件技术研究
著 作 者：李国祥　吕永祥　茆长胜
责任编辑：高　培　袁　方
出版发行：人民交通出版社股份有限公司
地　　址：（100011）北京市朝阳区安定门外外馆斜街 3 号
网　　址：http://www.ccpress.com.cn
销售电话：（010）59757973
总 经 销：人民交通出版社股份有限公司发行部
经　　销：各地新华书店
印　　刷：北京盛通印刷股份有限公司
开　　本：787 × 1092　1/16
印　　张：12.75
字　　数：225 千
版　　次：2015 年 12 月　第 1 版
印　　次：2015 年 12 月　第 1 次印刷
书　　号：ISBN 978-7-114-12587-4
定　　价：40.00 元
（有印刷、装订质量问题的图书由本公司负责调换）

《长江黄金水道建设关键技术丛书》审定委员会

《长江黄金水道建设关键技术丛书》
主要编写单位

交通运输部长江航务管理局

交通运输部水运科学研究院

南京水利科学研究院

交通运输部长江口航道管理局

交通运输部天津水运工程科学研究院

中交第二航务工程勘察设计院有限公司

武汉理工大学

重庆交通大学

长江航道局

长江三峡通航管理局

长江航运信息中心

上海河口海岸科学研究中心

《长江黄金水道建设关键技术丛书》
编写协调组

组　长　杨大鸣（交通运输部长江航务管理局）

成　员　高惠君（交通运输部水运科学研究院）

　　　　　裴建军（交通运输部长江航务管理局）

　　　　　丁润铎（人民交通出版社股份有限公司）

序

（为《长江黄金水道建设关键技术丛书》而作）

河流，是人类文明之源；交通，推动了人类不同文明的碰撞与交融，是经济社会发展的重要基础。交通与河流密切联系、相伴而生。在古老广袤的中华大地上，长江作为我国第一大河流，与黄河共同孕育了灿烂的华夏文明。自古以来，长江就是我国主要的运输大动脉，素有“黄金水道”之称。水路运输在五大运输方式中，因成本低、能耗少、污染小而具有明显的优势。发展长江航运及内河运输符合我国建设资源节约型、环境友好型社会以及可持续发展战略的要求。目前，长江干线货运量约20亿t，位居世界内河第一，分别为美国密西西比河和欧洲莱茵河的4倍和10倍。在全面深化改革的关键期，作为国家重大战略，我国提出“依托长江黄金水道，建设长江经济带”，长江黄金水道又将被赋予新的更高使命。长江经济带覆盖11个省（市），面积205.1万km^2，约占国土面积的21.4%。相信长江经济带的建设将为“黄金水道”带来新的发展机遇，进一步推动我国水运事业的快速发展，也将为中国经济的可持续发展提供重要的支撑。

经过60余年的努力奋斗，我国的内河航运不断发展，内河航道通航总里程达到12.63万km，航道治理和基础设施建设不断加强，航道等级不断提高，在我国的经济社会发展中发挥了不可估量的作用。长江口深水航道工程的建成和应用，标志着我国水运科学技术水平跻身国际先进行列。目前正在开展的长江南京以下12.5m深水航道工程的建设，积累了更多的先进技术和经验。因此，建设长江黄金水道具有先进的技术积累和充足的实践经验。

《长江黄金水道建设关键技术丛书》围绕“增强长江运能”这一主题，从前期规划、通航标准、基础研究、航道治理、枢纽通航，到码头建设、船型标准、安全保障与应急监管、信息服务、生态航道等方面，对各项技术进行了系统的总结与著述，既有扎实的理论基础，又有具体工程应用案例，内容十分丰富。这套丛书是行业内集体智慧之力作，直接参与编写的研究人员近200位，所依托课题中的科研人员超过1 000位，参与人员之多，创我国水运行业图书之最。长江黄金水道的建设是世界级工程，丛书涉及的多项技术属世界首创，技术成果总体处于国际先进水平，其中部分成果处于国际领先水平。原创性、知识性和可读性强为本套丛书的突出特点。

该套丛书系统总结了长江黄金水道建设的关键技术和重要经验，相信该丛书的出版，必将促进水运科学领域的学术交流和技术传播，保障我国水路运输事业的快速发展，也可为世界水运工程提供可资借鉴的重要经验。因此，《长江黄金水道建设关键技术丛书》所总结的是我国现代水运工程关键技术中的重大成就，所体现的是世界当代水运工程建设的先进文明。

是为序。

南京水利科学研究院院长
中国工程院院士
英国皇家工程院外籍院士
张建云

2015年11月15日

前　言

本书以交通运输部“长江黄金水道通过能力提升技术”重大科技专项为基础，围绕通航标准研究内容编写而成。

我国社会主义建设事业和社会经济的飞速发展对交通运输系统提出了更高的要求。长江水运是我国综合运输体系中的重要组成部分。近年来，我国将建设“畅通、高效、平安、绿色”内河航运上升为国家战略。为发挥科技的引领和支撑作用，促进内河水运现代化发展，2011年交通运输部设立了“黄金水道通过能力提升技术”重大科技专项（以下简称“专项”），重点支持长江、西江航运现代化发展中的重大科技攻关，并在专项中专门设立了有关“通航标准”的项目研究，为本书的编写奠定了基础。

在本书编写过程中，我们根据专项中有关通航标准方面的研究以及参研单位多年来相关的研究成果，对近年来有关通航标准进行了研究。

本书的编写以理论与实际相结合原则，强化长江的特色，重视推陈纳新和反映国内外最新的研究成果。笔者力求使本书真实反映我国近年来在内河通航标准、内河航道工程、港口航道工程等领域的科技进步和最新实践成果。

本书由李国祥、吕永祥、茆长胜编著。编写分工为：绪论由李国祥、吕永祥编写；长江干线航道等级与代表船型由刘明俊、徐言民编写；航道尺度标准由裴金林、赵维阳编写；跨、临河建筑物由茆长胜、裴金林编写；拦河建筑物由吴澎、曹凤帅编写；三峡水利枢纽上下游通航水位的确定由胡小庆、朱代臣编写；长江干线航道通过能力由雷国平、郑惊涛编写。

在本书编写过程中，长江航道局王建斌副局长提出了许多宝贵的意见，并给予了指导，我们谨致衷心的谢忱。

限于我们的认知水平，书中难免存在谬误，敬请读者批评指正。

作　者

2015年8月

目录

1 绪论

近年来，在《长江干线航道发展规划》的指导下，围绕“深下游、畅中游、延上游”及“率先实现长江航道现代化”的主要目标，长江干线河段实施了一系列航道整治工程和生产设施工程，干线航道的通航面貌有了很大的改观，航道维护尺度及通航保证率有较大提高，航行条件明显改善，航道通过能力大幅提高。

为进一步加快推进黄金水道建设，构建“安全、畅通、节能、高效、和谐”的长江航运，国务院发布了《关于加快长江等内河水运发展的意见》（国发 [2011]2 号文件），明确提出了“运输船舶实现标准化、大型化，长江干线运输船舶平均吨位超过 2 000 吨”及“优化船舶运输组织，促进干支直达和江海直达运输”的发展目标。本书主要围绕长江干线不同河段航道等级和代表船型的确定，典型航段船型尺度与航道尺度的关系，对长江干线的船型发展进行系统分析与总结，结合长江干线航道发展现状及规划要求，以及长江干线航运社会对船舶通航的技术需求，确定长江干线各等级航道代表船舶、船队及其尺度，为《长江干线通航标准》的制定提供技术支持。

随着水运事业的不断发展，我国内河沿江地区经济社会及城市建设迅猛发展，区域交通的基础建设不断加快，沿江桥梁、码头等跨、临河建筑物的兴建如雨后春笋般兴起。由于各种河流、湖泊和沿海通航环境的变化及维护标准的不断提高，与通航有关的设施和通航技术要求在执行过程中出现了一些新问题，近几年，长江航道局组织长江航道规划设计研究院等单位开展了《长江干线与通航有关设施建设及航道资源保护措施专题研究》、《跨、临河建筑物选址与通航要求研究》等科研工作，研究现存岸线的建设条件及建设可行性，提出与通航有关设施建设存在的问题，从保护长江航道资源角度，提出不同河段跨、临河建筑物设施建设的选址要求，确定并提出建设与通航有关设施应实施的控制原则及保护技术要求。通过对在通航河流上建设的水上跨、临河建筑物对通航的影响研究，总结其经验教训，补充和完善了跨、临河建筑物相应通航保障措施。

沿江经济的平稳较快发展，使得过闸货运需求快速增长，船闸通过能力与过闸需求快速增长的矛盾日益显现。为进一步提高三峡船闸的通过能力，从船闸的运营管理方面提出了相应的措施，但受船闸规模所限，其通过能力提升空间有限。因此，长江上游待建通航建筑的规模和船闸尺度需要综合考虑经济增长、船型发展等多方面因素。其中，拦河建筑物通航技术参数主要包括过坝货运量、设计代表船型、通航建筑物建设标准、规模、平面布置、通航尺度与通过能力等。

多年来，在天然情况下，长江来水来沙已基本形成规律。但自三峡水库 2003 年 6 月蓄水运行以来，水库运行彻底改变了长江上游江津以下河段的水沙与通航条件。库区水位大幅抬高，产生累积性淤积，长江干线通航水位的调整势在必行。通航水位的确定关键在于计算方法，本书第 6 部分三峡水利枢纽上下游通航水位的确定，主要是有针对性地介绍枢纽影响下的通航水位计算方法。

1.1 航道通航条件基本概念

通航条件是指与通航有关的条件，包括通航尺度、水流条件、气象条件、河床边界条件和通航设施状况等的总称。本书主要介绍通航尺度、通航水位条件和跨、临河建筑物及拦河建筑物。实际运用中，航行船舶应根据自身的情况，结合航道部门公布的航道维护尺度、水位、桥梁以及船闸的通航尺度，合理配载和编队，以满足相应的航道通航条件。

航道尺度是航道建设的主要标准，包括航道深度、宽度、弯曲半径、断面系数以及水上净空和船闸尺度等。内河通航标准所规定的各级航道的尺度为航道标准尺度，与航道等级、设计船舶（船队）尺度有关。

航道等级通常是以该航道通航的最大船舶吨位表示。因此，确定航道通航等级就是确定该航道通航的最大船舶吨位；其次是根据通航船舶的吨位确定航道的通航尺度。

代表船型是为确定通航尺度，通过技术经济论证优先确定的、设计载重量可达到相应吨级的船型。

航道的技术等级，是确定跨、临河建筑物和航道建设标准的依据。根据内河通航标准，内河航道按可通航内河船舶的吨级划分为 7 级，不同等级的航道具有不同的技术条件和设施。

“与通航有关的设施”是指对航道的通航条件有影响的跨、临河及拦河建筑物和其他工程设施。

跨河建筑物一般指横跨河流、水道的各种建筑物、构筑物，包括桥梁、隧道、输水或输油管线以及过河电缆等。临河建筑物包括码头、栈桥、取（排）水口、抽（排）水站、船台、滑道等。拦河建筑物在枯水期用于拦截河道抬高水位，以满足上游航运的要求；洪水期则提闸泄洪，控制下泄流量和上游水位，保证下游河道安全或根据下游用水需要调节放水流量。

“水位”是指水体的自由水面高出固定基面以上的高程。通航水位指的是在各级航道中，能保持船舶（队）正常航行时的最高和最低水位，即设计最低通航水位和设计最高通航水位。通航水位是航道规划与整治设计、通航设施和跨、临河建筑物设计的关键技术指标之一。

航道的通过能力是指在现实的航道条件和交通状况下，航道断面在单位时间内的最大交通量；是航道等级和标准、通航船舶尺度、通过的船舶载重吨或货运量和通过船舶数量等因素在一定条件下的综合反映。

1.2 长江干线航道通航条件

长江干线航道是我国综合运输体系中东西向运输通道的重要组成部分，也是世界上运输最繁忙、运量最大的内河航道。作为连接我国东、中、西部三大经济区的重要运输通道，长江黄金水道在我国经济社会发展和国家安全格局中起着战略性的基础支撑作用，是我国对外开放的重要依托及西部开发、中部崛起战略的根本保障。

按照河道水文和地理特征，将长江干线航道划分为上、中、下游区段，宜昌以上河段为上游，宜昌至湖口河段为中游，湖口以下河段为下游。由于各航段通航尺度、水流条件、河床边界条件和通航设施状况的不同，导致上、中、下游的通航条件存在较大差异。

云南水富至宜昌的长江上游，是典型的山区河流航道。三峡水库蓄水后，三峡大坝至重庆段形成了库区航道，通航条件得到根本改善。目前，上游航道面临的主要问题是水富至重庆河段仍有部分急、弯、浅、险的碍航滩险，以及三峡水库库尾段碍航问题。该段航道现可通航 500 ～ 3000 吨级内河船舶，其中三峡库区航道重庆至宜昌段可通航 3000 吨级内河船舶。

宜昌至江西湖口的长江中游，河道蜿蜒曲折，演变频繁剧烈，有近 20 处碍航浅滩，局部河段主流摆动频繁，航槽演变剧烈，遇特殊水文年时极易发生碍航、断航。其中，荆江河段九曲回肠、滩多水浅，历来是长江防洪的重要险段和航道建设维护的重点与难点，三峡水库运行后的清水下泄又进一步加剧了中游河势及航道变化的复杂程度。为保障航道畅通、维持部分水道有利河势，国家先后实施了界牌、碾子湾、张南等水道的整治工程和清淤应急工程。目前，宜昌至武汉航段可通航 1000 ～ 5000 吨级内河船舶组成的船队；武汉至湖口可通航 5000 吨级海船。

江西湖口到长江口的长江下游，水流平缓，河道开阔，航行条件较为优越。其中，湖口至南京，可通航 5000 ～ 10000 吨级海船；南京至长江口航段通过长江口深水航道治理一、二期工程和深水航道向上延伸工程，航道水深由原来的 7m 提高到 10m，并同步延伸至南京。现正在实施长江口深水航道治理三期工程，建成后可实现 5 万吨级海船全天候双向通航。目前，下游的白茆沙、通州沙和福姜沙“三沙”是大型海船进江的主要瓶颈，也是长江下游航道治理的重点和难点，需要结合水利河势控制工程实施航道整治工程。

长江干线航道现状维护尺度详见表 1–1。

长江干线航道现状维护尺度表 表 1–1

河　段	里程（km）	最小维护标准尺度 [水深（m）× 航宽（m）× 弯曲半径（m）]
水富—重庆	414.0	1.8 × 40 × 300
重庆—宜昌	688.0	2.9 × 50 × 560
宜昌—城陵矶	368.0	2.9 × 80 × 750
城陵矶—武汉	227.5	3.2 × 80 × 750
武汉—安庆	402.5	4.0 × 100 × 1 050
安庆—南京	306.0	4.5 × 100 × 1 050
南京—河口	311.6	10.5 × 200 × 1 050
浏河口—长江口	120.0	10.5 × 500 × 1 050

1.3　航道规划与航运发展战略

随着长江流域经济的快速发展、水路运输需求的不断扩大，以及航道条件的改善，长江干线船舶发展逐步趋向大型化、箱型化、系列化、标准化。地区经济的分工协作日益增强，国际国内贸易大幅增长，给长江航运的发展带来了新的动力，促进了江海直达运输的发展。海进江金属矿石、原油、煤炭运量发展很快，其他物资，如：水泥及水泥熟料、钢材、粮食等江海运量也快速增长。

长江干线航道虽经多年建设，但全航段系统治理不够，河势与航道的稳定性尚未得到有效控制，不少航段航道治理需与水利河势控制工程相结合；三峡水库蓄水后，枯水期下泄流量增加有利于增加中游航道平均水深，但受清水下泄影响，坝下河道将发生长距离、长时段的冲刷，对中下游河段河势和航道有一定影响。

1.3.1 航道规划

为进一步加强长江航道建设，发挥长江水运优势，促进流域经济社会可持续发展，交通运输部会同国家发展改革委、水利部、财政部，在已有《长江干线航道发展规划》及相关规划基础上，进一步对长江航道的现状、存在问题、面临的形势和发展目标等进行了梳理和研究，并联合对长江航道建设情况进行了调研，编制了《长江干线航道总体规划纲要》（以下简称《总体规划纲要》）。具体摘要如下：

（1）长江干线航道运输需求

随着长江流域经济社会持续较快发展，长江干线货运量仍将保持较快增长，海船进江和干支直达运输需求旺盛，预计长江干线水运货运量将由2006年的9.9亿t增长到2020年的18.0亿t，主要货种以矿石、煤炭、水泥等大宗散货以及集装箱、汽车滚装、液体化工品等货种为主。

（2）干线航道总体规划目标

到2020年，长江干线航道得到全面、系统治理，航道通航能力较大提高，通航条件明显改善。长江口深水航道逐步向上延伸，中游航道通航标准进一步提高并基本通畅，上游航道通航条件全面改善，长江航道日常维护和应急抢险保通能力适应航道正常安全运行要求，长江水运基本适应沿江经济社会发展需要。

（3）航道规划标准

航道规划标准的规划水平年为2020年。

水富至重庆河段：Ⅲ航道标准，通航由1000吨级驳船组成的船队。结合小南海、朱杨溪等枢纽建设，可将航道标准提高到Ⅰ级。

重庆至城陵矶河段：Ⅰ级航道标准，可通航由2000～3000吨级驳船组成的6000～10000吨级船队。

城陵矶至武汉河段：Ⅰ级航道标准，可通航由3000吨级驳船组成的万吨级船队，利用航道自然水深通航3000吨级海船。

武汉至安庆河段：Ⅰ级航道标准，可通航由2000～5000吨级驳船组成的2万～4万吨级船队，利用航道自然水深通航5000吨级海船。

安庆至南京河段：Ⅰ级航道标准，可通航2万～4万吨级船队和5000吨级海船，利用航道自然水深通航1万吨级海船。

南京至苏州太仓河段：可通航3万～5万吨级海船。

太仓至长江口河段：可通航5万吨级集装箱船，10万吨级散货船可满载乘潮通航。

1.3.2 航运发展战略

随着长江航道的治理，长江航道条件得到根本改善，促进了流域经济的快速发展，推动了沿江港口码头、桥梁等临、过河建筑物数量迅速增加，且结构形式复杂，导致长江干线航运明显呈现船舶大型化、航道深水化、航线远程化等趋势。经过多年建设，长江航运体系逐步完善，基础设施面貌有了很大改善，运输能力大幅提高，已初步具备充分发挥黄金水道作用的基础条件。

在经济全球化、区域经济一体化发展的时代背景下，航运业早已打破了江海航运的传统界限。国家明确提出要提升长江黄金水道功能，加快推进长江干线航道系统治理，整治浚深下游航道，有效缓解中上游瓶颈，改善支流通航条件，优化港口功能布局，加强集疏运体系建设，发展江海联运和干支直达运输，打造畅通、高效、平安、绿色的黄金水道，这必将为推动江海航运一体化提供更加坚实的基础保障。

随着我国经济转型升级步伐的加快，对外开放领域的不断扩大，东、中、西部的梯次发展，沿海经济与内河经济进入了相互促进、共同发展的新时期。为了促进东中西区域协调发展，促进内陆及沿边开发开放，需要加强长江经济带与“一带一路”的衔接互动，以长江经济带为先导，推进“一带一路”综合交通运输体系建设。同时，依托长江黄金水道，推动长江经济带发展，打造中国经济新支撑带，是党中央、国务院把握国内外发展大势做出的重大战略决策，对于有效扩大内需、促进经济稳定增长、调整区域结构、实现中国经济转型升级，具有十分重要的意义。

2　长江干线航道等级与代表船型

长江干线航道里程较长，上中下游航道变化较大，船型结构较为复杂；同时水系流经区域较广，干支直达运输普遍，船型差异较大，为此将长江干线分成若干航段考虑。围绕长江干线航道特点、航运发展的规划以及对船舶通航的技术需求，通过对长江通航条件及影响因素的分析，确定长江干线航道等级，以及不同航段相应的代表船型。

2.1　长江干线航道等级

2.1.1　长江干线航道等级的确定原则

以《内河通航标准》（GB 50139—2014）（以下简称“14 内河标准”）为依据，以长江干线航道通航条件为基础，根据长江干线各河段重点航段的航道尺度核查、计算和分析结果，以及典型航段船型尺度与航道尺度的关系，适度考虑长江航运对长江航道的需要和航道建设发展，结合长江中下游海轮推荐航线、缓流航道，以及船舶定线制河段航道维护实践等，提出长江干线航道等级。

2.1.2　长江干线航道等级

根据上述长江干线航道等级标准的确定原则，考虑目前通航船舶的实际情况，针对长江干线航道等级标准设计了两个划分方案。

（1）方案一：将长江干线航道按照通航船舶吨级划分为 3 级，即内河航道Ⅰ、Ⅱ、Ⅲ级。其中Ⅰ级航道分为 6 类。长江干线航道等级标准具体确定，见表 2–1。

（2）方案二：将通航海轮的航道和通航内河船舶的航道分开划分等级，其中将通航海轮的航道分为 4 级，将通航内河船舶的航道增加 1 个特级Ⅰ航道，也分为 4 级，长江干线航道等级标准具体确定，见表 2–2。

相应航道等级对应的代表船队及船队尺度，见表 2–3。

长江干线航道等级划分（方案一） 表 2–1

航道等级	Ⅰ						Ⅱ	Ⅲ
	Ⅰ–1	Ⅰ–2	Ⅰ–3	Ⅰ–4	Ⅰ–5	Ⅰ–6		
船舶吨级（t）	50000以上（H）	20000（H）	10000(N) 5000（H）	7000（N） 5000（H）	5000（N） 3000（H）	3000（N）	2000（N）	1000（N）

注：H– 海船；N– 内河船。

长江干线航道等级划分（方案二） 表 2–2

航道等级	通航海轮的航道				通航内河船舶的航道			
	H-1	H-2	H-3	H-4	TⅠ	Ⅰ	Ⅱ	Ⅲ
船舶吨级（t）	50000（H）及以上	20000（H）	10000（H）	5000（H）	5000（N）	3000（N）	2000（N）	1000（N）

注：① H– 海船；N– 内河船。

②通航内河船舶的特级航道可以通航 3000 吨级以下海轮。

③通航海轮的航道可以通航 5000 吨级以上内河船舶。

长江干线代表船队和航道等级对应关系表 表 2–3

航道等级	代表船队队型与尺度（m）
Ⅰ–1 Ⅰ–2 Ⅰ–3 Ⅰ–4 Ⅰ–5 Ⅰ–6	（1）4.8 万吨级 队型： 尺度：406.0 × 64.8 × 3.5 （2）2.7 万吨级 队型： 尺度：316.0 × 48.6 × 3.5 （3）1.2 万吨级 队型： 队型： 尺度：223.0 × 32.4 × 3.5 尺度： 271.0 × 32.4 × 2.6
Ⅱ	（1）1.2 万吨级 队型： 队型： 尺度：223.0 × 32.4 × 3.5 尺度： 271.0 × 32.4 × 2.6 （2）8 千吨级 队型： 尺度：193.0 × 32.4 × 2.6 或 223.0 × 21.6 × 2.0
Ⅲ	（1）8 千吨级 队型： 尺度：193.0 × 32.4 × 2.6 或 223.0 × 21.6 × 2.0 （2）4 千吨级 队型： 队型： 尺度：193.0 × 16.2 × 2.6 尺度：178.0 × 10.8 × 2.0 或 213 × 10.8 × 2.0

2.2　代表船型的确定及分析

2.2.1　确定代表船型的基本原则

（1）代表船型应与航道等级、船闸通航要求相匹配，并尽量推荐与之相适应的最大船型。

从航道尺度考虑，代表船型、船队尺度应以与现行航道标准尺度匹配为主，同时尽可能兼顾定级或规划的航道尺度。从通航建筑物、过河建筑物通航尺度考虑，应选择远期规划的船型、船队尺度作为代表船型、船队尺度，但如受已建通航建筑物、过河建筑物通航尺度的限制，并且不能改造或扩建以提高通航尺度时，应采用已建通航建筑物的设计代表船型、船队尺度。

（2）代表船型应与现行国家标准和交通行业标准相协调。

我国政府近几年高度重视船型标准化工作，相继颁布了内河不同水系船型（船队）主尺度若干标准，其中包括《川江及三峡库区运输船舶标准船型主尺度系列》、《京杭运河运输船舶标准船型主尺度系列》等。开展《长江干线通航标准》代表船型研究，应充分结合这些标准中提出的船型，选择各等级航道代表船型、船队尺度。

（3）代表船型应考虑船型简化及实用，并考虑相邻等级航道船舶的直达性。

为使干支流和相临等级航道船舶的相互直达，在确定船型、船队平面尺度的组合时，尽可能兼顾其通航、过河建筑物的可达性，使船舶、航道、通航建筑物和过河建筑物的建设形成相互配套的统一系列。

在确定进江海轮代表船型时，应在对现有进江海轮分析的基础上，通过科学的分析予以确定。

（4）代表船型以散货船为基本船型。

目前，航行于内河、江海通达航线的船型较多，按用途可分为散货船、集装箱船、油船／化学品船、多用途船、滚装船、推拖船、海洋工程辅助船、救助船、特种作业船等船型；其中三大主力船型为散货船、集装箱船和油船。

散货船是散装货船的简称，是专门用来运输不加包扎的货物，如煤炭、矿石、木材、牲畜、谷物等大宗干散货物的船舶。

据有关统计资料显示，散货船是我国内河、江海通达航线的最主要运输船型，货运量的 80% 以上由其完成。“14 内河标准”即以散货船为代表船型，鉴于此，本书代表船型主尺度以散货船为基本船型，并适当兼顾其他船型。

2.2.2 代表船型吨级划分

代表船型的船舶吨级以船舶载重吨划分，考虑长江干线船舶通航现状，确定其代表船型以1000吨级（Ⅲ级航道代表船型）为起点，内河各吨级散货船舶载重吨见表2–4。

内河各吨级散货船舶载重吨 表2–4

1000 ~ 1500（1000吨级）	4501 ~ 5500（5000吨级）
1501 ~ 2500（2000吨级）	5501 ~ 6500（6000吨级）
2501 ~ 3500（3000吨级）	6501 ~ 7500（7000吨级）
3501 ~ 4500（4000吨级）	7501 ~ 12500（10000吨级）

按照《海港总平面设计规范》（JTJ 211—99）对船舶吨级的划分原则，其各吨级散货船载重吨见表2–5。

海港各吨级散货船载重吨 表2–5

1501 ~ 2500（2000吨级）	12501 ~ 17500（15000吨级）
2501 ~ 4500（3000吨级）	17501 ~ 22500（20000吨级）
4501 ~ 7500（5000吨级）	22501 ~ 45000（35000吨级）
7501 ~ 12500（10000吨级）	45001 ~ 65000（50000吨级）

2.2.3 长江干线运输船舶船型发展趋势

2.2.3.1 内河航行的船舶分类

内河航行的船舶可分为以下几类：

（1）客船：载运旅客及其携带的行李的船舶。

（2）货船：以载运货物为主的专用船舶。其大部分舱位用于堆储货物的货舱。货船的船型很多，大小航速各异，可以进一步分为干散货船（包括矿砂船、运煤船、散粮船、散装水泥船、运木船等）、液货船、杂货船（又称普通货船）、集装箱船、滚装船等类型。

（3）船队：内河航运中的船队由多艘船首尾相接而成，有统一的动力源。组成船队的船舶包括拖船、顶推船、驳船3种类型。拖船或顶推船与驳船通常不会单独航行，它们一般会作为一个整体出现在航道中。

（4）其他船舶：包括工程船、渔船、航标船等。它们的排水量和尺寸明显小于以上的几种主要船型。由于它们不从事货物或人员的运输，所以，一般不属于内河航运统计范围。

以上的几个类别是从船舶功能的角度进行划分的。而依据交通运输部的相关标准，即使是同一功能的内河船舶，根据排水量的不同也还可以进一步分为 5 ～ 10 种标准船型，载货量可相差数倍。因此，为了准确描述航道或港口中船舶的通过情况，必须同时记录船舶的数量、类型及大致尺寸并概算出相应吨位和载货量等信息。

2.2.3.2 内河船舶现状

近年来，随着内河运输需求的持续快速增长，其船舶船型也发生了较大变化，多年来存在的船龄长，吨位小，船型、机型杂乱，技术落后，运输方式陈旧的状况正在发生改变。通过对内河船舶适宜的球首、双尾船型、三尾船型、襟翼舵、导流管、倒车舵、大径深比等专项技术的研究和成果应用，促进了内河船舶朝着标准化、大型化、专业化、运输方式多样化方向发展。

（1）船型标准化

近年来，我国借鉴内河运输发达国家推广船型标准化的成功经验，相继实施了京杭运河船型标准化示范工程、川江及三峡库区船型标准化工程及珠江干线船型标准化工程。

2003 年，交通部在京杭运河实施船型标准化示范工程，组织开发了京杭运河 13 个系列 25 种标准船型，颁布了《关于公布京杭运河标准船型的公告》及《京杭运河运输船舶标准船型主尺度系列》，并规定 2004 年 1 月 1 日以后建造的船舶进入示范工程规划范围航行的，均应当按照交通运输部公布的主尺度系列或标准船型图纸建造。京杭运河船型标准化示范工程是交通运输部第一次采取行政、法律和经济等多种手段推进船型标准化工作，具有划时代的意义，为开展内河船型标准化工作积累了丰富的经验，对全国范围内推行船型标准化具有重要的借鉴作用。

为推进珠江水系船型标准化工作，交通运输部近年来组织进行了珠江水系干线船舶主尺度和标准船型技术方案的研究：2004 年发布了《珠江干线货运船舶船型主尺度系列标准》（JT/T 559—2004）；2006 年完成了珠江三角洲 100TEU 和 200TEU 多用途集装箱船型技术方案研发；2009 年组织开展了珠江水系标准船型认定工作；2008 年广西壮族自治区还研发了 6 型普通货船标准船型技术方案。

内河标准船型的研发，在最大限度利用内河通航设施，提高船闸和航道利用率的基础上，充分体现了船舶的安全性、节能性、经济性、环保性及技术先进性。据统计，通过船型标准化，京杭运河苏北船闸通过量增加 25% 以上，船闸货物通过量提高 40% 以上；2009 年三峡船闸通过的货物总量为 7 426 万 t，较之 2003 年通过的货物总量 1 800 万 t 增加了 313%，2003 ～ 2009 年年平均增加 52%。

（2）船舶大型化

截至 2014 年年底，长江经济带九省二市拥有货运船舶（包括货船、驳船）运输船数和净载重量分别为 111 627 艘和 15 794.85 万 t，与上年末同比减少 3.4%

和增加 7.9%。其中内河货运船舶数和净载重量分别为 105 384 艘和 8 556.11 万 t，与上年末同比减少 3.9% 和增加 8.7%。

货运船租平均净载重量 1 415t/ 艘，同比增加 11.7%；内河货运船舶平均净载重量 812t/ 艘，同比增加 13.1%。其中长江干线货运船舶平均吨位达到 1 260t，三峡库区货船平均吨位达到 2 700t，同比分别增长 7.7%、8.4%。

截至 2014 年年底，长江经济带 11 省市拥有集装箱运输船舶 723 艘，标准箱位 132.17 万 TEU，与去年同比减少 14.9% 和增加 39.1%；平均箱位 1 823TEU/ 艘，与去年同比增加 63.5%。其中，内河集装箱运输船舶 317 艘，标准箱位 4.48 万 TEU，与去年同比分别减少 30.2%、47.2%；平均箱位 141TEU/ 艘，与去年同比减少 24.3%。

（3）船舶专业化

近年来，我国内河相继建造了 LPG 运输船、商品汽车运输船、载重汽车滚装船、矿砂船、散装水泥运输船、集装箱船、无舱盖集装箱江海直达运输船、特种化学品运输船、油船、重件运输船、豪华旅游船等多种专业运输船舶。

船舶的专业化促进了水运技术进步，以 60 车三峡库区载重汽车滚装船、长江干线 800 车位商品汽车滚装船、长江上游 3500 吨级化学品船、长江 2000 立方 LPG 运输船、长江 400TEU 无舱盖集装箱船、西江干线 3000 吨级矿砂船等专业化船型为代表，为航运企业带来了较好的经济和社会效益。

（4）江海直达船舶迅猛发展

早在 20 世纪 20 年代，欧洲的封闭水域与内河之间便出现了现代江海直达运输方式的雏形，当时所使用的船型主要是性能较好的内河船或小型海船。

当今世界上许多航运发达国家十分重视江海直达运输。美国、俄罗斯、巴西和西欧等内河航运发达的国家（地区），江海直达运输已达到相当高的水平。美国 1000 ～ 2000 吨级船可从密西西比河港直航拉美、日本和东南亚海港；苏联早在 20 世纪 50 年代就开辟了江海直达航线；巴西、西欧江海直达运输不仅开通了内河与沿海的运输航线，而且开通了内河与国际远洋运输航线，促进了经济发展。美国 1986 年制定的海运发展新方针中指出：“江海直达的运输船舶，使内河更有效地发挥集疏运输，并且可以把货物直接送到目的地”。杜伊斯堡内河研究中心（VBD）作为欧洲最大的内河航道和船型研发基地，21 世纪初研发和批量建造了迄今为止欧洲最大的江海直达 420TEU 集装箱船，其江海直达船型呈现出大型化。江海直达运输目前已是世界航运的重要组成部分，也是江河资源发达国家航运发展的趋势。

在我国，江海直达运输船是适应长江、珠江、黑龙江中下游矿石、煤炭、灰石、熟料、钢材等干散货运输市场需求，简化物流运输环节，提高企业营运效益的重要运输船型。伴随着航道条件的改善和干散货运输市场需求的增加，近年来，长江、珠江、黑龙江水系的江海直达船舶得到飞速发展，长江江海直达矿石运输船已形成3000～10000吨系列，万吨以上的船舶直航武汉也已实现。珠江、黑龙江水系江海直达船舶达到万吨级，256TEU/400TEU无舱盖江海直达集装箱船得以推广，船型大型化趋势明显，并形成了系列主力船型。江海直达运输船型技术呈如下发展趋势：

①船型大型化并充分采用变吃水技术以适应市场和航道需求。

近年来，随着长江航道的改善、港口装卸能力和船舶设计水平的提高，江海直达运输船一直朝着大型化方向发展，并能够充分采用变吃水技术以适应市场和航道需求。

②船舶线形优化，进一步提高了船舶技术性能。

目前，江海直达船型普遍采用优化后的球鼻艏、双尾船形或双尾鳍船形和节能附体，船舶的快速性得以提高，适航性能更好。

③结构进一步优化，降低钢材消耗，提高船舶经济性。

通过采用专用结构软件，对船舶结构进行分析计算，可优化结构设计、降低船舶钢材消耗和船舶造价，提高船舶经济性。

④进一步在设备配置上体现“国产化、通用化、简易化”。

（5）运输方式多样化

随着内河运力的增加，在原有单船运输和船队运输基础上，其他船舶运输方式也得到发展。

由于推驳船队运输对航道、港口、货量、营运组织等有较高的要求，加之个体经营者充斥航运市场，使货运批量过于分散，限制了推驳船队运输的应用与推广。为进一步提高船舶经济效益，一顶一船组运输方式日益引起航运界的重视，目前在长江中下游一顶一船组运输已得到实际应用。

自2004年以来，为适应川江及三峡库区不同季节航道变化，提高航道通过能力，在原有的“一货一船，从起点至终点”的传统运输方式基础上，催生了船舶货物转载运输方式的多样化：通过船公司之间、大小船舶之间的分工合作和合理调度，即“母子船”形式和“接力运输”形式，实现大型船舶全航程有限“满载”通航，或大、中、小船舶分段“满载”运输，最大限度地增加了船舶装载量，促进了船型大型化，提高了长江枯水季节船舶运输效益。

（6）内河顶推船队运输所占运力比重逐年降低

内河顶推船队是一种较为先进的运输形式，由于其在一定条件下其运输的经济性、对大宗散货适宜性，同时还可较大幅度地提高船闸通过能力，因此在国外内河运输发达的国家得到迅猛发展。如美国密西西比河水系航道的基本通航水深为2.74m，新建船闸尺度主要有182.9m×33.5m和365.8m×33.5m两种，可以通过由15艘驳船组成的2万吨级标准顶推船队，顶推船队运输目前在密西西比河运输中占主导地位。

长江船队运输方式最早出现在20世纪70年代，主要是为了解决出川磷矿运输需求。当时国内工业水平较低，船舶机械设备和码头装卸设备落后，而推驳船队的制造水平要求较低，机械设备需求较少，比较适应效率较低的浮码头装卸。

进入21世纪以来，伴随着我国造船工业的发展，长江运力需求的增长，航道条件的改善，船舶设备配套能力的提高，港航运营体制的改革，船舶安全要求的提升，机动船的大型化，简易化等营运环境的变化，顶推船队的运输方式受到了冲击。其与机动船相比，主要存在如下不足：

①运输成本高

通过对长航集团现有船队和自航船运输成本的统计分析，可得出如下结论：

燃油成本：统计显示，单位周转量的燃油成本中，船队高出自航船38%。船队的辅助作业太多造成推轮燃油上升；船队的队形杂乱、普通驳与分节驳混绑后造成船队水动力异常，增加了船队的阻力，降低了船队速度和货物周转量等因素，是导致船队单位周转量的燃油消耗上升的重要原因。

规使费：统计显示，船队单位运量的规使费成本比自航船高出52%，主要是由于船队需要的辅助作业项目较多，导致规使费较高。

人工成本：统计显示，船队的人工成本高于自航船。其中，单位周转量的人工成本高出自航船124%，其主要原因是驳船较小，在途中经常需要编解队、紧固缆作业，需要配置的船员相对较多，且自身的周转较慢。

实际船效：对长航集团船队统计表明，自航船资产效率高出船队53%；非生产停时间自航船每航次平均1.66d，船队平均6.28d，船队的压港时间高于自航船。

对港口的适应性：目前内河各主要港口不欢迎顶推运输，主要原因一是驳船单船吨位小、装卸相对困难；二是取送移泊时间长，影响港口装卸效率；三是目前长江各港对港内移泊取送积极性低、费用不断增加。

规模运力建造成本：以目前形成3万t运力规模为比较基础，5000吨级自航船6艘，总造价约5 200万元；6艘5000吨级分节驳+3 530kW推轮，总造价约4 900万元，机动船总造价略高于船队。

②船舶安全性相对较差

船队由于受其平面尺度大，驳船与驳船连接要求高，其船舶操纵性能相对较差。因此，高于5级风航行就受到限制，其整体航行安全可控性低于机动船。

综合技术经济分析可知，伴随着我国内河机动船吨载量造价和千吨公里油耗大幅降低，原顶推船队所具有的造价低、运输成本低的优势已不复存在，在现代物流条件下，机动船的适应性明显优于顶推船队运输。因此，近年来在我国主要内河运输河流中，顶推船队运输正在逐步退出运输市场，取而代之的是机动船运输的大力发展。

2.2.3.3 内河船舶发展前景分析

在国家提出构建节约型社会和经济社会可持续发展的战略背景下，作为交通运输领域最具有节约型和环境友好型运输方式，内河水运面临新的发展机遇。

首先，大力发展内河水运是建设节约型交通运输体系的必然要求和最佳切入点。节能减排是我国基本国策，就经济价值来说，内河航运价格低廉，只有铁路的 1/2，公路的 1/4。从环境角度来看，公路单位货运量二氧化碳和氮氧化物排放量分别为水路的 2 倍和 3 倍，铁路单位货运量造成的污染是内河水运的 3.3 倍。A.P. 穆勒 - 马士基集团的首席执行官安仕年估计，航运的能源效率大约比空运高 50 ～ 100 倍，比公路运输高 10 倍，比铁路运输高 3 倍。同时，内河航运适应性十分广泛，在煤、矿、油等大宗货物、重大件货物运输方面具有不可替代的优势。

其次，大力发展内河水运是实现交通运输可持续发展的重要内容。经济社会全面、协调、可持续发展是我国今后发展的长期必然选择，交通运输系统作为社会经济大系统的有机组成部分之一，必须适应这一战略选择的要求，以建立和完善可持续的综合交通运输系统为发展方向，实现交通运输的社会效益、经济效益与环境效益的统一，为经济社会全面、协调、可持续发展做出贡献。

因此，加快内河航运发展是我国实现可持续发展的必然选择。水运新技术和先进的运营管理技术不断创新，使内河船型的发展具有以下特点：

（1）船舶将继续朝着标准化、大型化、专业化方向发展

伴随着内河船舶运量的提升、航道条件的改善和船舶新技术、新材料、新工艺的应用，以及国家推进船型标准化的政策导向，内河船舶将继续朝着大型化、专业化方向发展；《全国内河船型标准化发展纲要》的落实使得内河船型标准化也将迈上新的台阶。可以预见，在不久的将来，长江主力运输船型平均吨位将达到 3000 吨级以上；西江干线和珠江三角洲货运新建船舶将在 2000 吨级以上；京杭运河、黑龙江水系船舶平均吨位都将有大的提高。与此同时，船舶专业化也会得到大的发展，船舶经济效益将明显提升。

（2）绿色环保、节能船型将是内河新船型研发的主要方向

真正意义上的绿色船舶应该能够在降低对环境影响的前提下，以更少的燃料运输更多的货物。同时，通过灵活设计，使船舶充分适应于未来航运市场的变化，

并保证船舶高效、可靠的操纵性能。

在高效、减排呼声高涨以及海事新规范、新标准不断出台的当下，通过低碳设计而具备绿色“基因”的船舶将成为船市主角。船舶的燃油效率、操作的可靠性、确保运输的能力、是否符合海事新标准和新规范等最为船东所看重。目前海上船舶设计所要求的符合涂层新标准（PSPC）、新船能效设计指数（EEDI）、目标型新船建造标准（GBS）等国际新标准和新规范，将逐步在内河船舶中引用。好的船舶设计将是船东订船的前提，而高效、绿色环保、操纵可靠则是船东未来下单的标准。

一项优秀的船舶设计，不仅可以帮助船企降低建造成本及难度，缩短建造周期，还可以降低船舶使用过程中的运营成本、环保成本和维护成本，为船东节省资金投入。充分运用绿色设计理念和船舶节能技术，开发出高效、环保的优秀船舶，将是内河船型发展的方向。

2.3 长江干线各等级航道代表船舶、船队及其尺度

长江干线航道里程较长，上中下游航道变化较大，船型结构较为复杂；同时水系流经区域较广，干支直达运输普遍，船型差异较大，为此将长江干线分成若干航段考虑。依据最大利用内河通航设施的原则，按照船舶的总长、总宽和设计吃水等主要要素，确定设计代表船型。

长江上游川江及三峡库区，由于三峡大坝的建成与库区蓄水运行，使得川江及三峡库区的船型较原有船型变化较大，对新船型有大量迫切需求。川江及三峡库区船型标准化的研发工作，为长江上游川江及三峡库区的代表船型确定提供了依据。

长江干线中下游流经湖南、湖北、江西、安徽、江苏、浙江、上海等省市，中下游干流水面宽阔，无船闸等通航设施，水域通航条件较好，对内河船舶尺度等的限制相对较小，但长江中下游水域船型差异较大。本书对中下游航段现有营运船型及《内河通航标准》（GB 50139—2014）、《海港总平面设计规范》（JTJ 211—99）、CCS《船舶录》、《长江干线航道发展规划》（2003）、《长江干线航道总体发展规划纲要》、《长江口航道发展规划》、沿江主要港口发展规划中的规划船型等，进行全面分析、归纳、比较后选取设计代表船型。

2.3.1 设计代表船型及主尺度确定方法

长江干线各等级航道内河代表船舶、海轮进江船型，在采取保证率法分析基础上，通过对相关船型标准分析、比较，确定长江干线各等级航道内河、海轮进

江设计代表船型主尺度。

（1）长江干线各等级航道内河代表船舶主尺度

通过对《川江及三峡库区运输船舶标准船型主尺度系列》（2010 年修订版）、《内河通航标准》（GB 50139—2014）天然及渠化河流航道采用的船型尺度，以及广泛资料收集得到的长江干线载重量 1 000t 以上散货船 2 462 艘、集装箱船 87 艘、油船 104 艘，按保证率 85% 计算后，以散货船为代表船型，经分析、比较确定长江干线各等级航道内河代表船舶主尺度。

（2）长江干线各等级航道内河代表船队主尺度

自 20 世纪 90 年代以来，长江干线船队运输呈萎缩态势，顶推船队运输所占运力比重逐年降低；近年来长江没有新的顶推船队运力增加，而是老、旧驳船的退出，机动船取而代之。鉴于此，以“14 内河标准”规定的驳船、船队代表船型尺度作为长江干线通航标准，从而保证相关标准的一致性。

（3）长江干线各等级进江海轮代表船型尺度

通过分析《海港总平面设计规范》（JTJ 211—99）和 CCS《船舶录》的船舶尺度，比较两者之间的偏差，在保证率同为 85% 的前提下，《海港总平面设计规范》（JTJ 211—99）设计船型尺度与 CCS《船舶录》设计船型尺度较为一致。同时鉴于对 2008 年、2009 年进江海轮船型的分析，其 80% 以上为散货船，而且“14 内河标准”即以散货船为代表船型，为保证与国家相关标准的一致性，确定选用《海港总平面设计规范》设计船型尺度为长江干线各等级进江海轮船型尺度。

2.3.2 长江干线各等级航道内河代表船舶船型尺度

（1）川江及三峡库区干散货船标准船型主尺度系列

2010 年，我国在总结前期标准船型研发经验的基础上，公布了《川江及三峡库区运输船舶标准船型主尺度系列》（2010 年修订版），对其干散货船标准船型主尺度系列进行了明确，见表 2–6。

川江及三峡库区干散货船标准船型主尺度系列 表 2–6

船型分级（载货吨级）	总长 L_{OA}（m）	船宽 B（m）	设计吃水（m）	参考设计载货量（t）
500	50 ～ 55	8.6	2.2 ～ 2.4	410 ～ 660
800	55 ～ 58	10.8	2.4 ～ 2.6	750 ～ 900
1000–Ⅰ	65 ～ 68	12.8	2.4 ～ 2.6	1 000 ～ 1 200
1000–Ⅱ（干支直达）	60 ～ 63	12.8	2.2 ～ 2.4	800 ～ 1 000
1500	72 ～ 80	13.6	2.6 ～ 2.9	1 300 ～ 1 800

续上表

船型分级 （载货吨级）	总长 L_{OA} （m）	船宽 B （m）	设计吃水 （m）	参考设计载货量 （t）
2000	82 ～ 87	14.0	2.8 ～ 3.0	1 900 ～ 2 200
2500	86 ～ 92	14.8	2.8 ～ 3.2	2 200 ～ 2 750
3000	88 ～ 95	16.2	3.3 ～ 3.5	2 800 ～ 3 300
3500	98 ～ 105	16.2	3.3 ～ 3.5	3 350 ～ 3 600
4000	105 ～ 110	17.2	3.5 ～ 3.6	3 600 ～ 4 100
4500	105 ～ 110	19.2	3.5 ～ 3.8	4 200 ～ 4 800
5000	105 ～ 110	19.2	4.2 ～ 4.3	4 800 ～ 5 400

（2）“14 内河标准”天然及渠化河流航道采用的船型尺度

“14 内河标准”天然及渠化河流航道采用的船型尺度见表 2–7。

“14 内河标准”天然及渠化河流航道采用的船型尺度 表 2–7

航道等级	船舶类别	天然及渠化河流航道	
		船型尺度（m）	船 型 来 源
Ⅰ	驳船	90 × 16.2 × 3.5	GB/T 18181—2000
	货船	110 × 16.2 × 3.0	GB/T 18181—2000
Ⅱ	驳船	75 × 16.2 × 2.6	GB/T 18181—2000
	货船	90 × 16.2 × 2.6	GB/T 18181—2000
Ⅲ	驳船	67.5 × 10.8 × 2.0	GB/T 18181—2000
	货船	85 × 10.8 × 2.0	JT/T 447—2001
Ⅳ	驳船	45 × 10.8 × 1.6	GB/T 18181—2000
	货船	67.5 × 10.8 × 1.6	GB/T 18181—2000
Ⅴ	驳船	35 × 9.2 × 1.3	GBJ 139—1990
	货船	55 × 8.6 × 1.3	GB/T 18181—2000
Ⅵ	驳船	32 × 7.0 × 1.0	GBJ 139—1990
	货船	45 × 5.5 × 1.0	JT/T 447—2001
Ⅶ	驳船	24 × 5.5 × 0.7	JT/T 447—2001
	货船	32.5 × 5.5 × 0.7	JT/T 447—2001

（3）现有长江干线各等级散货船、集装箱船、油船船型尺度特征值

据有关资料统计，目前长江干线载重量 1 000t 以上散货船 2 462 艘、集装箱船 87 艘、油船 104 艘。其船舶长度、宽度分布见表 2–8 ～表 2–10。

（4）按照保证率法，长江干线各等级散货船设计船型尺度

按照保证率 85%，长江干线各等级散货船设计船型尺度见表 2–11。

长江干线 1000 吨级以上散货船尺度特征值 表 2-8

船舶吨级 DWT（t）	总长（m）			型宽（m）			船舶统计数量（艘）
	最小	最大	平均	最小	最大	平均	
1000（1000 ~ 1500）	57.80	111.00	71.32	10.50	16.00	12.33	159
2000（1501 ~ 2500）	59.10	115.00	72.41	10.80	16.20	12.77	917
3000（2501 ~ 3500）	64.70	103.00	81.73	12.05	18.00	13.89	527
4000（3501 ~ 4500）	74.00	107.30	90.65	12.00	19.00	15.03	241
5000（4501 ~ 5500）	77.50	118.00	99.41	13.75	19.60	16.21	210
6000（5501 ~ 6500）	87.20	118.70	104.04	14.58	20.20	16.78	185
7000（6501 ~ 7500）	90.85	123.60	107.40	15.00	20.60	17.84	131
10000	96.00	122.20	109.52	15.50	24.80	18.67	92

长江干线 1000 吨级以上集装箱船尺度特征值 表 2-9

船舶吨级 DWT（t）	总长（m）			型宽（m）			船舶统计数量（艘）
	最小	最大	平均	最小	最大	平均	
1000（1000 ~ 2500）	70.00	91.38	86.03	12.40	15.80	14.01	27
3000（2501 ~ 4500）	79.80	112.00	93.06	13.80	17.20	15.26	51
5000	96.00	106.20	103.27	15.80	16.20	16.16	9

长江干线 1000 吨级以上油船尺度特征值 表 2-10

船舶吨级 DWT（t）	总长（m）			型宽（m）			船舶统计数量（艘）
	最小	最大	平均	最小	最大	平均	
1000（1000 ~ 2500）	65.05	86.86	77.19	9.8	14	12.71	34
3000（2501 ~ 4500）	79.8	100	88.65	13	17.2	14.81	61
5000	99.8	100	99.96	17.2	17.2	17.2	9

散货船设计船型尺度 表 2-11

船舶吨级 DWT（t）	设计船型尺度（m）		
	总长 L	型宽 B	吃水 T
1000（1000 ~ 1500）	68.0	13.0	2.4
2000（1501 ~ 2500）	82.0	14.0	2.8
3000（2501 ~ 3500）	88.6	16.2	3.4
4000（3501 ~ 4500）	106.0	17.2	3.8
5000（4501 ~ 5500）	110.0	19.2	4.3
6000（5501 ~ 6500）	114.0	19.8	4.8
7000（6501 ~ 7500）	116.0	20.8	5.4
10000（7501 ~ 15000）	122.0	21.0	6.4

（5）分析并确定长江干线各等级航道内河代表船舶主尺度

近年来，国家相继发布了《内河货运船舶船型主尺度系列》（JT/T 447—2001）、《三峡枢纽过坝货船（队）尺度系列》（GB/T 18181—2000）、《川江及三峡库区运输船舶标准船型主尺度系列》、《内河通航标准 GB 50139—2014》等多种规范或标准，对 1000 ~ 3000 吨级内河船型的主尺度有不同的规定。为保持《长江干线通航标准》与“14 内河标准”的一致性，1000 ~ 3000 吨级内河船型的主尺度按“14 内河标准”选取。

5000 吨级内河船型在《川江及三峡库区运输船舶标准船型主尺度系列》中有规定，为保持《长江干线通航标准》与《川江及三峡库区运输船舶标准船型主尺度系列》的一致性，根据 5000 吨级船舶尺度资料，考虑船舶的代表性，选取 110.0m（长）×19.2m（宽）×4.0m（吃水）为 5000 吨级内河代表船型。

7000 吨级船舶基本航行于长江中下游，不受船闸的限制，因此其船舶普遍平面尺度较小，吃水较大。根据 7000 吨级船舶尺度资料，综合考虑长江中下游航道条件，宜选取 118.0m（长）×20.2m（宽）×4.5m（吃水）为 7000 吨级内河代表船型。

10000 吨级船舶基本航行于长江下游，不受船闸的限制，也不受长江中游航段浅水的影响，因此其船舶普遍平面尺度较小，吃水较大。根据收集到的 10000 吨级尺度资料，综合考虑长江下游航道条件，宜选取 123.0m（长）×21.6m（宽）×5.8m（吃水）为 10000 吨级内河代表船型。

（6）长江干线各等级航道内河代表船舶船型尺度确定

经上述分析，可得出按照保证率 85% 计算出的内河散货船设计船型尺度与基于对现有船型的分析所得出的代表船型尺度有较大的差异，保证率法船型平面尺度相对较小，吃水较大，其所得出的尺度系列与现有航道条件存在较大差异，不宜作为《长江干线通航标准》制定的代表船型尺度；而通过对现有船型的分析，并结合通航条件状况，所得出的代表船型则可作为《长江干线通航标准》制定的代表船型。

长江干线内河散货船设计船型尺度，见表 2-12。

长江干线内河散货船设计船型尺度 表 2-12

船舶吨级 DWT（t）	设计船型尺度（m）			
	总长 L	型宽 B	型深 D	吃水 T
1000（1000 ~ 1500）	85.0	10.8	2.8	2.0
2000（1501 ~ 2500）	90.0	16.2	3.6	2.6
3000（2501 ~ 3500）	110.0	16.2	4.2	3.0

续上表

船舶吨级 DWT（t）	设计船型尺度（m）			
	总长 L	型宽 B	型深 D	吃水 T
5000（4501 ~ 5500）	110.0	19.2	5.5	4.0
7000（6501 ~ 7500）	118.0	20.2	6.3	4.5
10000（7501 ~ 12500）	123.0	21.6	7.8	5.8

2.3.3 长江干线各等级航道内河代表船队主尺度

（1）“14 内河标准”天然及渠化河流驳船代表船型尺度

“14 内河标准”天然及渠化河流驳船代表船型尺度，见表 2–13。

驳船代表船型尺度表 表 2–13

航道等级	船舶类别	船型尺度（m）	船 型 来 源
Ⅰ	驳船	90 × 16.2 × 3.5	GB/T 18181—2000
Ⅱ	驳船	75 × 16.2 × 2.6	GB/T 18181—2000
Ⅲ	驳船	67.5 × 10.8 × 2.0	GB/T 18181—2000

（2）“14 内河标准”天然及渠化河流代表船队尺度

“14 内河标准”天然及渠化河流代表船队尺度，见表 2–14。

代表船队尺度表 表 2–14

航道等级	通航船舶吨级（t）	代表船舶类别及船型尺度(m)（总长 × 型宽 × 设计吃水）	代表船队、船舶	船队、船舶尺度（m）（长 × 宽 × 设计吃水）
Ⅰ	3000	驳船 90×16.2×3.5	（1） 	406 × 64.8 × 3.5
			（2） 	316 × 48.6 × 3.5
			（3） 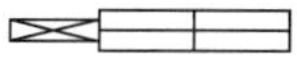	223 × 32.4 × 3.5
Ⅱ	2000	驳船 75×16.2×2.6	（1） 	270 × 48.6 × 2.6
			（2） 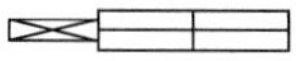	186 × 32.4 × 2.6
			（3） 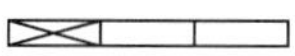	182 × 16.2 × 2.6
Ⅲ	1000	驳船 67.5×10.8×2.0	（1） 	238 × 21.6 × 2.0
			（2） 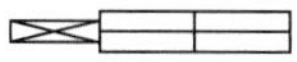	167 × 21.6 × 2.0
			（3） 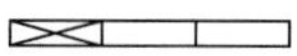	160 × 10.8 × 2.0

受多种因素的影响，自 20 世纪 90 年代以来，长江干线船队运输呈萎缩态势，顶推船队运输所占运力比重逐年降低，近年来长江没有新的顶推船队运力增加，

而是老、旧驳船的退出，机动船取而代之。鉴于此，以“14 内河标准”规定的驳船、船队代表船型尺度作为《长江干线通航标准》，从而保证相关标准的一致性。

长江干线各等级航道内河代表船队尺度见表 2–15。

长江干线各等级航道内河代表船队主尺度　　表 2–15

通航船舶吨级（t）	代表船舶类别及船型尺度（m） （总长 × 型宽 × 设计吃水）	船队、船舶尺度（m） （长 × 宽 × 设计吃水）
3000	驳船 90×16.2×3.5	406 × 64.8 × 3.5
		316 × 48.6 × 3.5
		223 × 32.4 × 3.5
2000	驳船 75×16.2×2.6	270 × 48.6 × 2.6
		186 × 32.4 × 2.6
		182 × 16.2 × 2.6
1000	驳船 67.5×10.8×2.0	238 × 21.6 × 2.0
		167 × 21.6 × 2.0
		160 × 10.8 × 2.0

2.3.4　长江干线各等级航道进江海轮代表船型尺度

伴随着我国内河航道的改善，海轮进江运输方式也得到较快发展，如长江口 12.5m 深水航道治理第三期工程完工后，长江口至太仓能满足 5 万吨级集装箱船全潮，5 万吨级散货船满载乘潮双向通航，兼顾 10 万吨级远洋集装箱船舶和 10 万吨级满载散货船及 20 万吨级减载散货船乘潮通航。在长江中、下游千里航线上，每年都有万艘以上海船进江航行，如 2009 年有 40 145 艘进江海轮船舶，最大船长为 348.5m，最大吃水为 11.2m，最大船舶载重吨位为 174 316t。

（1）《海港总平面设计规范》（JTJ 211—99）设计船型尺度

2007 年 12 月 15 日，我国发布了《海港总平面设计规范》（JTJ 211—99）局部修订（设计船型尺度部分），并规定于 2008 年 3 月 1 日起实施。本次标准修订的船型统计工作的基础资料来源于英国劳氏船级社 2006 年 10 月版《劳埃德船舶年鉴》，对以载货量为主的散货船、油船，使用载重吨（DWT）为主，集装箱船则采用了以载重吨为主、载箱量为辅的统计标准；考虑到码头泊位长度和泊位水深都存在可调节因素，而选取保证率 85% 的设计船型尺度。

按照《海港总平面设计规范》（JTJ 211—99）局部修订（设计船型尺度部分）的要求，其散货船、油船和集装箱船设计船型尺度，见表 2–16 ～表 2–18。

《海港总平面设计规范》散货船设计船型尺度　　表 2–16

船舶吨级 DWT（t）	设计船型尺度（m）			
	总长 L	型宽 B	型深 H	满载吃水 T
2000（1501 ~ 2500）	78	14.3	6.2	5.0
3000（2501 ~ 4500）	96	16.6	7.8	5.8
5000（4501 ~ 7500）	115	18.8	9.0	7.0
10000（7501 ~ 12500）	135	20.5	11.4	8.5
15000（12501 ~ 17500）	150	23.0	12.5	9.1
20000（17501 ~ 22500）	164	25.0	13.5	9.8
35000（22501 ~ 45000）	190	30.4	15.8	11.2
50000（45001 ~ 65000）	223	32.3	17.9	12.8
70000（65001 ~ 85000）	228	32.3	19.6	14.2
100000（85001 ~ 105000）	250	43.0	20.3	14.5
120000（105001 ~ 135000）	266	43.0	23.5	16.7

《海港总平面设计规范》油船设计船型尺度　　表 2–17

船舶吨级 DWT（t）	设计船型尺度（m）			
	总长 L	型宽 B	型深 H	满载吃水 T
1000（1000 ~ 1500）	70	13.0	5.2	4.3
2000（1501 ~ 2500）	86	13.6	6.1	5.1
3000（2501 ~ 4500）	97	15.2	7.2	5.9
5000（4501 ~ 7500）	125	17.5	8.6	7.0
10000（7501 ~ 12500）	141	20.4	10.7	8.3
20000（12501 ~ 27500）	164	26.0	13.4	10.0
30000（27501 ~ 45000）	185	31.5	17.3	12.0
50000（45001 ~ 65000）	229	32.2	19.1	12.8
80000（65001 ~ 85000）	243	42.0	20.8	14.3
100000(65001 ~ 115000)	246	43.0	21.4	14.8

《海港总平面设计规范》集装箱船设计船型尺度　　表 2–18

船舶吨级 DWT（t）	设计船型尺度（m）				载箱量 TEU
	总长 L	型宽 B	型深 H	满载吃水 T	
1000（1000 ~ 2500）	90	15.4	6.8	4.8	≤ 200
3000（2501 ~ 4500）	106	17.6	8.7	5.8	201 ~ 350
5000（4501 ~ 7500）	121	19.2	9.2	6.9	351 ~ 700
10000（7501 ~ 12500）	141	22.6	11.3	8.3	701 ~ 1050

续上表

船舶吨级 DWT（t）	设计船型尺度（m）				载箱量 TEU
	总长 L	型宽 B	型深 H	满载吃水 T	
20000（12501 ~ 27500）	183	27.6	14.4	10.5	1051 ~ 1900
30000（27501 ~ 45000）	241	32.3	19.0	12.0	1901 ~ 3500
50000（45001 ~ 65000）	293	32.3	21.8	13.0	3501 ~ 5650
70000（65001 ~ 85000）	300	40.3	24.3	14.0	5651 ~ 6630
100000（85001 ~ 115000）	346	45.6	24.8	14.5	6631 ~ 9500

（2）CCS《船舶录》船舶尺度分析

① CCS《船舶录》船舶尺度分布：

依据 CCS 发布的 2003 年、2004 年和 2005 年《船舶录》，三年间共录入 1000 吨级以上船舶中散货船 1 135 艘、集装箱船 373 艘、油船 328 艘。此三类船型船舶尺度分布见表 2–19 ~表 2–21。

《船舶录》散货船尺度分布表（共 1 135 艘） 表 2–19

船舶吨级 DWT（t）	总长（m）			型宽（m）			满载吃水（m）			数量（艘）
	最小	最大	平均	最小	最大	平均	最小	最大	平均	
1000（1000 ~ 1500）	64.20	75.5	69.0	10.5	13.8	11.4	3.00	5.50	4.20	20
2000（1501 ~ 2500）	62.85	83.1	76.4	11.5	13.6	12.6	3.81	5.11	4.64	68
3000（2501 ~ 4500）	76.69	103.0	87.88	12.20	18.5	14.7	4.00	8.50	5.39	119
5000（4501 ~ 7500）	90.50	152.4	105.2	14.70	20.0	16.9	5.00	8.05	6.64	164
10000（7501 ~ 12500）	96.79	155.0	122.0	16.40	27.2	19.2	6.60	8.35	7.62	90
15000（12501 ~ 17500）	135.5	162.5	149.6	19.80	24.5	21.6	8.00	10.40	9.10	140
20000（17501 ~ 22500）	146.1	171.0	159.9	21.99	27.5	24.1	8.82	10.02	9.63	87
35000（22501 ~ 45000）	155.0	200.9	183.7	22.80	32.2	28.5	8.82	11.90	10.44	199
50000（45001 ~ 65000）	182.8	254.2	206.4	28.00	32.3	31.8	11.20	13.60	12.10	135
70000（65001 ~ 85000）	219.1	254.2	228.3	32.20	32.3	32.2	12.32	14.32	13.56	110
100000（85001 ~ 105000）	240.8	240.8	240.8	38.00	38.0	38.0	14.10	14.10	14.10	1
120000（105001 ~ 135000）	270.0	270.0	270.0	43.00	43.0	43.0	16.34	16.34	16.34	2

《船舶录》集装箱船尺度分布表（共 373 艘） 表 2–20

船舶吨级 DWT（t）	总长（m）			型宽（m）			满载吃水（m）			数量（艘）
	最小	最大	平均	最小	最大	平均	最小	最大	平均	
1000（1000 ~ 2500）	49.95	82.42	68.46	12.8	16.0	12.89	2.80	4.85	3.83	28
3000（2501 ~ 4500）	81.15	106.9	90.46	13.8	17.6	15.40	4.94	7.00	5.59	39
5000（4501 ~ 7500）	99.58	150.1	113.7	15.6	24.0	18.26	5.60	8.86	6.57	80

续上表

船舶吨级 DWT（t）	总长（m）			型宽（m）			满载吃水（m）			数量（艘）
	最小	最大	平均	最小	最大	平均	最小	最大	平均	
10000（7501 ~ 12500）	115.5	139.4	127.6	18.0	21.7	20.38	6.25	8.30	7.42	61
20000（12501 ~ 27500）	145.4	198.0	164.4	21.0	28.6	24.40	7.90	10.40	9.56	92
30000（27501 ~ 45000）	186.4	242.9	209.8	25.0	32.2	29.15	10.00	11.98	10.98	26
50000（45001 ~ 65000）	236.0	275.1	263.3	32.2	32.2	32.20	12.00	12.56	12.39	30
70000（65001 ~ 85000）	279.9	279.9	279.9	40.3	40.3	40.30	14.00	14.00	14.00	17

《船舶录》油船尺度分布表（共 328 艘） 表 2–21

船舶吨级 DWT（t）	总长（m）			型宽（m）			满载吃水（m）			数量（艘）
	最小	最大	平均	最小	最大	平均	最小	最大	平均	
1000（1000 ~ 2250）	48.8	79.15	71.11	9.7	15.0	12.57	2.19	5.03	3.61	85
2000（2251 ~ 3500）	74.68	90.65	82.67	12.0	14.0	13.28	4.8	6.00	5.32	22
3000（3501 ~ 4500）	89.95	101.2	92.9	13.8	15.0	14.5	5.9	6.40	6.21	8
5000（4501 ~ 7500）	91.64	117.8	107.0	14.6	18.2	16.06	5.0	7.27	6.32	67
10000（7501 ~ 11500）	111.3	135.4	119.6	16.5	20.4	17.97	7.0	7.84	7.36	12
15000（11501 ~ 16500）	135.6	168.5	144.7	19.6	21.8	20.16	8.0	9.40	8.42	18
20000（16501 ~ 22000）	158.0	159.3	158.4	22.0	26.0	23.33	8.0	9.20	8.80	6
30000（22001 ~ 35000）	155.8	185.5	181.2	25.0	27.5	27.14	10.0	11.09	10.51	14
40000（35001 ~ 55000）	170.5	224.2	186.5	30.0	32.2	31.52	10.2	12.0	10.99	45
50000（55001 ~ 70000）	224.6	235	228.9	32.0	36.0	32.86	11.4	13.75	12.82	42
100000（70001 ~ 160000）	243	274.7	253.7	41.6	48.0	43.91	13.05	17.3	15.38	9

②选取保证率 85%，CCS《船舶录》中各类型船舶型尺度，见表 2–22 ~表 2–24。

《船舶录》散货船设计船型尺度 表 2–22

船舶吨级 DWT（t）	设计船型尺度（m）		
	总长 L	型宽 B	满载吃水 T
1000（1000 ~ 1500）	75.54	12.8	5.00
2000（1501 ~ 2501）	82.86	12.8	5.00
3000（2501 ~ 4500）	98.5	16.2	5.92
5000（4501 ~ 7500）	116.44	18.0	7.35
10000（7501 ~ 12500）	130.86	20.8	8.20
15000（12501 ~ 17500）	158.71	22.8	9.48
20000（17501 ~ 22500）	169.0	25.2	10.00
35000（22501 ~ 45000）	195.0	32.0	11.22

续上表

船舶吨级 DWT（t）	设计船型尺度（m）		
	总长 L	型宽 B	满载吃水 T
50000（45001 ~ 65000）	225.0	32.24	13.10
70000（65001 ~ 85000）	234.55	32.26	14.25
100000（85001 ~ 105000）	240.8	38.0	14.10
120000（105001 ~ 135000）	270.0	43.0	16.34

《船舶录》集装箱船设计船型尺度　　表 2–23

船舶吨级 DWT（t）	设计船型尺度（m）		
	总长 L	型宽 B	满载吃水 T
1000（1000 ~ 2500）	79.8	13.6	4.2
3000（2501 ~ 4500）	104.2	17.2	6.15
5000（4501 ~ 7500）	120.9	19.5	6.85
10000（7501 ~ 12500）	134.45	21.4	8.0
20000（12501 ~ 27500）	179.7	28.24	10.69
30000（27501 ~ 45000）	242.85	32.2	11.94
50000（45001 ~ 65000）	275.1	32.2	12.52
70000（65001 ~ 85000）	279.9	40.3	14.0

《船舶录》油船设计船型尺度　　表 2–24

船舶吨级 DWT（t）	设计船型尺度（m）		
	总长 L	型宽 B	满载吃水 T
1000（1000 ~ 1500）	75.0	13.6	4.1
2000（1501 ~ 2500）	78.5	13.72	5.0
3000（2501 ~ 4500）	91.3	14.6	6.4
5000（4501 ~ 7500）	114.84	17.0	6.88
10000（7501 ~ 12500）	135.6	21.0	8.0
20000（12501 ~ 27500）	159.27	25.0	9.4
30000（27501 ~ 45000）	187.8	32.2	13.3
50000（45001 ~ 65000）	228.5	32.2	12.8
80000（65001 ~ 85000）	231.2	35.6	13.75
100000（85001 ~ 115000）	243.8	42.0	15.1

（3）各设计船型尺度比较

以《海港总平面设计规范》（JTJ 211—99）设计船型尺度为基础，对 CCS《船舶录》所计算出的船型进行偏差分析，见表 2–25 ~表 2–27。

散货船设计船型尺度偏差表　　表 2-25

船舶吨级 DWT（t）	总长 L			型宽 B			满载吃水 T		
	海港规范	船舶录	偏差（%）	海港规范	船舶录	偏差（%）	海港规范	船舶录	偏差（%）
2000	78	82.86	6.23	14.3	12.8	−10.49	5.0	5.00	0
3000	96	98.5	2.60	16.6	16.2	−2.41	5.8	5.92	2.07
5000	115	116.44	1.25	18.8	18.0	−4.26	7.0	7.35	5.00
10000	135	130.86	−3.07	20.5	20.8	1.46	8.5	8.20	−3.53
15000	150	158.71	5.81	23.0	22.8	−0.87	9.1	9.48	4.18
20000	164	169.0	3.05	25.0	25.2	0.80	9.8	10.00	2.04
35000	190	195.0	2.63	30.4	32.0	5.26	11.2	11.22	0.18
50000	223	225.0	0.90	32.3	32.24	−0.19	12.8	13.10	2.34
70000	228	234.55	2.87	32.3	32.26	−0.12	14.2	14.25	0.35
100000	250	240.8	−3.68	43.0	38.0	−11.63	14.5	14.10	−2.76
120000	266	270.0	1.50	43.0	43.0	0.00	16.7	16.34	−2.16

油船设计船型尺度偏差表　　表 2-26

船舶吨级 DWT（t）	总长 L			型宽 B			满载吃水 T		
	海港规范	船舶录	偏差（%）	海港规范	船舶录	偏差（%）	海港规范	船舶录	偏差（%）
1000	70	75.0	7.14	13.0	13.6	4.62	4.3	4.1	−4.65
2000	86	78.5	−8.72	13.6	13.72	0.88	5.1	5.0	−1.96
3000	97	91.3	−5.88	15.2	14.6	−3.95	5.9	6.4	8.47
5000	125	114.84	−8.13	17.5	17.0	−2.86	7.0	6.88	−1.71
10000	141	135.6	−3.83	20.4	21.0	2.94	8.3	8.0	−3.61
20000	164	159.27	−2.88	26.0	25.0	−3.85	10.0	9.4	−6.00
30000	185	187.8	1.51	31.5	32.2	2.22	12.0	13.3	10.83
50000	229	228.5	−0.22	32.2	32.2	0.00	12.8	12.8	0.00
80000	243	231.2	−4.86	42.0	35.6	−15.24	14.3	13.75	−3.85
100000	246	243.8	−0.89	43.0	42.0	−2.33	14.8	15.1	2.03

集装箱船设计船型尺度偏差表　　表 2-27

船舶吨级 DWT（t）	总长 L			型宽 B			满载吃水 T		
	海港规范	船舶录	偏差（%）	海港规范	船舶录	偏差（%）	海港规范	船舶录	偏差（%）
1000	90	79.8	−11.33	15.4	13.6	−11.69	4.8	4.2	−4.65
3000	106	104.2	−1.70	17.6	17.2	−2.27	5.8	6.15	−12.50

续上表

船舶吨级 DWT（t）	总长 L			型宽 B			满载吃水 T		
	海港规范	船舶录	偏差（%）	海港规范	船舶录	偏差（%）	海港规范	船舶录	偏差（%）
5000	121	120.9	−0.08	19.2	19.5	1.56	6.9	6.85	6.03
10000	141	134.45	−4.65	22.6	21.4	−5.31	8.3	8.0	−0.72
20000	183	179.7	−1.80	27.6	28.24	2.32	10.5	10.69	−3.61
30000	241	242.85	0.77	32.3	32.2	−0.31	12.0	11.94	1.81
50000	293	275.1	−6.11	32.3	32.2	−0.31	13.0	12.52	−0.50
70000	300	279.9	−6.70	40.3	40.3	0.00	14.0	14.0	−3.69

按照上述分析，在保证率同为 85% 的前提下，《海港总平面设计规范》（JTJ 211—99）设计船型尺度与 CCS《船舶录》设计船型尺度较为一致。同时鉴于对进江海轮船型的分析，其 80% 以上为散货船，而且“14 内河标准”即以散货船为代表船型。为保证与国家相关标准的一致性，确定选用《海港总平面设计规范》（JTJ 211—99）设计船型尺度为长江干线各等级进江海轮船型尺度。

长江干线海轮进江散货船设计船型尺度，见表 2–28。

长江干线海轮进江散货船设计船型尺度表 表 2–28

船舶吨级 DWT	设计船型尺度（m）			
	总长 L	型宽 B	型深 D	满载吃水 T
2000（1501 ~ 2500）	78	14.3	6.2	5.0
3000（2501 ~ 4500）	96	16.6	7.8	5.8
5000（4501 ~ 7500）	115	18.8	9.0	7.0
10000（7501 ~ 12500）	135	20.5	11.4	8.5
15000（12501 ~ 17500）	150	23.0	12.5	9.1
20000（17501 ~ 22500）	164	25.0	13.5	9.8
35000（22501 ~ 45000）	190	30.4	15.8	11.2
50000（45001 ~ 65000）	223	32.3	17.9	12.8
70000（65001 ~ 85000）	228	32.3	19.6	14.2
100000（85001 ~ 105000）	250	43.0	20.3	14.5
120000（105001 ~ 135000）	266	43.0	23.5	16.7

3 航道尺度标准

3.1 航道尺度基本概念

航道尺度是设计最低通航水位时航道的最小水深、宽度和弯曲半径的总称。内河通航标准所规定的各级航道的尺度为航道标准尺度，与航道等级、设计船舶（船队）尺度有关。

内河航道的航道尺度，主要是衡量内河航道的航道环境的参数，主要有航道水深、航道弯曲半径、航道宽度、航道断面系数以及跨河建筑物净空尺度等。船舶航行方式除了受河流（运河）的自然条件、货运量等因素影响外，还和船舶的航行方式、船舶船型等因素密切相关。内河中最常见的一种航行方式便是船舶编队航行，这种航行方式的优点是运量大、成本低、效率高。船舶编队航行这种方式主要是有拖带船队（拖轮在前、驳船在后）和顶推船队（驳船在前、拖轮在后）两种。在对航道条件进行分析的基础上，考虑跨河建筑物净空尺度的限制条件，根据设计代表船型所需航道尺度计算，提出航道尺度标准。

3.2 航道尺度计算与分析

3.2.1 计算坐标

为便于计算各典型航段代表船舶通过时所需要的航道宽度，必须首先建立计算坐标。设定坐标的原点均为各航段的中点，纵轴（X）垂直于各自航道轴线指向右岸，横轴（Y）平行于航道轴线指向下游。船舶航行时，设船首尾线与 Y 轴的夹角称为偏航角 α，流向与 Y 轴的夹角称为流向角 β，风作用方向与 Y 轴的夹角称为风向角 α_f，如图 3-1 所示。

3.2.2 顺直航段所需航宽

根据“14 内河标准”，结合船舶操纵理论，在无风流影响所需航宽上加上风致漂移、流致漂移所需航宽的修正，所需航宽可按下面公式计算。

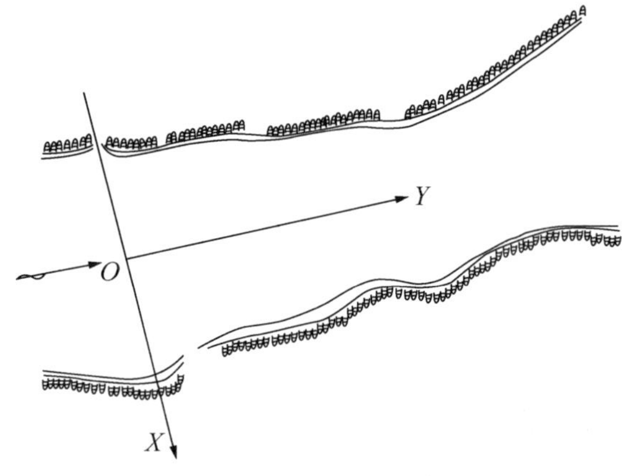

图 3–1　计算坐标示意图

（1）船舶尺度所占航宽

代表船舶在无风流作用下，通过顺直河段所需航宽可用下式计算：

$$B_1=L\sin\alpha+b\cos\alpha \tag{3–1}$$

式中：L——代表船舶船长（m）；

α——偏航角（°），取 3°；

b——代表船舶船宽（m）。

（2）流致漂移量

代表船舶航行中，在不同水流作用下的漂移量（ΔB_L）可用下式计算：

$$\Delta B_{\mathrm{L}}=S\cdot\frac{V\sin\alpha+u\sin\beta}{\left|V\cos\alpha+u\cos\beta\right|} \tag{3–2}$$

式中：S——船舶调整船位所需要航道长度(m)；上行 =1 倍船长 + 应舵时间 × 航速；下行 =2 倍船长 + 应舵时间 × 航速，其中应舵时间（t）内河船舶取 5 ~ 7s，进江海轮取 8 ~ 10s；

V——船速（m/s）；

u——流速（m/s）；

β——流向角（°）。

（3）风致漂移量

代表船舶航行中，受风作用情况下的漂移量（ΔB_F）可用下式计算：

$$\Delta B_{\mathrm{F}}=K\cdot\sqrt{\frac{B_{\mathrm{a}}}{B_{\mathrm{w}}}}\cdot \mathrm{e}^{-0.14V_{\mathrm{s}}}\cdot V_{\mathrm{a}}\cdot S\cdot\frac{\sin\alpha_{\mathrm{f}}}{\left|V\cos\alpha+u\cos\beta\right|} \tag{3–3}$$

式中：$K=\sqrt{(\rho_{\mathrm{a}}\cdot C_{\mathrm{a}})/(\rho_{\mathrm{w}}\cdot C_{\mathrm{w}})}$，该系数一般取 0.038 ~ 0.041；

B_a——船体水线上侧受风面积（m^2）；

B_W——船体水线下侧受风面积（m^2），取 $B_W=L\cdot d$；

V_s——风中船速（kn）；

V_a——相对风速（m/s）；

α_f——真风作用方向与航道轴线的夹角，按横风考虑。

（4）所需航宽

单向通航
$$B = B_1 + |\Delta B_L| + |\Delta B_F| + 2|C| \tag{3-4}$$

双向通航
$$B = B_{s1} + B_x + |\Delta B_{Ls}| + |\Delta B_{Fs}| + |\Delta B_{Lx}| + |\Delta B_{Fx}| + d + 2|C| \tag{3-5}$$

式中：C——代表船舶与航道边界的安全距离，按“14 内河标准”规定取值。单向通航航道安全距离，船队取 0.25 ~ 0.30 倍航迹带宽度，货船取 0.34 ~ 0.40 倍航迹带宽度；双向通航航道安全距离包括船舶与航道边界距离以及上下行船舶之间的安全距离，船队取 0.50 ~ 0.60 倍上行和下行航迹带宽度，货船取 0.67 ~ 0.80 倍上行和下行航迹带宽度。

（5）计算参数选取

航宽主要计算参数，如表 3-1 所示。

航宽主要计算参数　　表 3-1

船舶类型	航行状态	计算河长 S（m）	应舵时间 t（s）		航速 V（kn）	风速 V_a（m/s）	流速 u（m/s）	风向角 α_f（°）	流向角 β（°）	偏航角 α（°）
			河船	海轮						
散货船	上行	$L+tV$	5	8	12	9.35	1.5	90	355	177
	下行	$2L+tV$	7	10	12	9.35	1.5	90	355	3

3.2.3　弯曲段所需航宽

根据船舶操纵理论，首先确定代表船舶在无风作用下通过弯曲河段所需航宽（B_1）、受风作用产生的风致漂移量（ΔB_F）；然后根据叠加原理建立代表船舶通过弯曲河段时，在有风、流作用情况下所需的航道宽度。

（1）船舶尺度所占航宽

如图 3-2 所示，代表船舶在无风流作用情况下，通过弯曲航段所占航宽（B_1）的大小可分别用下式计算：

$$B_1 = \sqrt{\left(R + \frac{1}{2}b\right)^2 + (V_W t + AC)^2} - R + \frac{1}{2}b \tag{3-6}$$

式中：R——航道轴线曲率半径（m）；

b——代表船舶宽度（m）；

AC——船舶转心至船尾的距离（m），由转心位置确定，根据船舶操纵理论，转心位置一般位于船舶重心前 $L/5 \sim L/3$，一般取 $AC=3L/4$，内河小型船舶可取 $AC=2L/3$，其中 L 为代表船舶长度；

V_W——通过弯道时的航速（m/s）；

t——代表船舶对舵的响应时间（s），分析计算时，上行取 5 ~ 7s，下行取 6 ~ 8s。

（2）流致漂移量

船舶（队）通过弯道时，在流的作用下产生的横向漂移如图 3–3 所示。纵轴 Y 平行于航道轴线，横轴 X 垂直于各自航道轴线，将流速 u 分解到 X 方向和 Y 方向，得：

$$u_X = u\sin\beta$$

$$u_Y = u\cos\beta$$

由于流速 u 在 X 方向分量 u_X 的存在，使得船队通过弯道时会产生在 X 方向的漂移量。此漂移量为：

下行
$$B_{LX} = u\sin\beta \frac{S}{V + u\cos\beta} \tag{3–7}$$

上行
$$B_{LS} = u\sin\beta \frac{S}{V - u\cos\beta} \tag{3–8}$$

式中：u——流速（m/s）；

β——流向角（°）。

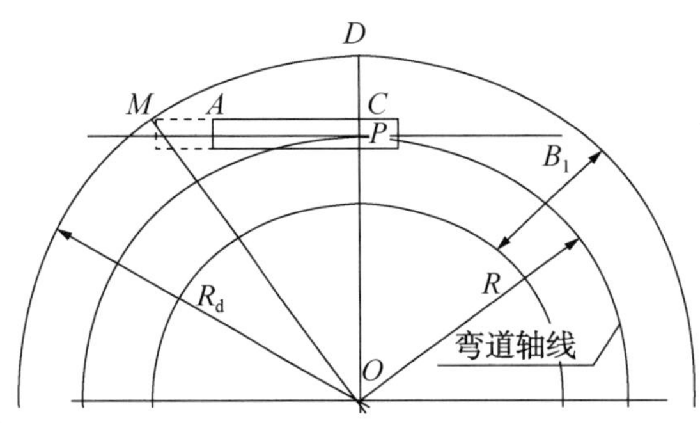

图 3–2　弯道航宽分析计算示意图

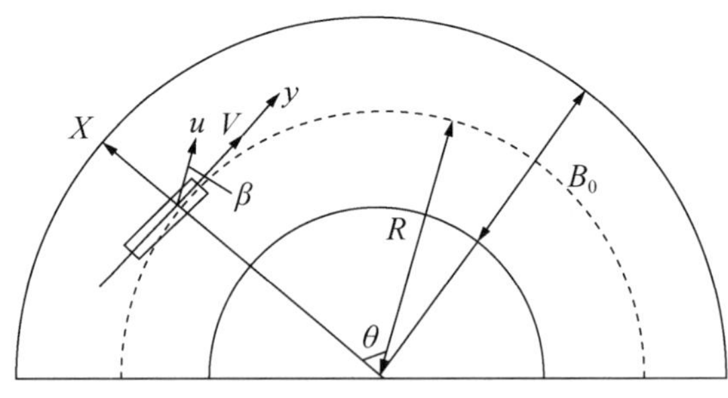

图 3–3　流致漂移量计算示意图

（3）风致漂移量（ΔB_F）

下行
$$\Delta B_{FX} = K' \cdot \sqrt{\frac{B_a}{B_w}} \cdot e^{-0.14V_s} \cdot V_a \cdot \frac{S}{V_w + u\cos\beta} \cdot \sin\alpha_f \tag{3–9}$$

上行 $$\Delta B_{FS}=K'\cdot\sqrt{\frac{B_a}{B_w}}\cdot e^{-0.14V_s}\cdot V_a\cdot\frac{S}{V_w-u\cos\beta}\cdot\sin\alpha_f \tag{3-10}$$

式中：K'——修正系数，一般取 0.038 ~ 0.041；

B_a——船体水线上侧受风面积（m^2）；

B_w——船体水线下侧面积（m^2），取 $B_w=L\cdot d$；

V_s——风中船速（kn）；

V_a——相对风速（m/s）；

α_f——风向与航道法线的夹角（°），按横风考虑。

（4）所需航宽

单向通航 $$B=B_1+|\Delta B_W|+|\Delta B_F|+2|C| \tag{3-11}$$

双向通航 $$B=B_{s1}+B_x+|\Delta B_{Ls}|+|\Delta B_{Fs}|+|\Delta B_{Lx}|+|\Delta B_{Fx}|+d+2|C| \tag{3-12}$$

式中，C 为代表船舶与航道边界的安全距离，按“14 内河标准”规定取值。单向通航航道安全距离，船队取 0.25 ~ 0.30 倍航迹带宽度，货船取 0.34 ~ 0.40 倍航迹带宽度；双向通航航道安全距离包括船舶与航道边界距离以及上下行船舶之间的安全距离，船队取 0.50 ~ 0.60 倍上行和下行航迹带宽度，货船取 0.67 ~ 0.80 倍上行和下行航迹带宽度。

（5）计算参数选取

弯曲航道航宽计算参数，见表 3-2。

弯曲航道航宽计算参数 表 3-2

船舶类型	航行状态	计算河长 S（m）	应舵时间 t（s）		航速 V（kn）	风速 V_a（m/s）	流速 u（m/s）	风向角 α_f（°）	流向角 β（°）	偏航角 α（°）
			河船	海船						
散货船	上行	$L+tV$	5	8	12	9.35	1.5	90	10	350
	下行	$L+tV$	7	10	12	9.35	1.5	90	10	190

3.2.4 航道水深

随着船舶大型化的发展，长江干线各航段航行船舶的吃水越来越大，对干线航道提出了更高的要求。为确保长江干线船舶的航行安全，避免搁浅、触底等险情的发生；同时保障航道资源能够有效利用，合理确定长江干线各航段航道水深标准意义重大。

3.2.4.1 富裕水深的概念及意义

富裕水深是指船舶航行中，船舶龙骨下缘至河底必须保证的最小安全距离。处于一定运动状态的船舶，在运动中影响其所受水动力大小的重要参数是绝对水深与吃水的比值（H/d），即相对水深，H 是河底至水面的高度，d 是指船舶吃水。怎样确定浅水水域，目前尚无统一的国际标准，但就从水深影响船体阻力的相关试验结果来看，通常用相对水深（H/d）值的大小来区分浅水与深水水域，即当 $H/d < 4$ 时，可近似认为是浅水水域，反之，当 $H/d > 4$ 时，则为深水水域。显然，根据长江干线航道实际水深和通航船舶的吃水，长江干线航道绝大部分属于理论上的浅水水域。

船舶在深水水域航行时，与之相对运动的水流是从船体的两舷和船底由船首流向船尾的三向度水流。船舶航行中，船舶吃水会较静止时有所增加，即产生动吃水，船舶对水速度越大动吃水增大越多，船舶尾倾越大。当船舶进入浅水水域后，由于流入船底下面的水流受到限制而被推向船体的左右两侧，会因阻力增加导致船速下降、船体下沉，一方面因船底过水断面相对深水区缩窄变小，水流流速增大，根据伯努利定理，由于船底流速增大，流压降低，也会出现船体下沉，导致船舶吃水增加。船体下沉量与船底水深和航速密切相关，深度越小则下沉量越大；船速愈快，下沉量愈大。

根据长江引航中心资料，2008 年以来，进入长江的开普型海轮（指船长在 275m 以上，船宽大于 32.3m，不能通过巴拿马运河，只能通过赫恩角或好望角连接大洋之间航线的船舶）逐年增加，年均增长 80%，2010 年突破 600 艘次。在 12.5m 深水航道延伸至太仓后，因经济效益明显，进江的开普海轮进一步加大。因此，合理确定长江干线不同航段的富裕水深，对提高船舶运输效率，保障航行安全，保证航道资源有效利用均具有重要意义，是确定长江干线各航段航道水深标准的前提。

3.2.4.2 长江干线设计代表船型富裕水深

船舶在通过浅滩或在浅水水域航行时船底以下必须保留足够的水深余量，以防止船舶发生拍底、触礁、搁浅和失控的险情。影响富裕水深的因素较多，且具有一定的不确定性，因此，目前精确测算富裕水深还很难做到。富裕水深保留过多，不利于提高船舶运输效率和航道资源有效利用；富裕水深保留不足，则会影响船舶航行安全。

（1）有关规定

目前，国内外确定富裕水深的方法主要有相对比例法、绝对尺度法和混合法 3 种。就长江干线来说，现有相关富裕水深的规定如下：

①“14 内河标准”规定：

在“14 内河标准”中对我国内河不同等级航道的富裕水深作了明确规定，见表 3–3。

“14 内河标准”规定富裕水深值（m）　　表 3-3

航道等级	Ⅰ	Ⅱ	Ⅲ	Ⅳ	Ⅴ	Ⅵ	Ⅶ
富裕水深	0.4 ~ 0.5	0.3 ~ 0.4	0.3 ~ 0.4	0.2 ~ 0.3	0.2 ~ 0.3	0.2	0.2

注：①富裕水深值主要包括船舶航行下沉量和触底安全富裕量；
②流速或风浪较大的水域取大值，反之取小值；
③卵石和岩石质河床富裕水深值应另加 0.1 ~ 0.2m。

②《中华人民共和国江苏海事局船舶航行安全富裕水深管理规定》中规定：

江苏海事局根据辖区长期船舶通航管理经验与实践，结合国内外富裕水深研究成果，经广泛咨询行业专家依据，于 2007 年 12 月 28 日发布了《中华人民共和国江苏海事局船舶航行安全富裕水深管理规定》，规定第五条：航行于沿海港口水域的船舶应根据本船船型、吃水和航速保留不小于船舶吃水 10% 的富裕水深。在辖区其他水域航行的船舶应根据本船实际吃水，按下列要求留足富裕水深：

a. 实际吃水不足 5m 的，富裕水深不小于 0.4m。

b. 实际吃水在 5m 及以上不足 7m 的，富裕水深不小于 0.5m。

c. 实际吃水在 7m 及以上不足 9.7m 的，富裕水深不小于 0.7m。

d. 实际吃水在 9.7m 及以上不足 10.5m 的，富裕水深不小于 0.8m。

e. 实际吃水 10.5m 及以上的，富裕水深不小于 1.0m。

f. 载运危险货物的，富裕水深应另加 0.1m；航速大于 12 节的，富裕水深另加 0.1m。

③《长江口深水航道试通航期航行安全管理办法（暂行）》规定：

2000 年 7 月 20 日，《长江口深水航道试通航期航行安全管理办法（暂行）》第五条规定：船舶在进槽前应调平吃水，并根据本船的船型、吃水和航速确保留有安全的富裕水深，但在任何情况下应保持不小于 0.7m 的富裕水深。

④《长江口深水航道航行安全管理办法》中规定：

中华人民共和国上海海事局于 2002 年 12 月 27 日以沪海通航〔2002〕693 号文发布了《长江口深水航道航行安全管理办法》。该办法在“第五条富裕水深”中规定：船舶在进槽前应根据本船的船型、吃水和航速确保留有安全的富裕水深。

载重吨 2 万 t 以下的船舶的富裕水深不小于 0.7m；载重吨大于 7.5 万 t 的散货船和油船及 5 500 箱位（TEU）以上的集装箱船舶的富裕水深不小于 1.2m；载重吨 15 万 t 及以上的船舶的富裕水深不小于 1.5m。

⑤《河港工程总体设计规范》（JTJ 212—2006）中规定：

《河港工程总体设计规范》从龙骨下最小富裕深度（Z）和其他富裕深度（ΔZ）两个方面对富裕水深作了规定。其中龙骨下最小富裕深度规定，见表 3-4。

《河港工程总体设计规范》龙骨下最小富裕深度规定（m）　　表 3–4

设计船型吨级 DWT（t）		100 ≤ DWT ＜ 500	500 ≤ DWT ≤ 3000
河床质	土质	0.20	0.30
	石质	0.30	0.50

注：设计船型载货量 >3 000t 时，Z 值可适当加大；码头前沿河底有石质构筑物时，Z 值应按石质河床考虑。

其他富裕深度应考虑下列因素取值 ：

波浪富裕深度，是因波浪作用导致船舶下沉量的富裕深度。对波浪较大的河口、库区、湖区和水域开阔的港口的波浪推算，按《内河航道与港口水文规范》（JTJ 214—2000）执行。

散货船和油轮码头，因船舶配载不均匀应增加船尾吃水，其值取 0.10 ～ 0.15m。

码头前沿可能发生回淤时增加备淤的富裕水深。备淤富裕深度根据回淤强度、维护挖泥间隔期及挖泥设备性能确定，其值不小于 0.2m。

（2）富裕水深的确定

根据长江干线现有富裕水深的有关规定，江苏海事局的富裕水深规定对长江干线受潮汐影响明显河段能较好地符合船舶航行的实际 ；对于长江干线径流航段，按照“14 内河标准”执行，能很好地反映船舶航行的实际需求。为此，结合长江干线不同航段航道特征和通航船舶实际情况，以及提出的长江干线设计代表船舶尺度，确定长江干线的富裕水深，见表 3–5。

长江干线设计代表船舶富裕水深表（m）　　表 3–5

船舶类型	船舶吨级 DWT（t）	满载吃水 T	富裕水深 ΔH
内河散货船	1000	2.0	0.3
	2000	2.6	0.3
	3000	3.0	0.4
	5000	4.0	0.5
	7000	4.5	0.5
	10000	5.8	0.5
海轮散货船	2000	5.0	0.5
	3000	5.8	0.5
	5000	7.0	0.7
	10000	8.5	0.7
	15000	9.1	0.7
	20000	9.8	0.8
	35000	11.2	1.0
	50000	12.8	1.0
	70000	14.2	1.0
	100000	14.5	1.0
	120000	16.7	1.0

3.2.4.3 航道水深的确定

根据“14 内河标准”中关于天然和渠化河流航道水深的计算方法，航道水深可按下式计算：

$$H=T+\Delta H \tag{3-13}$$

式中：H——设计代表船型所需航道水深（m）。

T——船舶吃水（m），根据航道条件和运输要求可取船舶、船队设计吃水或枯水期减载时的吃水；

ΔH——富裕水深（m），可从表 3–6 中选用。

富裕水深值（m） 表 3–6

航道等级	Ⅰ	Ⅱ	Ⅲ	Ⅳ	Ⅴ	Ⅵ	Ⅶ
富裕水深	0.4 ~ 0.5	0.3 ~ 0.4	0.3 ~ 0.4	0.2 ~ 0.3	0.2 ~ 0.3	0.2	0.2

3.2.5 航道尺度与代表船型尺度关系

3.2.5.1 重点航段的确定

自 2009 年 1 月 1 日起，长江航道局在公共网站上每隔 3 ~ 6d 发布长江干线航道尺度预报信息，该信息显示了长江干线各航段主要浅水道在不同水位期的实际航道水深和航道宽度。以预报信息中的主要浅水道作为重点航段对长江航道局 2009 年 1 月 1 日至 2011 年 11 月 25 日发布的资料进行收集整理，找出长江干线各航段主要浅水道的最小航道水深和最小航道宽度，并与相应河段的航道维护尺度进行比较，统计结果见表 3–7。

重点航段的选取 表 3–7

水道名称	航道最小维护水深（m）	航道最小水深（m）	航道维护宽度（m）	航道最小宽度（m）	弯曲半径（m）
杨柳碛水道	2.7	2.9	50	80	560
香炉滩水道	2.7	2.8	50	70	560
井口水道	2.7	2.9	50	80	560
火焰碛水道	2.7	2.7	50	50	560
东溪口水道	2.7	3.0	50	55	560
白沙水道	2.7	3.0	50	60	560
苦竹碛水道	2.7	3.1	50	65	1 000
占碛子水道	2.7	3.1	50	80	1 000
鱼洞水道	2.7	3.2	50	80	1 000
胡家滩水道	2.7	3.3	50	90	1 000

续上表

水道名称	航道最小维护水深（m）	航道最小水深（m）	航道维护宽度（m）	航道最小宽度（m）	弯曲半径（m）
三角碛水道	2.7	3.2	50	80	1 000
猪儿碛水道	4.5	4.5	50	80	1 000
朝天门水道	4.5	5.0	100	200	1 000
芦家河水道	3.2	3.2	80	80	1 050
枝江水道	3.2	3.3	80	100	1 050
江口水道	3.2	3.3	80	100	1 050
太平口水道	3.2	3.4	80	150	1 050
周公堤水道	3.2	3.4	80	140	1 050
藕池口水道	3.2	3.6	80	180	1 050
窑、监河段	3.2	3.5	80	110	1 050
尺八口水道	3.2	3.4	80	120	1 050
界牌水道	3.5	4.0	80	200	1 050
武桥水道	3.5	3.7	80	100	1 050
戴家洲水道	4.0	4.5	100	200	1 050
牯牛沙水道	4.0	4.5	100	250	1 050
九江水道	4.0	4.5	100	180	1 050
张家洲南水道	4.0	4.5	100	180	1 050
东流水道	5.0	5.0	200	190	1 050
太子矶水道	5.0	5.0	200	240	1 050
土桥水道	5.0	5.0	200	280	1 050
黑沙洲南水道	5.0	5.0	200	210	1 050
白茆水道	5.0	6.3	500	400	1 050
芜湖水道	5.0	6.3	500	380	1 050
丹徒直水道	10.5	10.5	200	200	1 050
福姜沙南水道	10.5	10.5	200	200	1 050

从表 3–7 中可知，长江干线各航段主要浅水道实际最小航道水深均大于或等于航道最小维护水深；各主要浅水道实际最小航道宽度，除白茆水道、芜湖水道外，也均大于或等于航道维护宽度。

3.2.5.2　航道尺度计算结果

（1）计算代表船型尺度

为了有效地利用航道资源，充分体现深水深用、浅水浅用的原则，合理制定长江干线分段通航标准，根据前面讲述的计算方法，对不同吨级船舶航行中所需航宽进行计算，确定长江干线航道各等级代表船型及主尺度，见表 3–8。

根据长江干线现有航道维护情况，表 3–8 中 2 万吨级海轮乘潮可满载航行，

3.5 万吨级及以上海轮需要根据情况乘潮、控制吃水航行。

长江干线航道各等级代表船型尺度表　　表 3-8

船舶类型	船舶吨级 DWT（t）	设计船型尺度（m）				备注
		总长 L	型宽 B	型深 D	计算吃水 T	
内河散货船	1000	85.0	10.8	2.8	2.0	满载
	2000	90.0	16.2	3.6	2.6	满载
	3000	110.0	16.2	4.2	3.0	满载
	5000	110.0	19.2	5.5	4.0	满载
	7000	118.0	20.2	6.3	4.5	满载
	10000	123.0	21.6	7.8	5.8	满载
海轮散货船	2000	78	14.3	6.2	5.0	满载
	3000	96	16.6	7.8	5.8	满载
	5000	115	18.8	9.0	7.0	满载
	10000	135	20.5	11.4	8.5	满载
	15000	150	23.0	12.5	9.1	满载
	20000	164	25.0	13.5	9.8	乘潮、满载
	35000	190	30.4	15.8	10.5	乘潮、控制吃水
	50000	223	32.3	17.9	12.0	乘潮、控制吃水
	70000	228	32.3	19.6	12.0	乘潮、控制吃水
	100000	250	43.0	20.3	12.0	乘潮、控制吃水
	120000	266	43.0	23.5	12.0	乘潮、控制吃水

（2）航道宽度计算结果

通过上节计算，长江干线航道各等级代表船型通过顺直、弯曲航段，单向和双向通航所需航宽计算结果见表 3-9。

主要船型在顺直、弯曲航段单向和双向通航所需航宽计算表　　表 3-9

船舶类型	船舶吨级 DWT（t）	所需航宽（m）						
		顺直			弯曲			
		单向上行	单向下行	双向	弯曲半径	单向上行	单向下行	双向
内河散货船	1000	33	33	66	560	37	40	77
	2000	44	43	87	1 000	44	45	89
	3000	47	46	93	1 050	47	49	96
	5000	52	52	104	1 050	52	54	106
	7000	55	55	110	1 050	56	58	113
	10000	59	58	117	1 050	59	61	120

续上表

船舶类型	船舶吨级 DWT（t）	所需航宽（m）						
		顺直			弯曲			
		单向上行	单向下行	双向	弯曲半径	单向上行	单向下行	双向
海轮散货船	2000	39	38	78	1 050	41	42	83
	3000	46	45	92	1 050	48	50	98
	5000	53	52	105	1 050	56	58	114
	10000	59	58	117	1 050	64	66	129
	15000	66	65	130	1 050	72	74	145
	20000	71	70	142	1 050	79	81	160
	35000	85	84	169	1 050	96	98	194
	50000	93	93	186	1 050	109	112	220
	70000	94	94	188	1 050	111	113	224
	100000	117	117	234	1 050	137	140	277
	120000	120	120	240	1 050	143	146	289

（3）航道水深

根据前述航道水深的确定方法，主要代表船型和船队安全通航所需水深，见表 3–10。

长江干线设计代表船舶所需航道水深表（m）　　表 3–10

船舶类型	船舶吨级 DWT（t）	满载吃水 T	富裕水深 ΔH	所需航道水深 H	备注
内河散货船	1000	2.0	0.3	2.3	
	2000	2.6	0.3	2.9	
	3000	3.0	0.4	3.4	
	5000	4.0	0.5	4.5	
	7000	4.5	0.5	5.0	
	10000	5.8	0.5	6.3	
海轮散货船	2000	5.0	0.5	5.5	
	3000	5.8	0.5	6.3	
	5000	7.0	0.7	7.7	
	10000	8.5	0.7	9.2	
	15000	9.1	0.7	9.8	
	20000	9.8	0.8	10.6	需要乘潮
	35000	11.2	1.0	12.2	需要乘潮
	50000	12.8	1.0	13.8	应控制吃水
	70000	14.2	1.0	15.2	应控制吃水
	100000	14.5	1.0	15.5	应控制吃水
	120000	16.7	1.0	17.7	应控制吃水

3.3 长江干线航道尺度标准

3.3.1 航道尺度标准的确定原则

以《内河通航标准》（GB 50139—2014）为依据，以长江干线航道实际自然条件为基础，根据长江干线各河段重点航段的航道尺度核查、计算和分析结果，适度考虑长江航运社会对长江航道的需要和航道建设发展，结合长江中下游海轮推荐航线、缓流航道，以及船舶定线制河段航道维护实践等，提出航道尺度标准。

3.3.2 长江干线航道条件综合分析

根据长江干线各河段航道条件核查和各代表船型对航道尺度的需求计算结果，对长江干线不同河段的航道条件进行综合分析。长江干线各河段航道条件汇总见表 3–11，航道条件综合分析见表 3–12。

长江干线各河段航道条件汇总表　　　　表 3–11

河段	实际维护宽度		实际维护水深		重点浅水道名称	航道最小维护水深(m)	航道实际最小水深(m)	航道维护宽度(m)	航道实际最小宽度(m)	弯曲半径(m)
	最小值	最大值	最小值	最大值						
合江门—王爷庙	60	140	2.7	3.8	杨柳碛水道	2.7	2.9	50	80	560
					香炉滩水道	2.7	2.8	50	70	560
					井口水道	2.7	2.9	50	80	560
王爷庙—兰家沱	55	120	2.7	3.7	火焰碛水道	2.7	2.7	50	50	560
					东溪口水道	2.7	3.0	50	55	560
					白沙水道	2.7	3.0	50	60	560
兰家沱—娄溪沟	60	170	3.1	5.2	苦竹碛水道	2.7	3.1	50	65	1 000
					占碛子水道	2.7	3.1	50	80	1 000
					鱼洞水道	2.7	3.2	50	80	1 000
					胡家滩水道	2.7	3.3	50	90	1 000
娄溪沟—羊角滩	65	100	3.0	6.5	三角碛水道	2.7	3.2	50	80	1 000
					猪儿碛水道	4.5	4.5	50	80	1 000
羊角滩—李渡大桥	100	280	3.8	7.0	朝天门水道	4.5	5.0	100	200	1 000
李渡大桥—下临江坪	140	140	4.5	4.5						

续上表

河　段	实际维护宽度 最小值	实际维护宽度 最大值	实际维护水深 最小值	实际维护水深 最大值	重点浅水道名称	航道最小维护水深(m)	航道实际最小水深(m)	航道维护宽度(m)	航道实际最小宽度(m)	弯曲半径(m)
下临江坪—城陵矶	80	200	3.2	5.0	芦家河水道	3.2	3.2	80	80	1 050
					枝江水道	3.2	3.3	80	100	1 050
					江口水道	3.2	3.3	80	100	1 050
					太平口水道	3.2	3.4	80	150	1 050
					周公堤水道	3.2	3.4	80	140	1 050
					藕池口水道	3.2	3.6	80	180	1 050
					窑、监河段	3.2	3.5	80	110	1 050
					尺八口水道	3.2	3.4	80	120	1 050
城陵矶—军山大桥	100	260	4.0	6.5	界牌水道	3.5	4.0	80	200	1 050
军山大桥—武桥	100	100	3.7	8.0	武桥水道	3.5	3.7	80	100	1 050
武桥—上巢湖	180	290	4.5	8.9	戴家洲水道	4.0	4.5	100	200	1 050
					牯牛沙水道	4.0	4.5	100	250	1 050
上巢湖—皖河口	150	220	4.5	9.0	九江水道	4.0	4.5	100	180	1 050
					张家洲南水道	4.0	4.5	100	180	1 050
					东流水道	5.0	5.0	200	190	1 050
皖河口—铜陵大桥	230	500	5.0	9.0	太子矶水道	5.0	5.0	200	240	1 050
铜陵大桥—高安圩	200	350	5.0	9.0	土桥水道	5.0	5.0	200	280	1 050
					黑沙洲南水道	5.0	5.0	200	210	1 050
高安圩—芜湖大桥	370	400	6.4	9.0	白茆水道	5.0	6.3	500	400	1 050
					芜湖水道	5.0	6.3	500	380	1 050
芜湖大桥—燕子矶	300	300	7.5	9.0						1 050
燕子矶—荡茜闸	200	200	10.5	10.5	丹徒直水道	10.5	10.5	200	200	1 050
荡茜闸—浏河口	200	500	10.5	12.5	福姜沙南水道	10.5	10.5	200	200	1 050

长江干线航道条件综合分析表　　表 3-12

航段名称	航道实际维护宽度(m)	航道实际维护水深(m)	分　析	通 航 条 件
合江门—王爷庙	60 ~ 140	2.7 ~ 3.8	航道水深至少2.7m，除香炉滩水道外，航道宽度至少80m	（1）根据水深，全年可满足1000吨级内河散货船满载航行，中、洪水期可满足2000吨级内河散货船满载航行； （2）根据航宽，枯水期除香炉滩水道外，全年可满足1000吨级内河散货船双向通航；全年可满足3000吨级内河散货船单向控制通航

续上表

航段名称	航道实际维护宽度（m）	航道实际维护水深（m）	分析	通航条件
王爷庙—兰家沱	55 ~ 120	2.7 ~ 3.7	航道水深至少2.7m，除3个重点浅水道外，航道宽度应不小于80m	（1）根据水深，全年可满足1000吨级内河散货船满载航行，中、洪水期可满足2000吨级内河散货船满载航行； （2）根据航宽，枯水期除火焰碛、东溪口、白沙3个浅水道外，全年可满足1000吨级内河散货船双向通航；全年可满足3000吨级内河散货船单向控制通航
兰家沱—娄溪沟	60 ~ 170	3.1 ~ 5.2	航道水深至少2.7m，除苦竹碛水道外，航道宽度应不小于80m	（1）根据水深，全年可满足1000吨级内河散货船满载航行，中、洪水期可满足3000吨级内河散货船满载航行； （2）根据航宽，枯水期除苦竹碛水道外，全年可满足1000吨级内河散货船双向通航；全年可满足3000吨级内河散货船单向控制通航
娄溪沟—羊角滩	65 ~ 100	3.0 ~ 6.5	航道水深至少2.7m，除2个重点浅水道外，航道宽度应不小于80m	（1）根据水深，全年可满足1000吨级内河散货船满载航行，中、洪水期可满足3000吨级内河散货船满载航行； （2）根据航宽，枯水期除三角碛、猪儿碛水道外，全年可满足1000吨级内河散货船双向通航；全年可满足5000吨级内河散货船单向控制通航
羊角滩—李渡大桥	100 ~ 280	3.8 ~ 7.0	航道水深至少3.8m，除朝天门水道外，航道宽度应不小于200m	（1）根据水深，全年可满足3000吨级内河散货船满载航行，中、洪水期可满足7000吨级内河散货船满载航行； （2）根据航宽，全年可满足3000吨级内河散货船双向通航
李渡大桥—下临江坪	140	4.5	航道水深至少4.5m，航道宽度至少140m	（1）根据水深，全年可满足5000吨级内河散货船满载航行； （2）根据航宽，全年可满足10000吨级内河散货船双向通航
下临江坪—城陵矶	80 ~ 200	3.2 ~ 5.0	航道水深至少3.2m，航段内浅水道较多，但除芦家河、枝江和江口水道外，航道宽度至少110m	（1）根据水深，全年可满足2000吨级内河散货船满载航行，中、洪水期可满足3000吨级内河散货船满载航行； （2）根据航宽，全年可满足5000吨级内河散货船双向通航

续上表

航段名称	航道实际维护宽度（m）	航道实际维护水深（m）	分　析	通 航 条 件
城陵矶—军山大桥	100 ~ 260	4.0 ~ 6.5	航道水深至少3.5m，航道宽度至少200m	（1）根据水深，全年可满足3000吨级内河散货船满载航行，中、洪水期可满足7000吨级内河散货船和2000吨级海轮满载航行；（2）根据航宽，全年可满足10000吨级内河散货船双向通航
军山大桥—武桥	100	3.7 ~ 8.0	航道水深至少3.5m，除武桥水道外，航道宽度至少200m	（1）根据水深，全年可满足3000吨级内河散货船满载航行，中、洪水期可满足7000吨级内河散货船和2000吨级海轮满载航行；（2）根据航宽，全年可满足10000吨级内河散货船双向通航
武桥—上巢湖	180 ~ 290	4.5 ~ 8.9	航道水深至少4.0m，航道宽度至少200m	（1）根据水深，全年可满足3000吨级内河散货船满载航行，中、洪水期可满足10000吨级内河散货船和5000吨级海轮满载航行；（2）根据航宽，全年可满足10000吨级船舶双向通航
上巢湖—皖河口	150 ~ 220	4.5 ~ 9.0	航道水深至少4.0m，航道宽度至少180m	（1）根据水深，全年可满足3000吨级内河散货船满载航行，中、洪水期可满足10000吨级内河散货船和5000吨级海轮满载航行；（2）根据航宽，全年可满足10000吨级船舶双向通航
皖河口—铜陵大桥	230 ~ 500	5.0 ~ 9.0	航道水深至少5.0m，航道宽度至少240m	（1）根据水深，全年可满足7000吨级内河散货船满载航行，洪水期可满足10000吨级海轮满载航行；（2）根据航宽，全年可满足10000吨级船舶双向通航
铜陵大桥—高安圩	200 ~ 350	5.0 ~ 9.0	航道水深至少5.0m，航道宽度至少210m	（1）根据水深，全年可满足7000吨级内河散货船满载航行，洪水期可满足10000吨级海轮满载航行；（2）根据航宽，全年可满足10000吨级船舶双向通航
高安圩—芜湖大桥	370 ~ 400	6.4 ~ 9.0	航道水深至少5.0m，航道宽度至少380m	（1）根据水深，全年可满足10000吨级内河散货船和3000吨级海轮满载航行，洪水期可满足10000吨级海轮满载航行；（2）根据航宽，全年可满足20000吨级以上船舶双向通航

续上表

航段名称	航道实际维护宽度（m）	航道实际维护水深（m）	分析	通航条件
芜湖大桥—燕子矶	300	9.0	航道水深至少9.0m，航道宽度至少300m	（1）根据水深，全年可基本满足10000吨级海轮满载航行；（2）根据航宽，全年可满足50000吨级以上船舶双向通航
燕子矶—荡茜闸	200	10.5	航道水深至少10.5m，航道宽度至少200m	（1）根据水深，全年可基本满足20000吨级海轮满载航行；（2）根据航宽，全年可满足50000吨级以上船舶双向通航
荡茜闸—浏河口	200～500	12.5	航道水深至少12.5m，航道宽度至少200m	（1）根据水深，全年可基本满足35000吨级海轮满载航行；（2）根据航宽，全年可满足50000吨级以上船舶双向通航

3.3.3 长江干线航道尺度标准

根据上述长江干线航道等级、航道尺度标准的确定原则，以“表3-12长江干线航道条件综合分析表”和3.2.5.2小节“航道尺度计算结果”为基础，遵循长江干线航道自然条件，满足长江航运发展需求，提出长江干线各等级航道的主航道尺度标准，其中将定线制航段航道尺度作了适当增加，结果见表3-13。

长江干线航道尺度 表3-13

航道等级		航道尺度（m）		
		航道水深	航道宽度（双线）	弯曲半径
Ⅰ	Ⅰ-1	12.5	350～500	1050
	Ⅰ-2	9.0～10.5	160～300	1050
	Ⅰ-3	6.0～8.0	120～200	1050
	Ⅰ-4	4.5～6.0	110～150	1050
	Ⅰ-5	4.0～4.5	100～150	1000
	Ⅰ-6	3.5～4.0	100～135	1000
Ⅱ		2.6～3.5	80～100	1000
Ⅲ		2.0～2.6	60～80	560

注：①Ⅰ-1、Ⅰ-2级航道局部困难河段最小航宽不小于200m。

②潮汐影响明显航段航道水深为理论最低潮面下水深。

4　跨、临河建筑物

长江作为我国第一大河流，是横贯东西的水上运输大动脉，是我国规划的“三横一纵”内河交通运输网的重要组成部分，是我国唯一贯穿东、中、西部地区的水路运输大通道。长江水运在促进区域经济协调发展中具有举足轻重的地位，素有“黄金水道”之称。随着我国国民经济和对外贸易的发展，长江流域经济社会发展对长江航运的依托程度越来越高。目前，长江通航能力不断提高，长江货运量持续快速增长，港口吞吐量大幅增加，运输船舶大型化、标准化趋势明显，水运市场日趋活跃，内河水运进入了快速发展的较好时期。为建成畅通、高效、平安、绿色的现代化内河水运体系，需要注重加强内河港口布局规划，保障内河港口可持续发展，对新建桥梁、码头等与通航有关设施，要充分考虑内河水运发展要求，要在充分论证通航影响和可行性的基础上建设通航设施。

4.1　长江干线跨、临河建筑物通航技术要求

4.1.1　跨河建筑物现状及存在问题

4.1.1.1　桥梁（隧道）现状

（1）长江上游水富至宜宾航段

该河段已建桥梁 10 座。通航净高在 10 ~ 20m 之间，通航净宽在 125 ~ 250m 之间。

（2）长江上游宜宾至宜昌十码头航段

该河段已建桥梁 46 座，在建桥梁 12 座，除支汉广阳岛大桥通航净高为 8m 外，其他长江干线桥梁通航净高均不小于 18m。通航净宽以小南海长江铁路大桥最小，为 74.8m，通航净宽最大值不超过 600m。

（3）长江中游宜昌十码头至武汉长江大桥航段

该河段已建桥梁 8 座，在建桥梁 1 座。已建桥梁通航净高均为 18m，通航净

宽不大于 618m，其中荆州大桥建在弯曲且多变的航道浅区，武汉白沙洲长江大桥建在分汊河段上。

（4）长江下游武汉长江大桥至南京长江大桥段

该河段已建桥梁 14 座，在建桥梁 6 座，通航净高除武汉长江二桥为 22m 以外，其余均不小于 24m。通航净宽最小 120m，为南京长江大桥。支汊桥梁中，马鞍山长江大桥右汊通航净高为 18m，南京长江隧道夹江大桥通航净高为 12m。

该河段已建隧道为武汉长江隧道。

（5）长江下游南京长江大桥至长江口航段

该河段已建桥梁 10 座，在建桥梁 5 座。其中，支汊桥梁有南京长江第二大桥北汊桥、润扬大桥左汊桥、泰州长江大桥夹江桥、扬中长江二桥、录安洲夹江大桥、常州化工管线桥、长青沙大桥、华沙大桥、华能南通电厂直接输煤栈桥。通航净高最小 6m，为南通华沙大桥，最大通航净高为 18m。除支汊桥梁外其他桥梁通航净高不小于 50m，净宽在 380 ～ 1418m。

该河段已建隧道为南京路长江隧道、上海长江隧道和南京纬三路长江隧道。

4.1.1.2　跨江管线现状

（1）长江上游宜宾至宜昌十码头航段

长江干线上游宜宾至宜昌段主要架空管线 90 处。根据现有数据统计，架空过江管线最低垂弧点高程最大值为 314.752m，位于李庄水道，尖嘴龙过江电线；最低垂弧点高程最小值为 28.6m，位于上游航道里程 579.2 处的黄山背电力线。长江干线上游架空管线的通航净高值均大于 18m。

长江干线上游宜宾至宜昌段主要水下管线 9 处。榕山水道，史坝沱管线最小埋设深度为 8.6m；泰安水道，鸡翅膀管线最小埋设深度为 5.1m；狐滩水道，万州长江过江输气管线最小埋设深度为 30m。

（2）长江中游宜昌十码头至武汉长江大桥航段

长江干线中游宜昌十码头至武汉长江大桥航段主要架空管线 21 处。根据数据统计，管线最低垂弧点高程最大值为 98.9m，位于大埠街水道，三峡至广东直流输电线；最低垂弧点高程最小值为 37.47m，位于沌口水道，沌口过江电缆。根据现有数据统计，架空管线通航净高值在 24 ～ 43.52m 范围内。

长江干线中游宜昌十码头至武汉长江大桥航段主要水下管线 15 处。天兴洲水道，武汉成品油输油管道左汊最小埋设深度为 11m，右汊 26.3m；天兴洲水道，武汉天然气供气管道（二期）最小埋设深度为 9.5m；金口水道，忠武线天然气过江管道最小埋设深度为 49.59m。

（3）长江下游武汉长江大桥至南京长江大桥航段

长江下游武汉长江大桥至南京长江大桥航段主要架空管线 21 处。根据数据统计，管线最低垂弧点高程最大值为 60.98m，位于黄石水道，黄石架空电缆；最低垂弧点高程最小值为 25.05m，位于太平浦水道，翠螺山－江心洲跨江电缆。根据现有数据统计，架空管线通航净高值在 25.2 ～ 36.5m 范围内。

长江下游武汉长江大桥至南京长江大桥航段主要水下管线 23 处。

（4）长江下游南京长江大桥至长江口航段

长江干线下游南京长江大桥至长江口航段主要架空管线 9 处。根据数据统计，管线最低垂弧点高程最大值为 89.03m，位于龙潭水道，仪征架空电缆；最低垂弧点高程最小值为 37.0m，位于福姜沙水道，崇明－南通过江电缆。

长江干线下游南京长江大桥至长江口航段主要水下管线 15 处。其中，仪征水道的马家口－世业洲穿江电缆最小埋设深度为 1.5m；丹徒直水道的谏壁－江心洲缆线最小埋设深度值为 1.5m；新浏河沙水道的宝钢－崇明国际过江光缆设计埋设深度为 3m；和宝钢－长兴国际过江光缆设计埋设深度为 5m；五号沟～长兴岛通信光缆埋设深度为 5m。

4.1.1.3　桥梁（隧道、管线等）现状、规划及主要问题

（1）长江干线已建桥梁 88 座，在建桥梁 24 座。通航净高在 10 ～ 62m 之间，桥梁跨度在 74.8 ～ 1 418m 之间。支汊大桥通航净高为 6 ～ 18m。

已建隧道为武汉长江隧道、南京路长江隧道、上海长江隧道，在建南京纬三路长江隧道。

长江已建架空过江管线 141 条，水下管线 62 处。通航净高值均为 18 ～ 89m。水下最小埋设深度为 1.5 ～ 49.59m。

（2）根据正在修编的长江干流通道规划（稿），至 2030 年，长江干流河段规划新建通道共 154 座。初拟公（铁）路过江通道平均间距约 30km，城市过江通道平均间距约 5km。

（3）跨河建筑物建设中的主要问题：

①支汊河道上建设跨河建筑物目前无明确针对性规划和规定，通航技术标准与要求难以确定。

随着沿江经济发展，地方对江心洲开发利用的需求增强，因此连接江心洲的跨河建筑物不断增多，如长江下游扬中河道的太平洲捷水道内不断建设多座桥梁；南通市拟开发长青沙与横港沙，需建设多座跨夹江大桥；团风县已把开发罗湖洲的事项提到议事日程，拟在罗湖洲圆港内建设夹江大桥。

这些支汊内建设跨河建筑物，因目前支汊航道未定级，航道部门也未对此予

以规划。有些当地港口部门对岸线利用虽作过规划，但长远性不够，有些也没有港口岸线规划，有些只是提出采取整治与疏浚等工程措施来提高支汊航道通过能力的想法，更有些支汊历史上曾作为主航道（如罗湖洲圆港），现因淤积萎缩成为支汊。建设跨河建筑物乃五十年以上大计，因此，若长远考虑，难以准确把握其建设技术标准与要求。

②跨河建筑物与已建临河建筑物间距不足。

随着沿江经济快速发展，在建、拟建跨河建筑物增多，而跨河建筑物的选址须符合城市规划的要求。部分跨河建筑物位于地方港口布局及规划范围内，难以满足原间距要求，而对港口作业区和锚地等设施做出妥善处理的难度较大，目前存在间距不足的事实。

临河建筑物（码头）对跨河建筑物的影响主要表现在：如果码头离跨河建筑物较近，一方面，码头前沿的船舶在装卸载作业时，船舶的靠离作业难度增大；另一方面，码头前沿的船舶在装卸载作业时，需频繁在码头前沿进行回旋作业，一定程度上也会影响过往船舶的安全，同时有可能干扰桥区河段附近水流条件，影响过桥船舶的操作性，甚至导致水流条件的改变促使过桥船舶难以摆正船位，从而有可能撞击桥墩，对桥梁的安全造成影响。如果码头距离跨河建筑物相对较远，主要影响表现在受桥墩干扰水流的影响，一定范围内水流条件较差，船舶的靠离作业难度大，其他影响相对较小。

③已建桥梁满足原标准净空尺度要求，但因梯级枢纽建设，河道水位条件的改变，导致原尺度不满足船舶安全通航的要求。

如长江三峡库区的万州长江公路大桥，1994 年 5 月 1 日大桥正式动工，1997 年完工，大桥一跨飞渡长江，全长 856.12m。该桥主拱圈为钢管混凝土劲性骨架箱型混凝土结构，主跨 420m，桥面宽 24m，为双向四车道，是当时世界最大跨径的混凝土拱桥，且桥面在枯水期距江面约 140m。在三峡水库 135m 围堰蓄水期对通航无影响，但随着三峡库区 175m 水位的上升，万州长江公路大桥拱座和部分拱圈被淹，桥区通航宽度进一步变窄，给船舶航行带来了一定的困难，船舶碰撞大桥的概率增加，且拱桥两侧拱圈有较大一部分被水淹没，两侧有几根立柱也处于水中，因拱圈与立柱防撞能力均很弱，若船舶走偏航道或船只失事，存在较严重的碰撞拱圈与立柱的安全问题。

④在运输繁忙、实施船舶定线制航段建设跨河建筑物出现新问题。

目前长江干线上已分次对多个航段实施了船舶定线制，长江干线江苏段水域实施《长江江苏段船舶定线制规定（2005）》（交海发 [2005]417 号）；自 2010 年 10 月 1 日起《长江安徽段船舶定线制》上界上延至太子矶水道钱江嘴；自 2010 年 10

月 1 日起《长江三峡库区船舶定线制规定(2010)》上界进一步上延至忠县长江大桥。

船舶定线制实行各自靠右、避免航线交叉，分区设置深水航道与推荐航路，并规定大、小船舶分道航行的规则。对于在实施船舶定线制的河段兴建跨河建筑时，通航孔及桥墩如何布置，提出了新的技术问题，保证较好地满足定线制航路设置的要求。

⑤桥梁承台顶面高程较高，枯水期多出露。

目前，桥梁主跨的跨径越来越大，其桥梁承台尺寸相应增大，承台对水流干扰与对通航产生的影响也越来越大。在通航净空宽度的确定中，根据承台设置高程不同所产生的紊流是否加以考虑，结果会存在较大的差别，承台顶面高程确定与如何设置警示标志不可忽视。

⑥水下跨河管线埋深不足，部分未设置标志。

早期跨河建筑物不规范，埋设深度有限，随着河床冲刷下切，部分水下跨河管线已露出河床，致使缆线出现不安全的隐患，也给船舶航行造成障碍。长江干线上有不少水下跨河建筑物未按要求在两岸侧设置管线标志，不易判定保护区范围，存在采沙、取石及其他施工作业时造成损坏的风险。

4.1.2 跨河建筑物通航技术要求

长江干线过江通道建设发展迅猛，特别是主城区桥梁建设增多，且规模大、要求高。长江桥址选择和桥梁通航标准技术要求与其他内河有明显不同。

随着我国公路、铁路建设和城市规划发展的需要，长江上修建的跨河建筑物越来越多，但目前能较好地满足跨河建筑物选址要求的河段是非常有限的。有些跨河建筑物不得不建在不满足选址要求的河道上，如果一定要在这些地段兴建跨河建筑物时，必须保证该区域航道畅通和船舶航行的安全。

针对长江干线河道特点，结合相关标准与规范要求，综合分析后对在长江干线上建设跨河建筑物通航要求如下：

(1) 长江干线以江阴为界，以下分为受潮汐影响明显河段。跨河建筑物与易变的洲滩，弯道、分流口、汇流口的间距，上下游距离均按不小于顶推船队长度的 4 倍控制。

(2) 在浅险水道与急弯段建设跨河建筑物，应一孔跨过通航水域。

(3) 在弯曲河段、通航受限河段或长江南京以下河段建设水上跨河建筑物，应结合通航孔跨度、通航孔布置是否平顺衔接、区段水流条件、风况等因素，适当加大相邻水上跨河建筑物的轴线间距或通航孔跨度。

(4) 长江干线当跨河建筑物轴线的法线方向与水流流向的交角大于 30° 时，应一跨过江。

（5）长江上游在现有或规划兴建水利枢纽河段建设水上过河建筑物，应考虑枢纽对最高通航水位的影响，应预留安全富裕高度。

长江江阴以下桥梁富裕高度宜取 4m，江阴长江大桥以上的桥梁富裕高度宜取 2m。

（6）各区段通航净空高度应遵循以下原则

①通航海轮航段通航净空高度。

通航海轮河段的跨河建筑物净空高度，应以通过该河段的代表性海轮空载时水面线以上高度加上安全富裕值综合确定，并兼顾特殊行业（如海军、石油、水产、船舶工业等有关部门）通航要求。

面对船舶的大型化和长江航运的发展需求，按照交通运输部批复的《长江干线航道总体规划纲要》，到 2020 年航道规划为：城陵矶至武汉河段，Ⅰ级航道标准，可通航由 3000 吨级驳船组成的万吨级船队，利用航道自然水深通航 3000 吨级海船。武汉至安庆河段，Ⅰ级航道标准，可通航由 2000 ～ 5000 吨级驳船组成的 2 万～ 4 万吨级船队，利用航道自然水深通航 5000 吨级海船。安庆至南京河段，Ⅰ级航道标准，可通航由 2 万～ 4 万吨级船队和 5000 吨级海船，利用航道自然水深通航 1 万吨级海船。南京至苏州太仓河段，可通航 3 万～ 5 万吨级海船。太仓至长江口河段，可通航 5 万吨级集装箱船，10 万吨级散货船可满载乘潮通航。

结合已建桥梁实际净空高度，考虑长江航运发展及地方需求，分析确定长江干线通航海轮航段跨河建筑物通航净空尺度为：城陵矶至武汉长江大桥段，跨河建筑物净高应不低于 18m；武汉长江大桥至铜陵长江大桥段，跨河建筑物净高应不低于 24m；铜陵长江大桥至南京长江二桥段，跨河建筑物净高应不低于 32m；南京长江二桥至江阴长江大桥段，跨河建筑物净高应不低于 50m；长江干线江阴长江大桥以下，跨河建筑物净高应不低于 62m。

②上游库区河段通航净空高度。

上游已建的三峡枢纽和拟建的小南海枢纽，均为特大型河道型水库。根据《长江干线航道总体规划纲要》，到 2020 年航道规划标准，重庆至城陵矶河段为Ⅰ级航道标准，通航由 2000 ～ 3000 吨级驳船组成的 6000 ～ 10000 吨级船队。水库正常运行后均为库区河段，其跨河建筑物通航净高不低于 24m。

③仅通航江轮河段通航净空高度。

水富至重庆河段：规划Ⅲ级航道标准，通航由 1000 吨级驳船组成的船队，结合小南海、朱杨溪等枢纽建设，可将航道标准提高到Ⅰ级。

重庆至宜昌河段（除三峡库区）：规划Ⅰ级航道标准，通航由千吨级驳船组成的万吨级船队。因此，长江干线水富至宜昌段，跨河建筑物净高不低于 18m；宜昌至城陵矶段，跨河建筑物净高应不低于 18m。

（7）长江干线在航道和可能通航的水域内布置水下跨河建筑物，应埋置于河床面以下，并留有足够的埋置深度，其顶部设置深度不得小于远期规划航道底高程以下 4m；穿越石质河床的水下跨河建筑物、临时水下跨河建筑物的埋置深度可适当减小。

（8）水下跨河建筑物埋置深度，还应考虑局部河床下切、航行船舶紧急抛锚等影响。

4.1.3 临河建筑物现状及存在问题

临河建筑物包括码头、栈桥、取（排）水口、抽（排）水站、船台、滑道等，其中码头、取（排）水口、船台、滑道是最常见的临河建筑物。

（1）码头现状

截至 2010 年年底，长江干线已统计的已建和在建码头数量总数 2 153 座，其中上游 90 座、中游 534 座、下游 1 529 座。万吨级码头 323 座，码头总长 370km。见表 4–1。

长江干线已建码头统计表 表 4–1

类型 河段	码　　头	取（排）水口
上游	90	69
中游	534	31
下游	1 529	130
小计	2 153	230

从码头建设的情况来看，无论是过去还是现在，均不同程度地会对航道及船舶航行构成一定影响，为了规范港区规划及码头建设，保障船舶航行安全和航道畅通，国家有关部门制定了相应法规、技术标准。目前，码头的建设主要依据有关行业标准《河港工程总体设计规范》（JTJ 212—2006）、《海港总平面设计规范》（JTJ 211—99）、《内河航道维护技术规范》（JTJ 287—2005）等。针对码头建设在通航技术要求方面，2005 年颁布的《内河航道维护技术规范》9.2.2.2 条规定：码头前沿停泊水域不应占用规划航道。但由于上述规定比较宽泛，缺乏针对性，同时对执行规范力度也难以把握，再加上受暂时经济利益的驱使，因此尽管有规范，但有时仍难以执行或执行力度不足。

《长江航道局航道行政管理工作规定》出台以前，码头的建设是否会对航道构成影响未规范化进行研究，无序建设现象严重，从而导致个别港区或者码头建设对航道产生明显影响。为进一步规范长江沿线与通航有关设施的建设，保护航道畅通，长江维护管理部门长江航道局制定了《长江航道局航道行政管理工作规定》，规定要求修建与通航有关设施，业主或建设单位委托具有甲级或乙级资格证书的水运、航道专业科研、设计咨询单位进行航道影响专题论证；若业主单位不按要求进行专题论证，航道行政管理部门不得出具审查意见或审批。该规定的出台标志着长江沿线与通航有关设施的建设进入程序合法化阶段，对规范长江沿线与通航有关设施的建设起到举足轻重的作用。

(2) 取（排）水口现状

截至2010年年底，长江干线已统计的已建和在建取（排）水口数量总数230座，其中上游69座、中游31座、下游130座（见表4-1）。

长江干线上游宜宾至宜昌码头航段主要取（排）水口共69处，包括宜宾、泸州局辖区统计的23处（其中取水口19处，发电1处，排水3处），和重庆分局辖区统计的46处（其中取水口39处，排水口6处，生活用水1处）。

长江干线中游宜昌码头至武汉长江大桥航段主要取（排）水口31处，其中各大水、电厂取水口20处，排水口9处，生活取水、城区供水2处。

长江干线下游武汉长江大桥至南京大桥航段主要取（排）水口众多，多达78处。各大电厂、水闸、市政、矿产企业的排水口11处（其中上海梅山钢铁股份有限公司排江管2处，还有一处排污口——南京市江宁区滨江污水处理厂入江排污口）；各大水厂、自来水公司、电厂取水口67处。

长江干线下游南京大桥至长江口航段主要取（排）水口52处，其中排污口有常州市城市污水厂尾水排放口，位于泰兴水道录安洲尾下游侧。

(3) 船台、滑道现状

长江干线主要船台、滑道有37处，主要是各大造船厂使用。

(4) 存在的主要问题

从码头建设的情况来看，无论是过去还是现在，均不同程度地对航道及船舶航行造成一定影响。特别是在沿岸航道或偏靠岸侧河心航道的河道内建设码头等临河建设物的需求增多，航道维护与调整压力增大。

取（排）水口建设出现的问题较少，只是部分取（排）水口设置顶部高程略高，特别是由于航道维护水深的提高，不能达到相关规定要求；少部分位于通航水域或靠近航道，未采取有效安全保障措施。

4.1.4 临河建筑物通航技术要求

针对长江干线河道特点，结合相关标准与规范要求，综合分析后对在长江干线上建设临河建筑物通航要求如下：

（1）在狭窄、弯曲等航道条件较差的河段不宜修建临河建筑物。

（2）汽渡码头应布置在航道顺直、视线开阔、通航条件较好的水域，远离船舶航路交叉、通航密集、桥区、危险品码头、锚地等。

（3）码头前沿停泊水域与航道边界应有足够的安全距离：中下游应不小于设计代表船型和兼顾船型宽度最大值的3倍；在上游山区河流水域不太宽处适当降低，应不小于设计代表船型和兼顾船型宽度最大值的2倍。

（4）临近航道的浮码头（或取水趸船）的接岸结构应随水位变化及时调整平面船位。

（5）挖入式码头布置应充分考虑船舶进出对通航安全的影响。

（6）船台须计算船舶下船台冲程与航道和前沿水域的关系，保障船舶下船台和附近航行船舶的安全。

（7）取（排）水口不宜伸入航道内，设施宜布置在上、下游已有的临河建筑物外缘线之内。

4.2 跨、临河建筑物的安全间距

随着沿江经济社会快速发展，在建、拟建跨、临河建筑物增多，跨河建筑物的选址须与港口、道路及城市规划相适应，部分跨河建筑物会位于地方现有港区或规划港区范围内。而跨河建筑物（桥梁）建设技术的不断发展，实际建设基本采用大跨度方案，且船舶建造技术不断提高，船舶操纵性能越来越好，驾驶人员水平也不断提高，为安全航行提供了有力保障。为合理开发利用宝贵的岸线资源，保障城市经济与地方港口布局协调发展，可结合拟建跨河建筑物的孔跨布置情况，在确保安全通航的前提下，分析跨河建筑物对港口作业区附近的船舶通航和作业安全是否构成威胁，并通过采取合适措施，减小相互间影响程度。

跨、临河建筑物位置关系与安全间距控制，如下所述。

跨河建筑物与码头等临河建筑物、锚地间的主要影响体现在两个方面：一是码头等临河建筑物船舶作业行为可能会干扰通过该航段船舶按通航孔设定的航路正常安全航行，即通航安全，表现为横向安全距离是否足够；二是码头等临河建筑物作业船舶和锚泊船舶失控后，可能会碰撞跨河建筑物设在水中的墩柱，表现为纵向安全距离是否足够。

以下结合临河建筑物与主航道间横向位置关系，临河建筑物与跨河建筑物纵向关系，并结合跨河建筑物孔跨方案与墩柱布置情况，从纵、横向两方面关系来分析其安全距离。

（1）当临河建筑物及船舶停泊水域均位于航道边界外，且船舶回旋水域与主航道横向距离大于1倍船宽时，可判断临河建筑物对桥区水域通航不构成影响，其安全距离要求可适当减小。

如选址位于河道与航槽稳定，且航道走向布置较稳定地段，现行航道布置、将来航道调整与规划航道均位于偏靠临河建筑物对岸一侧，临河建筑物船舶回旋水域不占用主航道水域，且有一定的横向安全距离，其安全间距可适当减小，但最小距离不得小于码头设计代表船舶的上游4倍、下游2倍（受潮汐影响河段上、下游均为4倍）。为保障大桥安全，在临河建筑物一侧的江中桥墩须做好相应等级的防撞能力设计与保护设施。

（2）当临河建筑物及船舶停泊水域位于航道边界外，而船舶回旋水域须借用航道水域时，在采用拖轮助推、减小回旋水域范围情况下，若可保证回旋水域与主航道横向距离大于1倍船宽时，仍可判断临河建筑物对桥区水域通航构成影响较小，其安全距离要求也可适当减小。

如选址在通航水域宽阔，航道水深相对稳定，通航条件良好的河段，在跨河建筑物采取较大跨度方案的前提下，若主桥墩设置在临河建筑物内侧（靠岸一侧），而另一主桥墩布置不影响该河段通过能力，不影响该河段船舶正常通航安全，临河建筑物代表船舶基本能正常靠离泊作业且靠近临河建筑物一侧跨河建筑物净空高度满足设计代表船型通航要求，其安全间距可适当减小，但最小距离不得小于码头设计代表船舶的上游4倍、下游2倍（受潮汐影响河段上、下游均为4倍）。

（3）当临河建筑物位于航道边界外，而船舶停泊水域紧邻主航道时，若桥梁采取大跨度方案，基本一孔跨过主通航水域，且深槽水域宽阔，具备航道适当调整的前提条件，可通过专题论证研究，得到主管部门同意后，使航道向另一侧重新调整后能保证船舶回旋水域与主航道横向间距大于1倍船宽时，仍可判断临河建筑物对调整后的桥区水域通航构成影响较小，其安全距离要求也可适当减小。

当采用大跨度方案，在临河建筑物河道一侧江中不设墩，另一侧墩柱设在较稳定边滩上，一跨过主通航水域，且主航道水域宽阔，航道有向另一侧调整的余地，使临河建筑物船舶回旋水域与调整后的主航道保持一定横向距离，不影响该河段船舶正常通航安全，其安全间距可适当减小，但最小距离不得小于码头设计代表船舶的上游4倍、下游2倍（受潮汐影响河段上、下游均为4倍）。

（4）当临河建筑物位于航道边界外，而船舶停泊水域与主航道间距大于1倍船宽时，若采取有效控制措施，禁止就地掉头回旋，对该河段船舶正常通航安全影响较小时，经专题论证并得到相关主管部门认可后，其安全距离要求也可适当减小。

如桥梁采取大跨度方案，同临河建筑物岸侧的桥墩位于前沿线后方，在采取控制措施时，配备大功率拖轮助推，不允许在临河建筑物附近就地掉头回旋，规定船舶掉头回旋水域必须位于桥区水域以外的上游或下游较宽阔地段完成掉头再行靠泊，则判断临河建筑物对桥区水域通航构成影响不大，其安全距离要求也可适当减小。但最小距离不得小于码头设计代表船舶的上游 4 倍、下游 2 倍（受潮汐影响河段上、下游均为 4 倍）。

除上述情况以外，跨河建筑物与码头间安全距离，代表船舶长度仍取相应航道等级代表船舶的长度来确定安全距离，应按上游不小于 4 倍代表船舶长度，下游不小于 2 倍代表船舶长度（受潮汐影响河段上、下游均为 4 倍）。对于设计有兼顾船型的码头，应按最大兼顾船型的长度来衡量安全距离。

4.3 码头前沿控制要求

从码头建设的情况来看，过去建设单位在修建码头时，不需经交通主管部门审批，在没有充分考虑码头工程所处河段历史演变和未来演变趋势的情况下，只是为满足当前码头营运的需要，而建成后随着工程河段的河势格局的自然演变或者人工干预，该码头难以维持正常作业，甚至成为阻碍航道畅通的碍航物，不仅造成业主单位损失惨重，也加重了航道维护的工作量。因此，应合理确定码头前沿线的位置。

4.3.1 码头前沿水深控制

早期，码头等临河建筑物的建设是否会对航道构成影响未规范化进行专题研究，从而未对码头前沿布置从水深方面作有效控制，因此无序建设现象严重，从而导致个别港区或者码头建设对航道产生明显影响。

港区建设对航道产生影响较大的典型例子，无疑是长江下游福姜沙南水道。福姜沙南水道曾经是长江黄金水道的黄金航段，由于福姜沙岛的遮挡，是长江沿线少有的避风良港。但由于港区建设缺乏统一的规划以及码头建设缺乏控制标准，未经航道与海事部门严格把关，码头的建设只考虑满足自身码头设计水深要求，随意向江中建设，挤占深水区域，形成了杂乱无序的码头群，挡水作用明显。这些码头群桩基的存在直接导致水中设置了越来越多的水流障碍物，阻碍水流顺畅进入福姜沙南水道，以至于进入福姜沙南水道的水流越来越少，流速减缓，泥沙淤积。福姜沙南水道已逐渐演变为长江黄金水道的瓶颈航段，航道部门每年洪水期需投入大量物力与人力对该段航段进行疏浚维护。福姜沙南水道进口港口码头的布置，如图 4–1 所示。

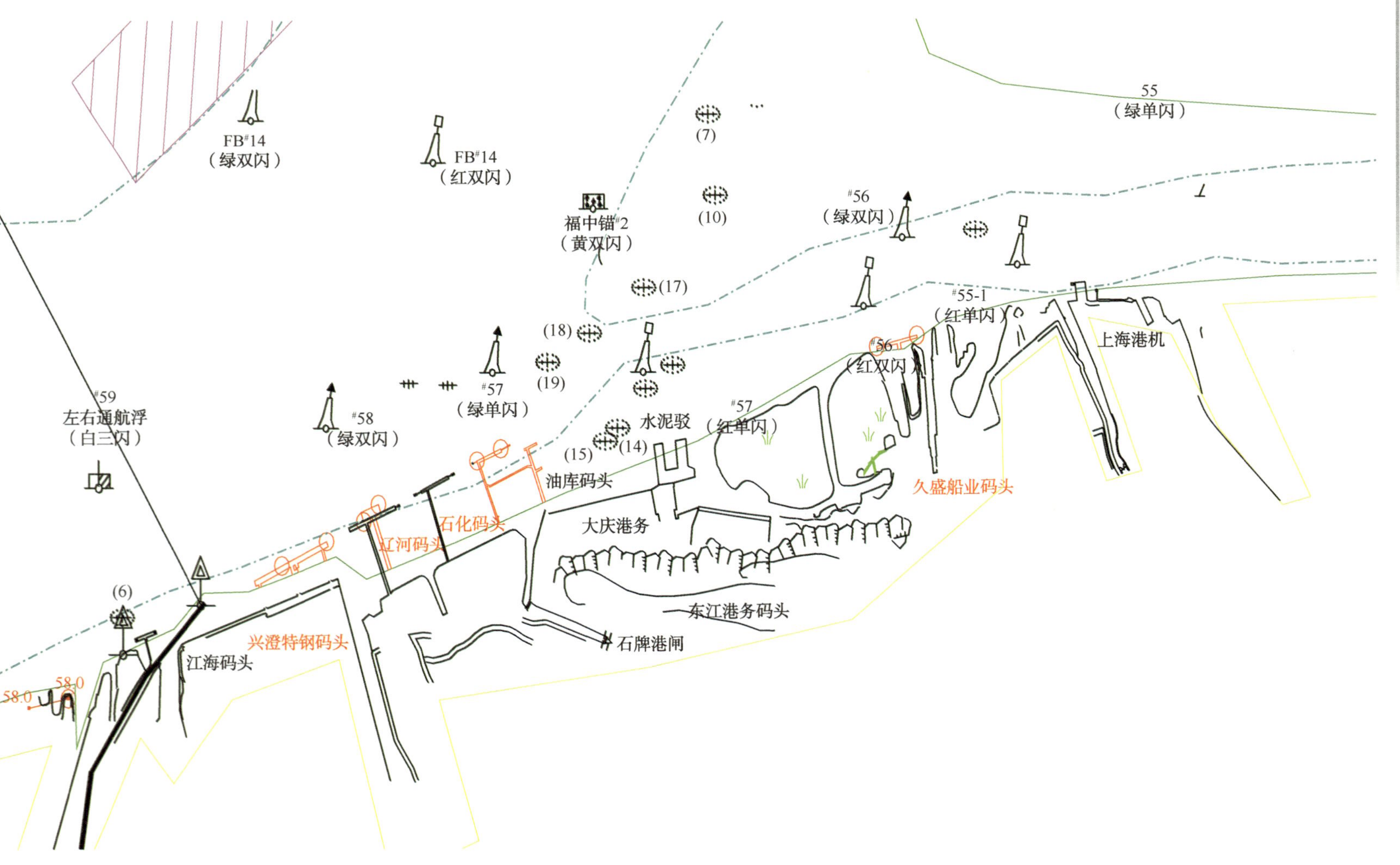

图 4-1 福姜沙南水道进口港口码头布置示意图

2006年长江航道局制定出台的《长江航道局航道行政管理工作规定》，规范码头等临河建筑物建设行为的作用显著。其明确规定：修建与通航有关设施，业主或建设单位委托具有甲级或乙级资格证书的水运、航道专业科研、设计咨询单位进行航道影响专题论证，并对航道影响专题论证内容作了详细规定，在码头工程建设前期研究工程阶段，针对工程方案是否会对航道构成影响进行研究，从航道畅通方面，杜绝了码头建设对航道有较大不利影响的出现。

比如针对个别特殊河段的码头布置，经通航深入论证后明确是否可行，必须以不使航道条件恶化为前提。例如常熟发电有限公司扩建工程煤码头，由于公司规模扩建的需求，码头也需要扩建，最初的方案是直接在原始码头下游延伸扩建，此处水深已达13～19m，很显然原码头已对航道产生不利影响。为此，经过通航论证深入研究，对方案进行了优化，码头前沿线后退约330m，改为前后挡的“F”形方案这样优化后对航道与通航基本不构成影响，体现了码头前沿水深控制的重要性。常熟电厂扩建码头的布置，如图4–2所示。

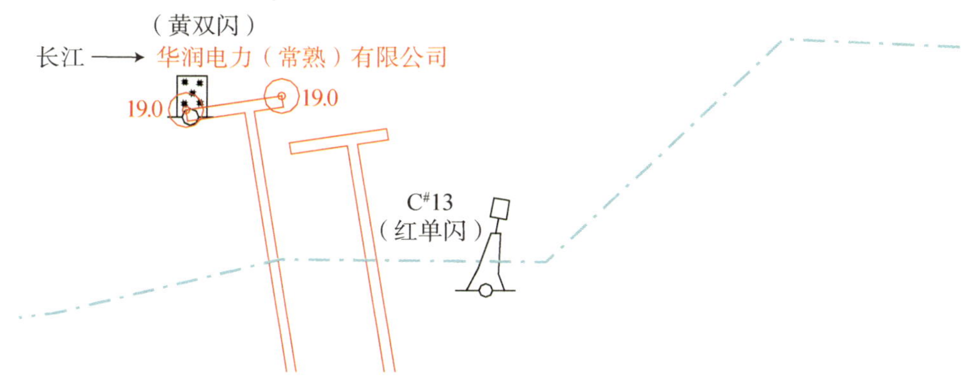

图4–2　常熟电厂扩建码头布置示意图

由于设计单位在考虑码头前沿设计水深时，大多从码头运营期需求方面考虑，一方面把码头吨位设计得较高，总按最大可停靠船舶的水深要求来布置码头前沿线；另一方面为减小码头运行成本，避免港池疏浚维护，总把码头前沿布置在水深很深处，以满足船舶靠泊与回旋的水深要求。但从通航角度看，这样做，多数因占用深水水域，造成抢占深水航道的局面，且与该段航道条件明显不符，对航道与通航会带来不利影响，为此有必要对码头前沿布置从河床自然水深方面予以控制：码头前沿水深应与航道条件相适应，当码头靠近航道布置时，其前沿自然河底高程不宜低于规划航道底标高程，不宜占用深水水域。

考虑到码头是按船舶吨级来设计，而代表船型前沿设计水深与河道条件、当地航道维护尺度等密切相关，因此其前沿水深控制应与设计船舶吨级、码头前沿自然水深（航道维护水深）挂钩。其控制原则为：

南京以下5万吨级及以上泊位，码头前沿线不宜超过12.5m；3万吨级及以下泊位，码头前沿线不宜超过10.5m。

南京至芜湖段，2万吨级及以上泊位，码头前沿线不宜超过10.5m；1万吨级及以下泊位，码头前沿线不宜超过9.0m。

芜湖至安庆段，1万吨级及以上泊位，码头前沿线不宜超过7.5m；6万吨级及以下泊位，码头前沿线不宜超过6.0m。

安庆至武汉段，1万吨级及以上泊位，码头前沿线不宜超过6.0m；5000吨级及以下泊位，码头前沿线不宜超过4.5m。

武汉至城陵矶段，5000吨级及以上泊位，码头前沿线不宜超过4.5m；3000吨级及以下泊位，码头前沿线不宜超过3.5m。

城陵矶至宜昌段，3000吨级及以上泊位，码头前沿线不宜超过4.0m；2000吨级及以下泊位，码头前沿线不宜超过3.0m。

宜昌至重庆段，3000吨级及以上泊位，码头前沿线不宜超过4.0m；2000吨级及以下泊位,码头前沿线不宜超过3.0m。其中库区可根据145m蓄水位河道条件，适当放宽条件。

宜昌至重庆段，2000吨级及以上泊位，码头前沿线不宜超过3.0m；1000吨级及以下泊位，码头前沿线不宜超过2.7m。

注：支汊内建设码头，其前沿线原则上不宜超过其可能开通航道时的维护水深要求。

4.3.2 码头前沿伸开长度控制

对于码头前沿布置,仅从水深方面控制仍不够,当码头布置在边滩浅水区域时，因深水区域离码头较远，码头与栈桥会伸入江中较多，对局部河道、水流与河床演变带来较大变化，间接会对将来的航道与通航造成影响，因此，也应对伸开长度进行有效控制。

如位于长江下游通州沙水道的常熟发电有限公司煤码头，码头工程在20世纪90年代初建设时，工程区域为高滩地，无沿岸深槽，受当时河道条件与码头前沿水深条件限制，一期码头伸入江中较多，栈桥长约1.4km。近期由于上游河势局部变化，长江主流逼向南岸滩面，滩体冲刷后退，致使码头前沿水深剧增，危及码头自身安全，需每年花大量经费抛石守护。同时由于码头的建设限制了可通航水域的利用,对航道也产生了较明显影响。常熟区域港口码头的布置如图4-3所示。

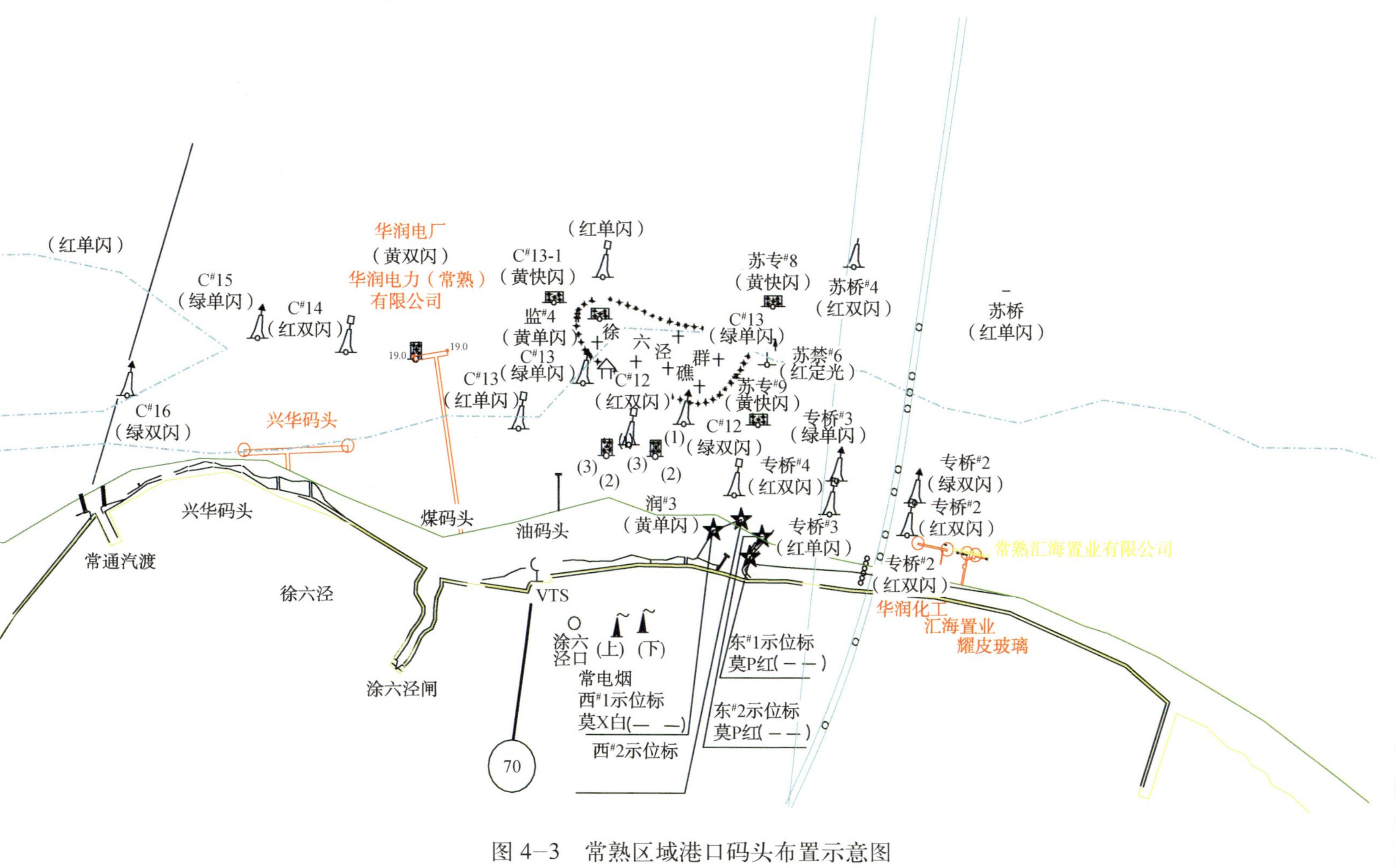

图 4-3 常熟区域港口码头布置示意图

再例如南通华洋化工码头，为1995年1月20日开业中外合资华洋化工集团下的中国南通华洋液化气有限公司投资兴建，码头靠船墩总长320m，停靠泊位一个为2.5万吨级，另一个为5000吨级码头，由交通运输部第三航务勘察设计院设计，码头建设费用约4 500万元。由于所选址位于营船港夹槽上游侧，因边滩与心滩的存在，水深条件较差，而业主为满足码头前沿水深达到船舶靠泊吃水深度要求，未按有关规定执行，把码头前沿伸入江中较远，栈桥长约1 200m，造成其挑流作用显著，一定程度上加大了主流西摆与营船港夹槽进流条件恶化的趋势。南通营船港附近港口码头的布置，如图4-4所示。

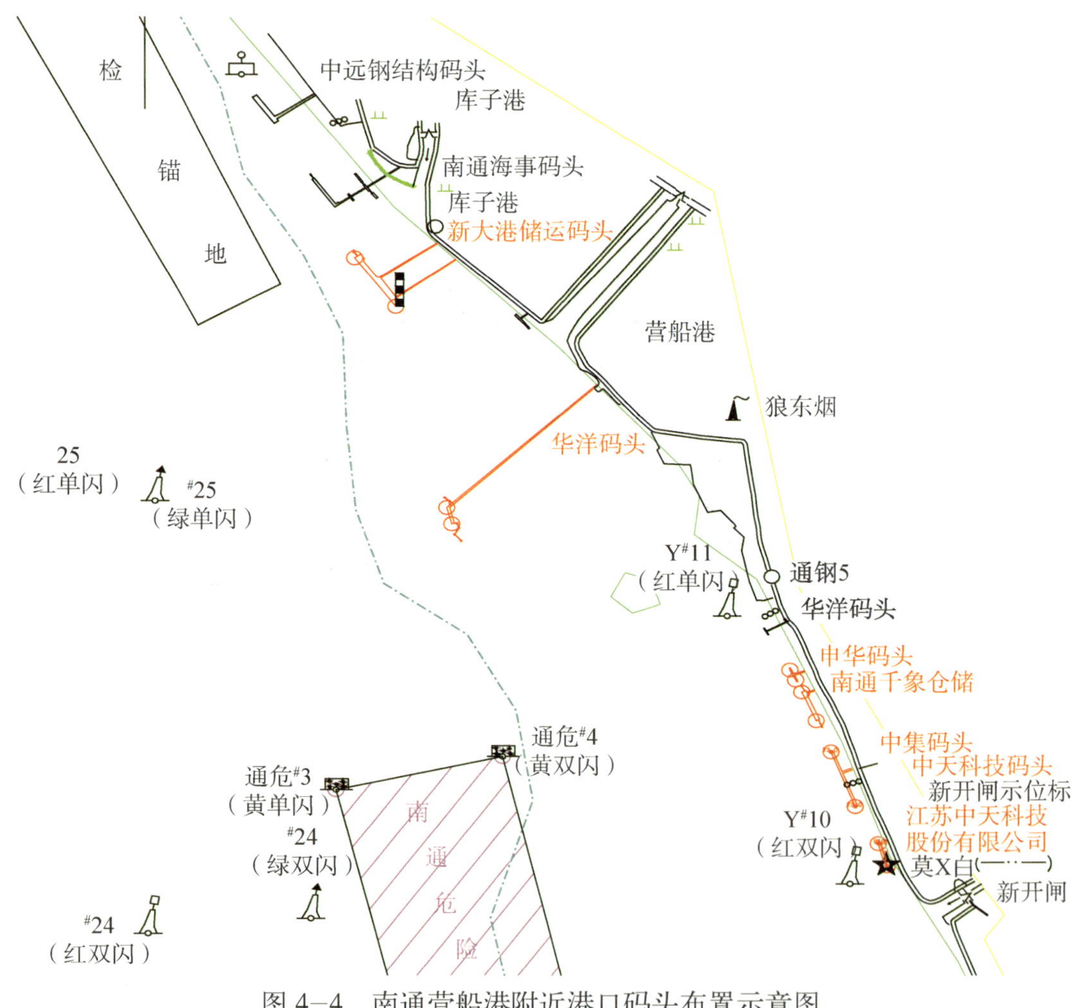

图4-4　南通营船港附近港口码头布置示意图

考虑到洪水期因水位上涨，边滩区水深增加，实际水深能满足一定吨级船舶通航，也可供船舶掉头回旋。因此，可按不利水流条件下船舶回旋圈最大直径来控制，即码头前沿伸开长度控制原则为：当码头布置在边滩浅水区域时，不得引起水流与河床发生较大改变，其前沿线伸入江中的长度宜不超过设计代表船型长度的 3 倍；宜采取开挖港池或辅以疏浚措施来满足码头设计水深要求。

4.4　长江干线桥梁水中设墩与通航条件

随着长江流域经济和交通运输业的飞速发展，两岸间的物质和文化交流日益频繁，长江沿岸各大、中、小城市对桥梁建设的需求逐年增加，大量跨江大桥正在规划、设计、建造中。目前，已建与在建桥梁共 116 座，跨江架空管线、水下管线和索道达 295 处；预计到 2020 年长江干流上将建设桥梁 200 余座。这些桥梁的建成，一方面改善了陆上交通运输条件，加强了南北两岸之间的交流与沟通，方便了民众生活，促进了区域经济发展；另一方面也给水路交通运输带来了诸多限制和障碍，增加了发生船 - 桥碰撞事故的危险性。因此，确保南北、东西两大通道的畅通，保障桥梁与通航船舶的安全，越来越受到国家、政府和相关管理机关的高度重视。

1994 年交通运输部印发了《跨越国家航道的桥梁通航净空尺度和技术要求的审批办法》(交基发〔1994〕906 号)，下文简称"审批办法"。"审批办法"明确规定："确定和审批桥梁通航净空尺度和技术要求，必须符合国家有关通航标准的规定和要求。交通运输部负责跨越国家航道的桥梁通航净空尺度和技术要求的审批工作，并实行一桥一审、分级管理的原则。" 2006 年交通运输部又发布了交水发〔2006〕388 号"关于进一步做好跨越航道的桥梁通航净空尺度和技术要求审批工作的通知"，要求各级交通主管部门要严格执行"审批办法"所确立的管理制度和审批程序。随着经济社会的快速发展，桥梁等过江、跨海通道的建设需求日益增加，对水运发展和通航安全提出了更高的要求，为此在 2011 年交通运输部发布了《中华人民共和国水上水下活动通航安全管理规定》(交通运输部令 2011 年第 5 号，下文简称"部 5 号令")；2012 年 12 月按照"审批办法"和"部 5 号令"要求，交通运输部又发布了强制性行业标准《桥梁通航安全影响论证报告编制规定》(JTS 110–9—2012)。这些办法和规定的颁布和实施，对强化内河桥梁规划、审批、建设及管理，以及高效合理利用有限的河流资源，促进保障水陆交通运输共同发展，具有十分重要的意义。

4.4.1　桥梁建设水中设墩适宜性分析

21 世纪以来，受国家经济快速发展的驱动，长江干线建设了许多桥梁，由于航道资源有限，长江干线优良桥址已消耗殆尽，有些桥梁不得不建设在桥址不够理想的弯曲、汇流口、分流口等河段。

下文根据长江干线航道特点及已建、在建桥梁的设计、管理经验，对长江干线不同通航条件和河段类型，桥梁水中设墩的适宜性、设墩原则、方法与技术要求等进行分析。

4.4.1.1　弯曲河段

弯曲河段是长江干线最典型的河道形式之一。弯曲河段因航道弯曲、水流扫弯、通视条件较差等影响，是船舶通航环境较复杂的河段。

（1）弯曲河段因扫弯水的存在，各水位期会不同程度出现水流流向与桥墩轴线产生夹角的现象，夹角越大，则桥墩的紊流范围越大，绕流结构越复杂，导流作用越强，对船舶通航影响明显，发生船撞桥的概率较高（如黄石长江大桥）。因此，弯曲河段的凹岸不宜设置桥墩。

（2）桥轴线布置应避开弯曲河段的弯顶处，宜布置在弯道上段。

（3）在弯曲度较小的河段，根据条件可选择在凸岸设墩，但水中设墩不应产生明显的通视问题、使船舶航路发生较大幅度调整、导致航道变化、降低航道条件或明显减小航道通航能力。其中：

①重庆以上河段，主通航孔净宽单孔单向应不小于 261m，单孔双向应不小于 372m；

②三峡库区和宜昌—武汉河段，主通航孔净宽单孔单向应不小于 368m，单孔双向应不小于 529m；

③武汉以下河段，主通航孔净宽单孔单向应不小于 475m，单孔双向应不小于 686m。

（4）如桥位河段船舶交通流密度较高（约 1 000 艘 /d 以上），需要考虑多线航路布置时，应进行专题论证，必须在上述（3）的基础上，相应加大跨度。

（5）当扫弯水流向与桥梁轴线的法线方向的交角大于 5°，且横向流速大于 0.3m/s 时，主通航净宽必须在上述（3）的基础上加大，并符合“14 内河通航标准”的规定。当水流横向流速大于 0.8m/s 时，应一跨过河或在通航水域中不得设置墩柱。必要时，应通过模拟试验研究确定。

（6）桥梁对通航安全监管（VTS、AIS 等）的影响，应开展专题研究。

4.4.1.2　汇流口河段

分汊河段也是长江干线最典型的河道形式之一，尤其是长江中、下游。分汊河段的汇流口河段，航道较宽，由于两股水流汇合会形成较强的夹堰水，影响范围大、流态紊乱，根据两股水流的强弱不同，会形成不同程度的偏左或偏右的横流。此外，船舶航路分汊、会遇态势复杂、相互干扰较大，下行船舶过桥前需要不断调整船位，控制船舶动态；根据航路规划的不同，可能出现船舶航路交叉的情况，造成船舶通航环境复杂的状况。

（1）根据船舶失控漂移对桥梁船撞风险的计算分析结果，尽量避开两股水流汇合形成的夹堰水区域，减小水流流向与桥墩轴线产生的夹角，也有利于减小桥墩紊流范围和导流作用。汇流口河段如桥梁选址在汇流口下游，桥轴线与汇流口（以洪水期两股水流的交汇点为依据）的距离不得小于3km。如桥梁选址在汇流口上游，桥轴线与汇流口（以江心洲尾为依据）的距离不得小于2km。

（2）如桥梁在水中设墩，不宜在横流水势较低的一侧设墩，且不应使船舶航路发生较大幅度调整、导致航道变化、降低航道条件或明显减小航道通航能力。其中：

①重庆以上河段，主通航孔净宽单孔单向应不小于261m，单孔双向应不小于372m；

②三峡库区和宜昌—武汉河段，主通航孔净宽单孔单向应不小于368m，单孔双向应不小于529m；

③武汉以下河段，主通航孔净宽单孔单向应不小于475m，单孔双向应不小于686m；

④对桥梁水中设墩应开展船撞桥风险专题研究。

（3）如桥位河段船舶交通流密度较高（约1 000艘/d以上），需要考虑多线航路布置时，应进行专题论证，必须在上述（2）的基础上，相应加大跨度。

（4）当横流水流向与桥梁轴线的法线方向的交角大于5°，且横向流速大于0.3m/s时，主通航净宽必须在上述（2）的基础上加大，并符合“14 内河通航标准”的规定。当水流横向流速大于0.8m/s时，应一跨过河或在通航水域中不得设置墩柱。必要时，应通过模拟试验研究确定。

（5）桥梁对通航安全监管（VTS、AIS等）的影响，应开展专题研究。

4.4.1.3 分流口河段

分汊河段的分流口河段，航道展宽，由于水流分汊会形成较强的横流，并具有一定的弯曲特性，视江心洲大小、来流情况、左右汊分流比的不同，各水位期的横流强弱会有较大变化。此外，船舶航路分汊、会遇态势复杂、相互干扰较大，上行船舶过桥前需要不断调整船位，控制船舶动态；根据航路规划的不同，可能出现船舶航路交叉的情况，船舶通航环境复杂。

（1）根据船舶失控漂移对桥梁船撞风险的计算分析结果，尽量减小横流流向与桥墩轴线产生的夹角，也有利于减小桥墩紊流范围和导流作用。分流口河段如桥梁选址在分流口下游，桥轴线与分流口（以江心洲头为依据）的距离不得小于3km。如桥梁选址在分流口上游，桥轴线与分流口（以枯水期两股水流的分流点为依据）的距离不得小于2km。

（2）如桥梁在水中设墩，不宜在分流比较大的一侧设墩，且不应使船舶航路发生较大幅度调整、导致航道变化、降低航道条件或明显减小航道通航能力。其中：

①重庆以上河段，主通航孔净宽单孔单向应不小于 261m，单孔双向应不小于 372m；

②三峡库区和宜昌—武汉河段，主通航孔净宽单孔单向应不小于 368m，单孔双向应不小于 529m；

③武汉以下河段，主通航孔净宽单孔单向应不小于 475m，单孔双向应不小于 686m；

④对桥梁水中墩应开展船撞桥风险专题研究。

（3）如桥位河段船舶交通流密度较高（约 1 000 艘 /d 以上），需要考虑多线航路布置时，应进行专题论证，必须在上述（2）的基础上，相应加大跨度。

（4）当横流水流向与桥梁轴线的法线方向的交角大于 5°，且横向流速大于 0.3m/s 时，主通航净宽必须在上述（2）的基础上加大，并符合“14 内河通航标准”的规定。当水流横向流速＞ 0.8m/s 时，应一跨过河或在通航水域中不得设置墩柱。必要时，应通过模拟试验研究确定。

（5）桥梁对通航安全监管（VTS、AIS 等）的影响，应开展专题研究。

4.4.2 水中设墩对船舶通航的影响

4.4.2.1 水中设墩的已建典型桥梁

为了解桥梁水中设墩对船舶通航条件的影响，收集和整理了长江干线水中设有桥墩的已建典型桥梁资料。典型桥梁及其通航技术参数，见表 4-2。

4.4.2.2 各典型桥梁对通航条件的影响

（1）苏通长江公路大桥

苏通长江公路大桥位于徐六泾节点段，通洲沙水道东水道和西水道汇流口的下端，长江下游航道里程约 67.5km 处。

该河段江面水域宽阔，地区天气复杂多变，灾害性天气频繁，暴雨、雷暴、台风、龙卷、冰雹、寒潮、霜冻、大风、大雪、大雾为该地区的主要灾害性天气。尤其是桥位邻近长江入海口处，地势开阔，东西向呈似喇叭口形状，风况复杂，风大浪急，风力强，风期长，江面出现日最大风速超过 10m/s 的天数每年达 178d。桥址位于长江口潮流界以下，潮汐为非正规半日浅潮，潮位每日两涨两落，潮差为 2 ~ 4m，日潮不等现象比较强，退潮和涨潮时的水流都很急，桥位处常年涨、落急流速在 2.0m/s 左右，最大流速可达 4.47m/s，该水域台风暴潮时有发生，1997 年 11 号台风，正值农历七月十五日天文大潮，大风、暴雨、高潮并袭，致使南通水域沉船 40 余艘。

典型桥梁及其通航技术参数表

表 4-2

序号	桥　名	所处水道或航道里程(km)	设计最低通航水位(m)	设计最高通航水位(m)	通航净高(m)	梁底高程(m)	通航孔布置及净宽(m)	桥位河段特点
1	苏通长江大桥	通州沙水道；下游 67.5	−1.46	4.3	62		2×100+300+1 088+300+2×100 船舶均从主孔通过；主通航孔宽度约890m	汇流口下端
2	南京长江大桥	南京大桥水道；下游 344.8		6.36	24		128+9×160 上行孔为 4 号孔，下行为 8 号和 6 号孔（南京水位 6m 以下开放）；通航孔宽度约144m	汇流口下端、分流口上端
3	芜湖长江大桥	芜湖大桥水道；下游 438.0	0.58	11	24	35.38	120+8×144+180+312+180+2×120 11 孔为深吃水船上、下行通道，10 孔、12 孔为其他船舶上、下行通道	分流口上端
4	黄石长江大桥	黄石水道；下游 914.3	8.28	23.76	24		162.5+3×245+162.5 2 号孔为船舶上行通航孔，3 号为船舶下行通航孔；通航孔宽度约 220m	弯道
5	武汉长江大桥	武桥水道；中游 2.5	8.87	25.91	18	44.09	9×128 上行通航孔中、洪水期为 4 号或 5 号，枯水期为 5 号或 6 号；下行通航孔洪水期为 6 号，枯水期为 7 号或 6 号；通航孔宽度不小于 100m	顺直
6	荆州长江大桥	太平口水道；中游 481.4	29.98	42.49	18	62.15	200+500+200+100+6×150+100+160+300+97	分汊
7	白沙沱长江大桥	上游 704.2	172.9	190.6	18	211.37	80+80+80+80 通航孔宽度不小于 74.8m	分流口上端、弯道过渡段

桥区水域为长江下游黄金水道，船舶日平均流量在 2 500 艘以上（日高峰流量可达 5 000 余艘）。主桥 113 个桥墩，其中有 60 多个落位在长江水域之中，因此，船桥碰撞是苏通大桥通航安全潜在的主要风险。

苏通长江公路大桥水中设墩对通航条件的影响主要有如下几个方面：

①苏通长江公路大桥承台平面呈哑铃形，顺桥向迎水面总宽度 48.1m，横桥向总长度为 113.75m，承台厚度 5 ~ 13.24m。由于主塔承台尺度较大，加上桥区水域水流流速较大，因此，承台周围紊流较强、范围较大，船舶过桥须与主塔保持足够安全距离。

②苏通长江公路大桥由于江面宽阔，有 60 多个桥墩位于长江河道内，缩窄了桥位处的可通航水域宽度。但由于苏通长江公路大桥采取大跨度桥型方案，即主通航孔跨度 1 088m，通航净宽 890m，同时南、北各预留 300m 的边跨，有利于多线航路布置，因此，对该水域通航能力的影响较小。

③桥区水域通航环境复杂，船舶通航密度大，台风暴潮时有发生，船舶航行中受风、流的影响均较大，容易发生失控险情；由于江中桥墩较多，尤其是非通航孔桥墩抗撞能力有限，桥墩防撞是必须高度重视的工作。

（2）南京长江大桥

南京长江大桥位于南京港区，南京水道和大胜关水道汇流口的下端，草鞋夹水道和宝塔水道分流口的上端，长江下游航道里程约 344.8km 处。桥区两岸码头密布，船舶通航密度较大，通航环境极为复杂。

南京长江大桥主跨跨径为（128+9 × 160）m，设计最高通航水位为 6.36m（黄海高程，下同），净空高度 24m，航行基面（南京）为 0.058m。当地航行基准面净空高度 30.3m。根据《长江江苏段船舶定线制规定》（2005 年）所确定的船舶靠右航行原则，结合上述大桥通航桥孔的规定，桥区航路规定为：上行船舶沿桥区航标标示航路通过大桥第 4 孔上行，小型船舶（队）可通过大桥第 3 孔上行；下行船舶沿桥区航标标示航路通过大桥第 6 孔和第 8 孔下行，其中第 6 孔可供 400 马力以上单船、顶推船队选择通过。

南京长江大桥下行通航桥孔 6 孔和 8 孔，桥墩轴线之间的距离为 160m，减去桥墩厚度，桥孔间净宽为 144m；在桥梁与桥墩相接处有斜钢梁支撑，斜梁各向桥孔中央伸出 24m 横距。因此，桥孔中间达到设计净空高度的净空宽度为 144-（24 × 2）= 96m。

据统计，南京长江大桥自建成以来共发生 40 余起船撞桥事故，由于通航净空尺度受限，长期以来，一直被航运界认为是制约“长江黄金水道”有效利用的瓶颈。

南京长江大桥水中设墩对通航条件的影响主要有如下几个方面：

①南京长江大桥水中设墩较多，根据水位情况将可通航水域分隔成 7 ~ 8 个孔跨，仅 3 孔、4 孔和 6 孔、8 孔通航，且由于桥梁与桥墩相接处有斜钢梁支撑，导致桥孔中间达到设计净空高度的净空宽度仅 96m。严重缩窄了通航水域范围，减小了航道通航能力，制约了长江干线航道资源和岸线资源的有效利用。

②南京长江大桥设计净空高度仅 24m，导致万吨级以上海轮因高度限制，中、洪水期无法正常过桥，从另一个方面降低了航道通航能力。

③大桥下游为草鞋夹水道和宝塔水道的分流口，主航道弯曲；因通航孔宽度较小，上行船舶过桥不易调整船位，下行船舶过桥后也需要大幅度右转向。

④由于水中设墩较多，船撞桥事故发生频率较高。

(3) 芜湖长江大桥

芜湖长江大桥位于芜湖港区，广福矶头下游约 650m，朱家桥外贸码头上游 500m，处在西华水道和裕溪口水道分流口的上端，长江下游航道里程约 438km 处。桥区右岸码头密布，左岸上游有焦化码头伸出较开，该水域船舶通航密度较大，通航环境复杂。

芜湖长江大桥全长 10 520.9m，主桥长约 2 193.7m。主跨采用斜拉锁加劲的连续钢桁架结构，副跨采用连续钢桁架结构梁。主跨跨径为（120+8×144+180+312+180+2×120）m。设计最低通航水位为 0.58m（黄海高程，下同），设计最高通航水位为 11m，通航净空高度为 24m，航行基准面（芜湖）为 0.607m。当地航行基准面净空高度为 34.4m。

大桥有 15 墩 14 孔，第 11 孔为深吃水船舶（队）上、下行通道，第 10 孔为其他船舶的上行通道，第 12 孔为其他船舶的下行通道。在设计通航水位，上行通航桥孔为第 12 孔，航宽为 120m，下行通航桥孔为第 11 孔，航宽为 250m；进出裕溪口船舶的上行通航桥孔为第 4 孔，航宽 120m，下行通航桥孔为第 7 孔，航宽 120m。

芜湖长江大桥发生船撞桥的事故相对较少，对通航条件的影响主要有如下几个方面：

①芜湖长江大桥水中设墩较多，根据水位情况，将可通航水域分隔成 12 个孔跨，仅 11 孔、10 孔、12 孔和 4 孔、7 孔通航，对通航水域范围也有较大缩窄，降低了航道通航能力，长江干线航道资源不能充分利用。

②大桥下游为西华水道和裕溪口水道的分流口，主航道向右弯曲；因上行通航孔宽度较小，上行船舶过桥不易调整船位，下行船舶过桥后也需要大幅度右转向。

③由于水中设墩较多，船撞桥事故亦时有发生，由于下行通航孔宽度较南京大桥、黄石大桥和武汉大桥等桥梁要大，因此，船撞桥事故发生频率相对较低。

（4）黄石长江大桥

黄石长江大桥位于黄石港黄石水道的弯曲段，上起迥风矶，下迄西塞山，全长约 13.5km。黄石长江大桥位于黄石水道上，长江下游航道里程约 914.3km 处，下距鄂东长江大桥约为 0.95km。桥区下游右岸为黄石港主城港区，码头多，作业频繁，船舶通航密度较大，通航环境较复杂。

黄石长江大桥全长 2 850m，正桥长 1 060m，桥面宽 19.5m。桥型为混凝土连续钢结构桥。正桥桥墩编号为：北岸边墩为 1 号墩，从北至南依次为 2、3、4、5 和 6 号墩，跨径为（162.5+3×245+162.5）m。设计最低通航水位 8.27m（黄海高程，下同），设计最高通航水位为 23.76m，梁底高程为 47.76m，通航净空高度为 24m（设计最高通航水位时）。航行基面（黄石）为 7.125m，当地航行基面以上净空高度为 40.6m。

正常通航情况下，上行通航孔为 2 号（2 号和 3 号桥墩之间），下行通航桥孔为 3 号桥孔（3 号和 4 号桥墩之间），航宽约 220m。枯水期，根据黄石海事局航行通告决定是否向江南移 1 个通航孔。

据统计，黄石长江大桥的年均事故率是长江干线桥梁中较高的，达到 2.2 起 / 年，其中在 1993 年的施工期就发生 17 起船撞桥事故。其主要原因是其桥址位于河道转弯处，航道轴线与桥梁法向夹角较大，一般约 3° ~ 12°，最大可达 17°；同时由于有效航宽相对较小，因此，撞桥事故率较高。一直以来被航运界认为“船桥碰撞的典型”。

黄石长江大桥水中设墩对通航条件的影响主要有如下几个方面：

①黄石长江大桥水中设墩较多，根据水位情况，将可通航水域分隔成 6 个孔跨，仅 2 孔和 3 孔通航，对通航水域范围有明显缩窄，减小了航道通航能力，使长江干线航道资源没有得到有效利用。

②黄石长江大桥位于黄石水道的弯曲段，主航道弯曲，航道轴线与桥梁法向夹角较大，加上通航孔宽度较小，中、洪水期扫弯水较强，船舶过桥不易控制船位。因此，在桥梁施工期，桥墩基础建成出水后即被航行船舶频频碰撞，1 年内共发生 17 起船撞桥事故，是长江干线船撞桥事故发生频率最高的桥梁。21 世纪以来，由于船舶驾驶人员对桥区水域水流特性的熟悉和掌握，加上大型顶推船队逐年减少，该桥发生船撞桥事故明显减少。

③由于在弯道建桥，水中设墩较多，中、洪水期水流较急，受扫弯水斜向作用，水中桥墩紊流明显，范围较大，也是对船舶安全过桥的不利因素。

（5）武汉长江大桥

武汉长江大桥位于武汉港武桥水道，长江中游航道里程约 2.5km 处。桥址处左右两岸有龟山、蛇山对峙，形成节点，桥位处航道顺直，是长江干线最优良的桥位。桥梁下游左岸有汉水汇入，其下游码头多，作业频繁，船舶通航密度较大，通航环境较复杂。

武汉长江大桥全长 1 695.3m，正桥长 1 157.3m。桥型为双层全铆菱形连续钢桁梁桥，跨距均为 128m。设计最低通航水位 8.87m（黄海高程，下同），设计最高通航水位为 25.92m，梁底高程为 44.09m，通航净空高度为 18m（设计最高通航水位时）。航行基面（武汉）为 9.92m，当地航行基面以上净空高度为 33.99m。

武汉长江大桥上行通航桥孔洪水期为 4 号或 5 号桥孔，枯水期为 5 号或 6 号桥孔；下行通航桥孔洪水期为 6 号桥孔，枯水期为 7 号或 6 号桥孔。

据统计，武汉大桥自建成以来共发生 70 余起船撞桥事故。由于通航净空尺度较小，航道轴线与桥梁法向夹角约 6°，船舶下行过桥操纵较困难，该桥年均事故率也是长江干线桥梁中比较高的，达到 1.7 起／年。因此，武汉长江大桥也是长江干线有名的船撞桥事故较高的典型桥梁。

武汉长江大桥水中设墩对通航条件的影响主要有如下几个方面：

①武汉长江大桥水中设墩较多，根据水位情况，将可通航水域分隔成 8 个孔跨，仅 4 孔、5 孔和 6 孔、7 孔通航，对通航水域范围有明显缩窄，减小了航道通航能力，使长江干线航道资源没有得到有效利用。

②武汉长江大桥桥区水域航道稳定，大桥借助龟山和蛇山布置桥梁，是较理想的桥址，但亦因此导致桥轴线与航道轴线呈斜交之势（见图 4–5），航道轴线与桥梁法向夹角约 6°；由于通航孔宽度较小，存在一定斜流，下行船舶过桥不易控制船位。

③由于水中设墩较多，船撞桥事故发生频率较高，是目前长江干线船撞桥事故发生次数最多的桥梁。

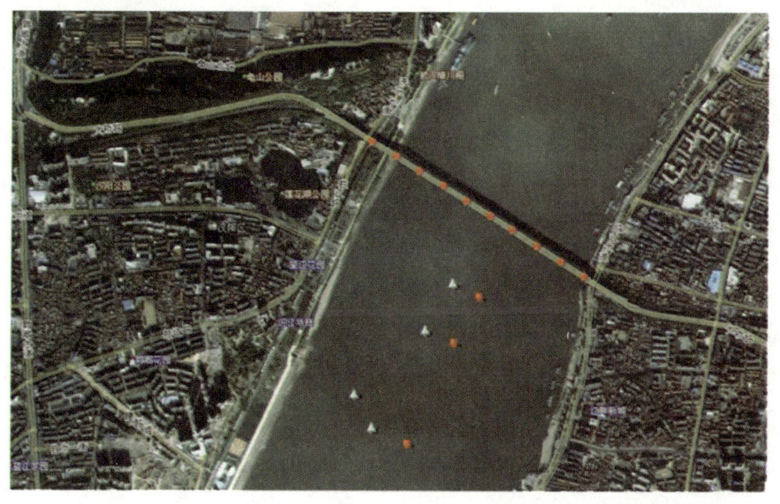

图 4–5　武汉长江大桥水中设墩及桥轴线布置图

（6）荆州长江大桥

荆州长江大桥位于湖北省荆州市，左岸荆州市新河口至右岸公安县埠河联线，太平口水道处，中游航道里程 481.4km 处。

荆州长江大桥全长 4 397.6m，正桥长 2 260m，桥面宽 16.5m。桥型为双塔双索面预应力混凝土斜拉桥，主桥有北汊通航孔桥、三八洲桥、南汊通航孔桥等三个桥段。设计最低通航水位 29.98m（黄海高程，下同），设计最高通航水位为 42.49m，梁底高程为 62.15m，通航净空高度为 18m（设计最高通航水位时）。航行基面（荆州）28.98m，当地航行基面以上净空高度为 31.51m。

荆州长江大桥正桥跨径为（200+500+200+100+6×150+100+160+300+97）m，桥墩编号从左至右依次为 0 号、1 号～ 13 号。目前，中水期和洪水期 1 号～ 2 号桥墩间作为大型船舶上、下行双向通航孔，跨距为 500m；11 号至 12 号之间作为小型船舶上、下行桥孔，跨距为 160m。

设计最高通航水位为 42.49m（黄海高程），梁底高程为 62.115m，通航净空高度为 18m，航行基面（沙市）为 28.98m。

荆州长江大桥水中设墩对通航条件的影响主要有如下几个方面：

①荆州长江大桥水中设墩较多，根据水位情况，将可通航水域分隔成 12 个孔跨，仅 1 孔和 11 孔通航，对通航水域范围有一定缩窄，减小了航道通航能力，长江干线航道资源未得到有效利用。

②荆州长江大桥选址在三八洲分汊河段，航道冲淤多变，曾发生主通航孔航道淤积堵塞，被迫改道的情况，受到交通主管机关的高度重视。因此，使得该桥成为长江干线最“有名”的桥梁之一。

③荆州长江大桥主通航孔航道具有弯曲特性，航道轴线与桥梁法向存在一定夹角，船舶过桥应注意控制船位。

④由于主通航孔宽度较大，因此，荆州长江大桥船撞桥事故发生频率相对较低。

（7）白沙沱长江大桥

白沙沱长江大桥处在江津区、巴南区和大渡口区三区的交界处附近，处在汤家沱河弯和大中坝洲头河弯两个反向弯道之间过渡段，大中坝洲头分流口的上端，长江上游航道里程约 704.2km 处。桥位河段历年来河道外形稳定，河势变化小，主流一直贴左岸下行，平面变化不大，水深条件良好。但桥址处洪、枯水期深泓有一定幅度摆动，主航道偏靠北岸，水流向北推压，过往船舶密度较大，船舶通航环境较复杂。

白沙沱长江大桥由于通航净空尺度较小，仅 74.8m，桥位河段洪水期水流较急，船舶下行过桥操纵困难，也是长江干线有名的船撞桥事故较高的典型桥梁。

白沙沱长江大桥水中设墩对通航条件的影响主要有如下几个方面：

①白沙沱长江大桥水中设墩较多，根据水位情况，将可通航水域分隔成6个孔跨，仅1孔和2孔通航，对通航水域范围有明显缩窄，降低了航道通航能力，长江干线航道资源未得到有效利用。

②白沙沱长江大桥位于大中坝洲头分流口的上端，主流摆动幅度较大，水深流急，航道轴线与桥梁法向存在一定夹角，由于主通航孔宽度较小，有效航宽仅74.8m。因此，船舶上、下行过桥均不易控制船位，船舶撞桥事故多发，使得该桥成为长江干线船撞桥事故发生频率较高的桥梁之一。

③由于水中设墩较多，水流急，水中桥墩紊流明显，范围较大，也是该桥对船舶通航的不利因素。

④目前，拟在白沙沱长江大桥下游约100m建设“新白沙沱长江大桥”，因白沙沱长江大桥对通航影响严重，计划拆除。

4.4.2.3　桥梁水中设墩对通航条件的影响因素

根据上节对长江干线已建典型桥梁水中设墩对船舶通航的影响分析，从水流条件、航道条件、船舶航行条件、船桥碰撞等方面，分析提炼桥梁水中设墩对通航条件的影响因素。

（1）对水流条件的影响

①形成桥墩紊流

桥梁水中设墩后，在桥墩周围会出现绕流，形成紊流区，从而改变桥址附近的水流条件，导致河床局部发生冲淤变化，影响船舶安全通过桥区水域。

根据 H.N.C.Breusers等绘制的桥墩附近水流结构图，紊流区是一个复杂的综合水流结构，包括桥墩迎水面向下水流和两侧绕流在床面附近形成的马蹄形漩涡。桥墩两侧边界层分离产生的尾流漩涡以及在墩两侧和墩后由床面附近释放的小漩涡，见图4-6。

其中，桥墩两侧绕流在床面附近形成的马蹄形漩涡的范围大小，对船舶过桥时的运动态势会产生影响，船舶一般会避开航行。因此，其沿桥轴线方向的宽度大小决定了船舶过桥时应与桥墩保持的最小安全距离，也是合理确定桥梁通航孔跨度的重要依据。

②桥区流速变化

一些桥梁的实测和数值模拟资料表明，桥梁水中设墩后，在桥梁上游因桥墩减小过水面积而产生阻水作用，将在上游形成壅水，水位升高，流速减缓。壅水带有较强的局部性，一般墩前壅水较高，然后向上游和两侧递减。壅水范围一般在500～1 000m，流速减缓幅度一般为0.03～0.15m/s，最大值在0.2～0.3m/s。

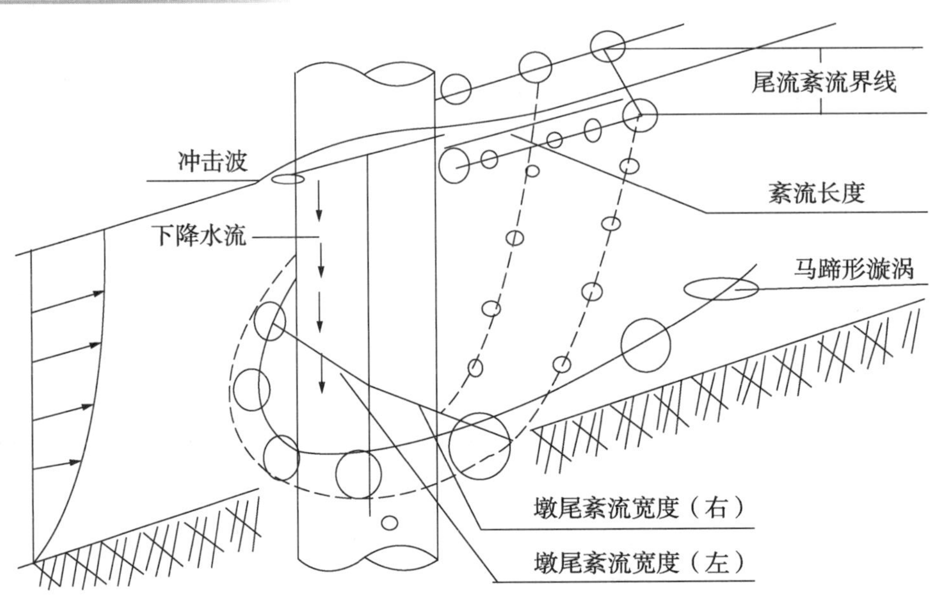

图 4–6　桥墩附近水流的结构

在桥位处及其下游，因水流受桥墩阻水作用，水流向桥孔挤压，使得桥孔中单宽流量增加，流速增加，并向下游延伸。增速范围一般在 800 ～ 1 500m，流速增大幅度一般在 0.08 ～ 0.15m/s，最大值在 0.25 ～ 0.35m/s。

根据苏通大桥、鹦鹉洲大桥、马鞍山大桥等 10 余座桥梁的船舶通航实船试验与数值模拟研究成果，桥梁水中设墩后，桥墩引起的流速增、减变化，主要集中在桥轴线上下侧附近；水中设墩在各水位期不影响行洪条件或不明显减小过水断面、不对船舶航路产生大幅度调整，且具有合理的通航桥孔宽度等前提下，对船舶正常航行不会产生明显影响。

③桥墩轴线与水流流向的夹角。

耸立于江中的桥墩，尤其是多跨桥墩，与主流交角的大小对下游河床演变会产生明显影响，严重时会主导桥孔出流的主泓方向，控制下游的河床变迁。不同水位期，由于来流方向和大小不同，桥墩轴线与水流的交角会不同；交角越大，桥墩局部水流条件越复杂，不仅影响河床冲淤变化，在某些河段可能导致船舶无法过桥或发生船撞桥事故。

根据有关桥梁实测资料，建桥后，在桥轴线与水流流向夹角不大（一般不超过 5°）的情况下，桥位附近的表面流向会略有变化，变化角度一般在 0° ～ 5°。

④弯曲河段水流影响。

弯曲河段水流受河势和河床演变影响较大，水流流向变化大。在弯曲河段的主流一般表现为高水取直，低水坐弯，深槽偏靠凹岸，在弯道环流作用下常伴有扫弯水、回流等，流速分布不均匀，水流条件较为复杂，洪、中、枯水期的水流流向和主流线位置会随水位的变化而改变，给桥墩布设和桥区航线规划造成困难。

在弯曲河段建桥设置水中桥墩，会在弯道环流和桥墩紊流的相互作用下，使弯道水流条件更加复杂，其紊流区靠凹岸一侧的范围会大幅增大，不仅对船舶航行不利，也会导致凹岸产生局部冲刷，岸线不稳。因此，如在弯道建桥，主通航孔应跨越深槽，且在凹岸一侧的桥墩不应设在水中，以免产生挑流和对船舶安全航行不利的水流。

（2）对航道条件的影响

①对桥区河床演变的影响

桥梁水中设墩后，桥梁上游因桥墩阻水作用形成壅水，导致水位升高，水流挟运泥沙能力有所降低，建桥前原有的边滩、心滩等成型堆积体，建桥后淤积范围可能进一步扩大，滩面高程可能会有所抬高。这些变化又会对水流起反作用，使水流及河势随之发生变化。如武汉长江大桥上游的汉阳边滩，在修建后的20年间不断扩大、下移。

在桥位处及下游，在桥墩阻水作用下，水流向桥孔挤压，河槽中单宽流量增加，水流挟沙能力随之增加，局部水面比下降和流速加大，同时在桥墩附近形成复杂的水流结构导致桥墩周围的河床出现局部冲刷，冲刷的结果将导致河床横断面的重新调整，调整后的地形又会对桥墩周围的水流产生影响。同时，由于桥墩的阻水束流和导流作用，使得主流更为集中，对下游深槽刷深、河宽缩窄有加强的趋势。

在洲滩发育的河段，主流摆动幅度较大，则可能出现淤塞主通航孔，冲开辅通航孔或非通航孔的情况，如荆州长江大桥、白沙洲大桥等。

②桥墩局部冲刷

桥墩绕流会在桥墩周围形成马蹄形漩涡，产生桥墩局部冲刷坑。冲刷坑深度与桥墩形式、尺寸、河道过水面积、水流流速及桥位处泥沙组成等有关，有些桥梁冲刷坑深度可达十几米。为减小桥墩对水流和航道条件的影响，桥墩应尽量顺水流方向布置，桥墩应尽可能选用流线型，这样可减小桥墩漩涡尺度，便于孔跨布置，有利于船舶航行操作。

③对航道布置的影响

对于非一跨过江或一孔跨过通航水域的桥梁，尤其是多孔通航的桥梁，水中设墩就必定会分割航道，导致桥位河段的航道有效通航宽度缩窄，甚至部分可通航水域被浪费。这些桥梁不仅减小了航道通航能力，导致航道资源不能得到有效利用，有的甚至成为制约航运发展的瓶颈，如南京长江大桥。

多孔通航的桥梁由于水中设墩较多，净宽较小，会较多缩小河道的过水面积，不仅使桥梁上游出现壅水、流速减缓，导致水流的挟沙能力降低，产生泥沙淤积，而且受桥墩限制，特殊水位年份难以合理布设或调整航道。如武汉长江大桥，水中有 8 个桥墩，使过水断面缩小，加上汉水的顶托作用，使汉阳江边一带水流流速减缓，水流挟沙能力降低，造成泥沙淤积，汉阳边滩不断增大，有些年份枯水位期主流向右偏，导致 4 号桥孔水深不足不能通航，有时甚至 6 号桥孔也因水深不足而封航，只剩下一个桥墩基础较差的 7 号桥孔通航。

④减小了航道尺度

桥梁水中设墩后，会不同程度地将桥区航道分隔成若干通道，尤其是多孔通航的桥梁水中设墩较多，通航孔宽度较小，使船舶航行的通道变窄。此外，净空高度还会限制船舶水上高度，使航道尺度不同程度减小，严重限制了大型船舶的通航，制约了长江“黄金水道”航运资源的充分发挥。

（3）对船舶航行条件的影响

①减小了船舶操纵和应急避让的空间

船舶航行受多方面环境因素的影响，桥梁在水中设墩后，会减小航道尺度，其结果是缩减了船舶航行的空间；尤其在多孔通航的桥梁，船舶航行中操纵空间受限，引航操纵困难。一旦发生天气变化、他船干扰、发生失控等紧急情况，将会出现船舶应急避让空间不足的情况，从而导致船撞桥事故。

②对桥区船舶引航操纵及航行习惯的影响

多孔通航的桥梁水中设墩较多，会不同程度改变桥区水域通航条件，有些甚至使航道作较大幅度的调整，使桥区船舶习惯航路发生根本改变；航行船舶由于航路、航法不熟悉，或在桥区按长期形成的习惯航法航行，导致难以安全过桥，频繁发生船撞桥的事故，如黄石长江大桥。

③桥墩对船舶航行的影响

很显然，水中桥墩对航行船舶来说是障碍物，船舶通过桥墩位置时，必须与桥墩保持足够安全距离。

船舶如靠近航行，桥墩对船舶航行的影响，如图 4–7 所示。当船首抵达桥墩（图中位置 1）时，桥墩会对船首产生向外的推力，使船舶向外侧发生偏转；当船舶与桥墩处于正横状态时（图中位置 2），桥墩会对船舶产生吸力，使船舶朝桥墩产生

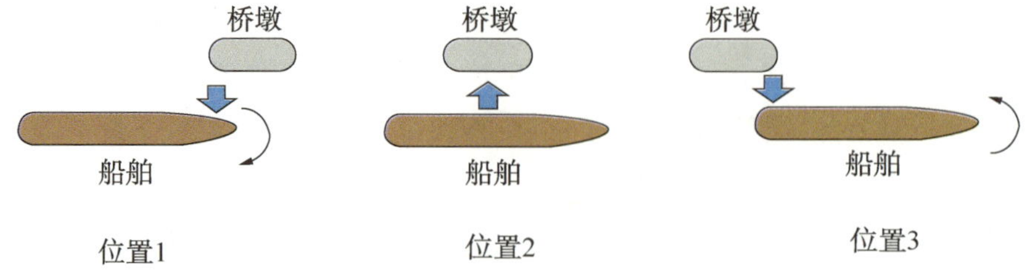

图 4–7　桥墩对船舶航行的影响示意图

偏移；当船尾接近桥墩时（图中位置3），桥墩会对船尾产生向外的推力，使船舶向内侧发生偏转。

（4）对船桥碰撞的影响

桥梁水中设墩后，就必然面临船撞风险。船撞桥事故统计结果表明，桥梁发生船撞桥事故的频率与桥梁通航孔跨度、桥区航道直线段长度、航道与桥梁法向夹角、桥区船舶通航密度、桥区现场监管措施等因素有关。

根据船撞桥事故统计分析，桥梁跨度对船撞桥事故率的影响是显而易见的。有些桥梁事故明显多于其他桥梁，如武汉长江大桥、黄石长江大桥、重庆白沙沱大桥、南京长江大桥等桥梁的年平均事故率较高。其主要原因是这些桥梁建设年代比较早，通航孔宽度较小，其中，武汉长江大桥110m通航宽度、重庆白沙沱大桥74.8m、南京长江大桥150m、黄石长江大桥上行通航孔165m、下行通航孔210m。统计结果显示，长江干线3/4以上的船撞桥事故发生在通航宽度在150m以内的桥梁上，通航孔跨度在300m以上的桥梁较少发生船撞桥事故，通航孔跨度在500m以上的桥梁则极少发生船撞桥事故。

（5）其他影响

桥梁水中设墩后，除上述通航条件产生影响外，还存在以下影响：

①对船舶驾驶员过桥操纵产生心理压力，尤其是多孔桥梁，桥孔宽度较小；

②对VTS、AIS、CCTV等监控设施产生遮蔽，形成监控盲区，增大了海事监管难度和工作量；

③对驾驶员航行视线产生遮挡，影响瞭望；

④需要设置桥区专用航标，增大了航道维护管理工作量。

4.4.3 桥梁水中设墩技术要求与保护措施

4.4.3.1 桥梁水中设墩技术要求

根据长江各航道的自然条件，结合各水平年流域经济发展对航道的需求以及长江干线各代表船型与相关航运工程建设标准的有机衔接，依据“14内河通航标准”，考虑长江干线船舶大型化发展的趋势，确定了长江航道各段的建设标准，提出长江干线不同航段桥梁设计代表船型（船队）及主尺度，见表4−3。

根据船舶通过桥墩时，桥墩对船舶的水动力干扰计算分析，桥梁水中设墩后，对船舶横向产生干扰的范围为$SP=0.4L_{PP}$（L_{PP}为船舶首尾垂线之间的长度）；依据本书3.2节航道尺度计算与分析，计算各代表船型所需航道宽度。据此，不同航段桥梁水中设墩的一般要求应满足下列条件：

单向通航 $$B_k \geqslant B_d+2SP \tag{4-1}$$

双向通航 $$B_k \geqslant B_s+2SP \tag{4-2}$$

式中：B_k——通航孔宽度（m）；

B_d——单线航道所需航宽（m）；

B_s——双线航道所需航宽（m）。

长江干线不同航段桥梁设计代表船型（船队）及主尺度表 表 4–3

河　段	船舶吨级 DWT（t）		代表船型尺度（船长 × 船宽 × 型深 × 满载吃水）
重庆以上	江海轮	3000	90.1×16.6×4.3×3.53
	船队	1.2 万	223.0×32.4×3.5
三峡库区	江海轮	5000	110×19.2×4.8×4.3
	船队	2.7 万	316.0×48.6×3.5
宜昌—城陵矶	江海轮	3000	90.1×16.6×4.3×3.53
	船队	2.7 万	316.0×48.6×3.5
城陵矶—武汉	江海轮	6000	118×18.0×7.5×5.0
	船队	2.7 万	97×15.0×7.9×6.1
武汉—铜陵	江海轮	1 万	121×20.0×9.0×6.5
	船队	4.8 万	406.0×64.8×3.5
铜陵—南京	海轮	2 万	170×23.0×13.4×10.0
	船队	4.8 万	406.0×64.8×3.5
南京—江阴	海轮	5 万	230×32×17.5×12.7
	船队	4.8 万	406.0×64.8×3.5
江阴以下	海轮	10 万	260×39×19.3×13.8
	船队	4.8 万	406.0×64.8×3.5

根据上面计算结果，长江干线不同航段桥梁水中设墩后，其通航孔不应小于表 4–4 和表 4–5 所列数值。

长江干线不同航段桥梁水中设墩的一般要求分析表（单船） 表 4–4

河　段	船舶吨级 DWT（t）		船长 L（m）	垂线间长 L_{PP}（m）	2 倍干扰范围（m）	单线航道通航孔宽度（m）		双线航道通航孔宽度（m）
						上行	下行	
重庆以上	江海轮	3000	90.1	85.6	68.5	104	110	161
三峡库区	江海轮	5000	110	104.5	83.6	124	131	191
宜昌—城陵矶	江海轮	3000	90.1	85.6	68.5	104	110	161
城陵矶—武汉	江海轮	6000	118	112.1	89.7	132	141	201
武汉—铜陵	江海轮	10000	121	161.5	129.2	136	145	209
铜陵—南京	海轮	20000	170	247.0	197.6	187	198	279
南京—江阴	海轮	50000	230	85.6	68.5	254	269	380
江阴以下	海轮	100000	260	104.5	83.6	290	308	439

长江干线不同航段桥梁水中设墩的一般要求分析表（船队） 表 4–5

河 段	船舶吨级 DWT（t）		船长 L（m）	垂线间长 L_{PP}（m）	2 倍干扰范围（m）	单线航道通航孔宽度（m）		双线航道通航孔宽度（m）
						上行	下行	
重庆以上	顶推	12000	223	211.9	169.5	248	261	372
三峡库区	顶推	27000	316	300.2	240.2	353	368	529
宜昌—武汉	顶推	27000	316	300.2	240.2	353	368	529
武汉以下	顶推	48000	406	385.7	308.6	454	475	686

由于影响船舶航行的环境因素很多，表 4–4 和表 4–5 所列数据未考虑桥位处深泓摆动、河势（顺直、弯曲、分汊等）、特殊通航需求等因素。因此，仅表示长江干线不同航段桥梁水中设墩在通航孔宽度设计中应满足的最低要求。

根据“14 内河通航标准”相关要求，长江干流桥梁在水中布设墩桥的技术要求具体如下：

（1）河道内存在易变洲滩的河段，未采取工程措施来稳定洲滩之前，该河段为桥梁不宜在水中布设桥墩。

（2）河道为滩险河段，未采取相应工程消除滩险之前，该河段为桥梁不宜在水中布设桥墩。

（3）河道为弯曲河道，其弯曲程度可按航道标准曲率半径的 3 ~ 5 倍控制，其中山区河流为 3 倍，平原河流为 5 倍；小于该值的弯曲航道为弯曲河道，该河段为桥梁不宜在水中布设桥墩。

（4）河道中存在分流口、汇流口的河段，该分、汇流口为可通航支汊；非通航时支汊可按流量较大的支流或有分流比较大汊道，该河段为桥梁不宜在水中布设桥墩。

（5）航道尺度小于现行或规划的航道尺度标准的河段，航道尺度未改善之前，该河段为桥梁不宜在水中布设桥墩。

（6）通行控制河段，通航条件改善之前，该河段为桥梁不宜在水中布设桥墩。

（7）经济运输量大、船舶航行密度高、而水域狭窄的河段，该河段为桥梁不宜在水中布置桥墩。

（8）在已建桥梁或枢纽的河段上，其上游和下游一定水域为桥区范围或枢纽范围水域，该河段为桥梁不宜在水中布设桥墩。

4.4.3.2 桥梁水中设墩保护措施

目前，关于桥梁水中设墩的保护措施分为主动防撞和被动防撞。主动防撞主要是通过加强桥区现场监控与监管、合理规划桥区航路、制定桥区通航管理规定（制定限制通航的条件）、建设桥梁防船撞信息系统等手段，尽可能防止或减少船船撞击桥墩，是目前国内外桥梁防撞的主要方向。被动防撞是传统的桥梁防撞措施，一般采取加大桥墩自身抗撞力或设置防护装置等方式。

(1) 桥梁防船撞信息系统

建立桥梁防船撞信息系统是实现桥梁主动防撞的基础。

①桥梁防船撞信息系统设计要求

A. 实时性：数据可以通过网络传输共享，并可通过用户权限分级别浏览监管船舶动态情况，实现远程信息调用和对桥区的远程监控管理。系统应拥有很高的效率，能够实时并行处理各种大量的信息数据，是该系统能够提高监控管理效率的根本保证。

B. 稳定性：系统的终端和软硬件设备都应具有很高的稳定性，适应各种恶劣的环境和长时间可靠稳定工作的要求。

C. 可靠性：系统可对桥区航行的船舶进行全程监控，使管理人员在指挥中心即可方便准确地掌握整个桥区的情况。实现对桥区航行、作业船舶或失控漂移船舶位置信息的全天候采集，使监管人员能够方便准确地掌握各种情况，便于及时进行处理。

D. 可扩展性：系统应具有很好的扩展性，在业务扩大时，能将系统规模相应扩大，以便将先进的管理模式应用到信息系统中，并能实现新的资源和原有的资源兼容并用。同时，保证系统间具有良好的平滑连接。

E. 标准化：为了保证系统的兼容性和稳定性，方便日常的维护使用，系统无论硬件和软件都应符合国内及行业内的基本标准；同时提供标准化的信息服务和信息接口。

②防船撞预控流程与系统功能

桥梁防船撞预控流程，如图 4-8 所示。

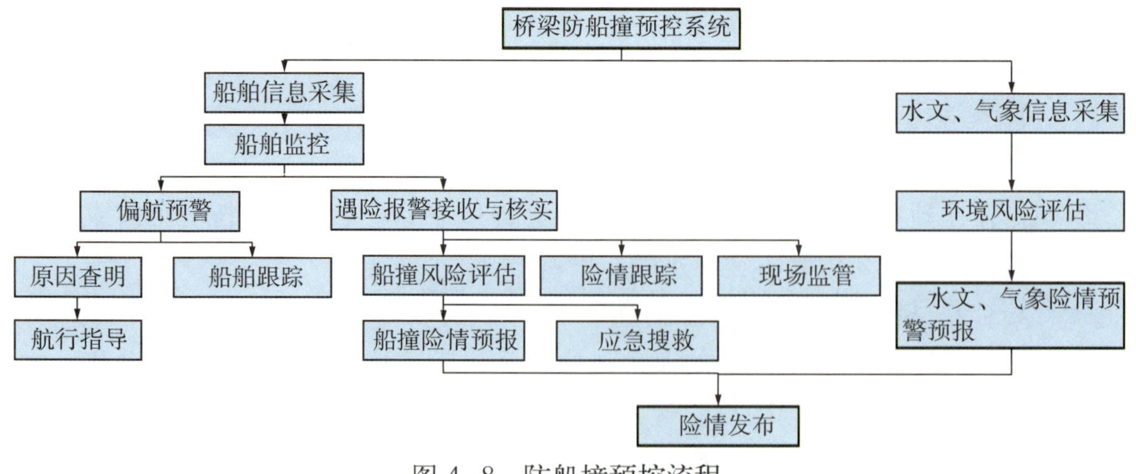

图 4-8　防船撞预控流程

③设置重点监控区

一般采取设置航行警戒区的方式，作为桥位河段重点监控区。可根据 3.3 节长江干线航道尺度标准，计算得出桥区船舶危险失控区。船舶航行警戒区是指由于通航环境复杂、船舶穿越通航分道频繁，要求船舶通过时必须予以特别警惕的特定水域，一般设有交通安全标志。

（2）桥墩防护设施

桥墩防护设施的设计需要根据桥墩自身抗撞能力、位置、外形、水流的速度、水位变化情况、通航船舶的类型、碰撞速度等因素进行。防护设施应满足船舶通航的要求；能够适应水位变化，受撞击后易修复，能够多次使用；安装、运输方便；不应因防撞设施而产生新的碍航问题；应有较高的性价比。现有防护措施主要包括：直接构造：弹性变形型（护舷方式、绳索方式）、抗压变形型（缓冲体方式）、变位型（重力式）等；间接结构：弹性变形型（桩方式）、抗压变形型（沉箱式、人工岛方式）、变位形（浮体系缆方式）等。

①直接构造弹性变形型——缓冲材料方式

A．防撞原理：直接构造弹性变形型防撞装置，依靠结构或材料的自身恢复弹性变形的能力转化并释放撞击能量，并且由于使用的材料或结构的弹性和柔度较大，可以延长撞击时间，从而减小撞击力，达到保护船及桥墩的目的。

B．结构形式：缓冲材料结构方式很多，有橡胶或钢制作的圆形、弓形、槽形、空气形等异形构件和用木材制成的浮箱结构。异形构件通常通过串联或并联安装在桥墩表面。

C．优缺点：直接构造弹性变形型防撞装置的优点是设置水域小，安装及维护管理均比较容易，且对桥墩处地质条件要求不高，因此缓冲材料防撞装置在世界各国得到广泛应用。但是由于材料自身弹性变形吸能的有限性，直接构造弹性变形型防撞装置一般只能单独用在撞击力较小、撞击角度不大的承台侧面，或者使用在许多大规模防撞装置的表面而形成总的防护系统。

②直接构造抗压变形型——缓冲体方式

A．防撞原理：直接构造抗压变形型防撞装置的工作原理是靠设施的压曲、弯曲破坏来吸收冲撞能量。

B．结构形式：装置多采用钢箱格的结构，一方面是利用箱格板梁的塑性变形，大量吸收碰撞能量；另一方面是利用箱格结构的刚度较实体结构为低，可减小船舶对桥墩的冲击荷载。对于小能量撞击，装置有时也采用梁构造。梁构造比其他构造简单，吸收能量也比较小，并且随冲撞方向的不同其性能也会有较大的改变。由于装置安装时要距桥墩一定距离，同时，还要解决安装支撑点的问题，所以，目前这种方式使用极少。

C．优缺点：直接构造抗压变形型的优点在于通过改变自身的结构形式和刚度，利用设施良好的塑性变形，对高能量的激烈碰撞也能起到较好的防撞作用；但其最大缺点就是装置随抵抗能量的增大，自身和船舶的损坏也越严重。直接构造抗压变形型防撞装置所需设置水域小，能量吸收性能较佳，主要用于中、大型防护工程。只是本身的规模和施工安装不是很容易，尤其是撞击后的维修处理更是麻烦，所以，直接构造抗压变形型防撞装置的所要解决的难点就是自身和撞击船舶的安全问题。

③直接构造变位型——重力方式

直接构造变位型重力方式由重物及其支撑结构组成。其防护的主要机理是利用摩擦力或重力产生的复原力使重物来回移动，从而把船舶的撞击能量转化为重物的势能和重物周围水的动能。该种设施规模大，冲撞时的反力大，宜设在较开阔的水域，可抵抗中型吨位船舶的撞击。由于直接构造变位型防撞装置需要重物的支撑结构，且维护管理较复杂，碰撞损坏后维修困难。再加上造价高昂，此类设施现在已不常用。

④间接构造弹性变形型——桩群方式

A．防撞原理：这种方式防撞装置特点是利用桩群的联合弹性变形缓冲吸收船舶的冲撞能量。集群式护墩桩一般由斜桩（承受压力）或竖直桩（承受拉力）组成。为适应高能量撞击防护的需要，在桩的顶部互相连接，以使整个防护系统共同变形来吸收船舶动能。另外，还可将更多的单桩合成一根桩，并将桩顶用横梁或锚链联系起来以便共同受力。

B．结构形式：按照桩的材料桩群方式防撞装置，可分为木桩群、钢桩和混凝土桩群等结构形式。

木桩群形式：木桩来源丰富，加工制作简便，造价较低，但由于木桩桩底不能嵌入河床基岩内，只是一般作为其他防护系统的缓冲设施，所以该种防撞设施从经济角度考虑，小能量时较为合理。

钢桩形式：钢桩用在需要极高的材料强度及地质条件较差处，鉴于有一定的塑性变形和很大的挠度，并且可以深入岩内并与桩侧土层共同受力，一般单桩和弹塑性好的其他缓冲装置联合使用就能抵抗较大的撞击力。

混凝土桩群形式：由于混凝土桩截面的抗拉变形能力极为有限，且在混凝土结构开裂后，钢筋极易锈蚀，故混凝土桩一般联合使用，共同抵抗受力。或者通过锚链形成系缆桩，锚链的作用一方面通过拦截船舶以自身的弹塑性变形消耗一部分动能；另一方面通过船舶对锚链的滑动，利用摩擦力做功和改变船舶撞击方向消散船舶动能，而通过锚链传递到混凝土桩桩顶的剪力则由各个单桩共同分担。

C．优缺点：单纯的桩方式防撞装置的能量吸收性一般较差，但通过桩与桩的联合或与其他防护设施的共同使用，就能抵抗比较大的船舶撞击。而且由于其良好的柔性，对船舶与桥墩均有较好的保护。另外，桩方式对设置水域大小的要求不高，并能满足各种水深及基础的需要，因此得到了大量推广使用。不过，当桩基出现问题时，维修比较困难。

⑤间接构造抗压变形型——薄壳筑沙围堰和人工岛方式

该类装置主要有薄壳筑沙围堰和人工岛方式。其防护机理是靠材料的压缩、屈曲变形破坏来吸收撞击能量。

A．薄壳筑沙围堰：薄壳筑沙围堰是针对大型船舶碰撞而设计的，独立于墩身布置，受到船舶撞击时，在撞击力作用下，锚固在河底的钢板桩被拔出，围堰和船舶的构件屈曲变形、破裂和崩溃，围堰内部的填充材料充分摩擦并部分外泄，从而达到大量吸收撞击动能的目的。其防护机理的实质主要是装置依靠庞大的自重抵抗撞击后自身的倾斜及滑动，并且通过结构的损坏为代价阻止船舶前进。

B．刚性人工岛：刚性人工岛防护主要是靠在船舶撞击到桥墩之前使其搁浅停止而对桥墩进行保护的防撞措施。较之薄壳筑沙围堰，刚性人工岛能适应更大型船舶的高能量碰撞。而且在浅水区，人工岛施工简便，造价低廉。

C．优缺点：间接抗压变形型防撞装置对桥梁具有良好保护作用，但其缺点是其规模、质量较大，而且一般只能设置在水深较小（减少造价）、基础良好的河床上，以承受本身巨大的自重。另外，间接抗压变形型防护装置所占有的航道也较多，特别是人工岛，还会压缩过水断面，增大流速，加剧河床冲刷。最重要的是，它对船舶的保护不甚理想，因为虽然装置即使通过改变结构形式增大了柔度，而使碰撞力有所降低，但由于是刚性碰撞，船舶与装置损伤仍然很严重。因此，抗压变形型防撞系统一般只能保护桥墩而不能保护船舶。每次剧烈碰撞后装置都需要维修，且维修工程量大。

⑥间接构造变位型——浮体系泊方式

间接构造变位型装置一般是指浮体系泊方式。其一般由浮体、钢丝绳、锚定物组成。

A．防护机理：装置利用重力或者浮力的作用使浮体从平衡状态到被拉紧状态所产生的还原力、锚定物在冲撞力作用下沿河底移动产生的摩擦力以及钢丝绳的弹力和变形力做功来吸收船舶的撞击动能，从而使船舶速度降低，直至被浮体之间的钢丝绳张紧拦住。

B．优缺点：浮体系泊方式防撞装置的优点在于能够抵挡船舶的高能量撞击，并且即使在水深较大的水域，设施造价也相对较低；此外，浮体系泊方式防撞装置漂浮在水面上，可将能量通过锚链传递至锚定物上。因此，浮体系泊方式防护系统可以布置在航道水很深处。浮体系泊方式缺点也很明显，由于其防护需要船舶有较大的缓冲位移，所以设施的设置水域一般要求很大；而且，对于吨位小的船舶，船头的水下部分还可能压迫并掠过拦截设施，继续向桥墩撞击；还有，对于高速行驶的大型船舶，船首如果尖锐，则有可能会切断钢绳。

⑦储能 - 释能装置

储能 - 释能装置，其防护原理是将装置设计成具有对撞击能量先期储存、后期释放的性能，以延长撞击时间、减小船舶撞力，并能利用储存的能量释放恢复原状。装置的主体为船形的橡胶箱，附着于桥墩表面，以桥墩为支撑。橡胶箱与桥墩之间设置泡沫塑料制成的缓冲垫层；橡胶箱体内设有带圆孔的纵横橡胶板箱格，以增大箱体整体刚度，并且在箱格内注水以改良装置性能。通过材料的本身性能与结构的优化设计，储能 - 释能装置综合了传统装置的优点，其主要表现有：设置水域小；橡胶箱体可悬浮于水面，装置能适应水位变化的要求；装置材料柔度较大，能同时保护船和桥；装置撞后能恢复原状，故可多次使用。

⑧吸能装置

吸能装置，主要是利用装置材料的本身特性大量吸收撞击能量，大大减少桥墩与船舶的损伤。泡沫金属铝是一种性能卓越的吸能材料。装置结构形式采用圆环柱形，内部为纵横交错的带有圆孔的泡沫金属铝板以形成箱格。箱格内注水，一方面改善装置性能，一方面增大装置在水中的稳定性。泡沫金属铝吸能装置的优点在于装置能吸收更大的撞击能量，且设置水域可更小；由于泡沫金属铝在变形过程中，撞击力的量值不是很大并能基本保持不变，所以对桥墩和船舶均有很好的保护作用。此外，泡沫金属铝密度较小，使得装置能适应水位的变化要求、轻微撞击后维修极为简易，并且由于其不易被腐蚀，装置未损坏前无须专门保养。泡沫金属铝吸能装置应用的缺点是泡沫金属铝破坏时属于脆性材料，装置一旦受到剧烈撞击，则局部损坏必将极为严重，所以事后必须重新安装。

桥墩防护装置的种类繁多，某种防护类型的装置采用与否要依据船舶尺寸的大小、类型、航速、水流与河床的断面以及防护体系的施工能力等因素来决定。每一类型的防护装置都有其自身的优缺点，结构优化、多种类型的装置巧妙结合通常是解决桥墩防护问题的好方法。

（3）岸线稳定措施

对于桥位河段深泓摆动幅度较大、洲滩冲淤变化频繁、分流比变化不定、岸线有崩塌现象等河段，采取适当工程措施，稳定河势和岸线，对保护桥梁水中墩也是一项重要的措施。

5 拦河建筑物

长江三峡工程蓄水后，库区航道条件的改善激发了长江水运的潜能，三峡过坝货运量从 2002 年的 1 800 万 t 发展到 2012 年的 1.002 7 亿 t，发展速度远远超过预期。2012 年通过船闸的货运量达到 9 149.4 万 t，其中上行运量达到 5 679.6 万 t，超过船闸设计通过能力 5 000 万 t（设计水平年为 2030 年）。沿江经济的平稳较快发展，使得过闸货运需求将快速增长，船闸通过能力与过闸需求快速增长的矛盾日益显现。为进一步提高三峡船闸的通过能力，从船闸的运营管理方面提出了相应的措施，但受船闸规模所限，其通过能力提升空间有限。因此，长江上游待建通航建筑的规模和船闸尺度需要综合考虑经济增长、船型发展等多方面因素。

国家发改委于 2009 年 10 月委托水电水利规划设计总院，根据经济社会发展现状对长江宜宾至重庆河段开发问题，再次进行综合研究论证：小南海枢纽梯级设置仍然不变；原规划的石棚、朱杨溪两梯级由于淹没损失过大，研究提出了四梯级渠化的方案。由长江勘测规划设计研究院编制的《重庆长江小南海水站预可行性研究报告》已经完成，坝址基本确定，但在工程可行性研究阶段通航建筑物通航规模的确定一直是备受各方争议的重大关键技术问题，受到有关部门的高度重视。

小南海枢纽是长江上游梯级渠化承上启下的关键性控制工程，其所在河段是四川、滇北和黔北通江达海的唯一水上通道，直接关系到长江上游相关省市的水路运输和社会经济发展，随着四川、云南、贵州等地经济快速发展及长江“黄金水道”的建设，川江上段水运业迅猛发展，长江航道水运的优势及效益也更加突显。为使长江水资源综合利用效益得到充分发挥，使小南海通航建筑物的建设规模在一定时期内适应腹地经济社会发展需求，使枢纽建设成为改善长江航道条件、提高长江货运能力的必要建筑，因此，结合长江上游的小南海枢纽通航建筑物，针对长江干线拦河建筑物通航技术参数进行分析是十分必要的。

拦河建筑物通航技术参数主要包括过坝货运量和设计代表船型的分析预测、

通航建筑物建设标准、规模、平面布置、通航主尺度及通过能力分析等。下文主要对长江上游枢纽过坝货运量及船型预测、通过能力分析和通航枢纽船闸平面尺度和门槛水深进行介绍。目前我国已颁布的主要相关规范有2014年版《内河通航标准》、2009年版《渠化工程枢纽总体设计规范》、2001版《船闸总体设计规范》等。这些规范中对船闸建设标准、规模、总体布置、通过能力等内容进行了规定，并给出了相应的计算方法，在多年来的工程实践应用中取得了较好的效果。

5.1 长江上游枢纽过坝货运量及船型预测

5.1.1 长江上游枢纽过坝货运量分析

（1）长江上游航道现状

长江干流宜宾至宜昌段为长江上游，也称川江，长约1 044km，属山区河流；区间承接岷江、沱江、赤水河、嘉陵江、乌江等较大支流汇入。长江干流宜宾至重庆段称为上川江，长约384km，贯穿四川东南和重庆市西部，沿途有岷江、南广河、长宁河、永宁河、沱江、赤水河、塘河、笋溪河、綦江等支流纳入。沿江两岸丘陵起伏，阶地发育。干流河道弯曲，宽窄相间，以宽谷为主，江流较缓，平均坡降为0.26‰，洪枯水位变幅为15～20m；宜宾断面多年平均流量为7 760m^3/s，重庆断面多年平均流量为8 700m^3/s。

长江上游航道浅滩居多，在宜宾至重庆384km航段内，有各类碍航滩险46处，主要是枯水期流量不足导致航深不够而碍航，限制了大型船舶全年通航。近年来，国家高度重视内河航道建设，对宜宾至重庆段进行了整治，通过各项整治工程，2008年以后，航道维护尺度保持在2.7m×50m×560m，满足Ⅲ级航道标准。航道条件的改善，极大地带动了沿江两岸经济的快速提升与水路货运量的迅猛增长。但是，与三峡库区及长江中下游航道相比，川江上段航道等级偏低、通航条件受自然条件制约，已经成为长江上游及支流地区经济社会快速发展的制约因素，影响了长江黄金水道水资源合理利用及整体优势的发挥，Ⅲ级航道标准已不能满足区域经济社会发展需要。

（2）长江上游港口现状

长江上游干流段主要港口包括四川泸州港、宜宾港以及重庆港的江津港区、永川港区，其中泸州港、重庆港属于全国28个主要内河港口，宜宾港是地区重要港口。

①泸州港

2000年以前，由于腹地经济发展总体水平不高，同时受航道条件和三峡大坝的施工影响，泸州港吞吐量增长缓慢。2000 年以后，随着经济社会的快速发展和港口航道基础设施条件的改善，吞吐量增长明显加快。2000 ~ 2005 年吞吐量年均增长 19.45%，2005 ~ 2010 年年均增长 19.22%，2011 年泸州港吞吐量为 2 146 万 t，同比增长 21.1%。从进出港吞吐量构成来看，2010 年以前泸州港吞吐量以出港为主，占全港吞吐量的 65% 左右。但是，近年来进出港吞吐量逐渐趋于平衡，且 2010 年进港吞吐量首次超过出港吞吐量，2011 年进港吞吐量比例达到 60.7%（见图 5–1）。

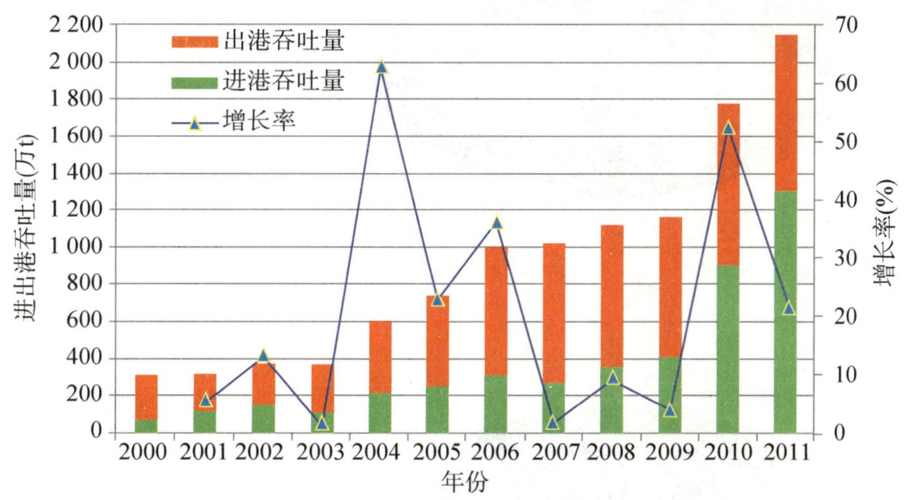

图 5–1 2000 ~ 2011 年泸州港吞吐量发展趋势

受腹地资源条件、经济结构特点等影响，长期以来泸州港基本形成了以煤炭、矿建材料、非金属矿石、化肥为主的发展格局，其中煤炭是泸州港最大的货类。近年来，随着美国科氏集团沥青、中海油沥青等项目的引进，石油和化工成为港口发展新的增长点。2010 年泸州港吞吐量居前五位货种分别为煤炭、矿建材料、石油、化肥、非金属矿石，占总吞吐量的 91.8%；2011 年居前五位货种分别为矿建材料、煤炭、石油、化肥、化工原料及制品，占总吞吐量的 92.5%。出港的货种主要是煤炭、矿建材料、化肥农药、化工原料及制品；进港的货种主要是矿建材料、煤炭、石油、非金属矿石、水泥（见图 5–2）。

②宜宾港

随着区域经济的快速发展以及港口建设步伐的加快，近年来宜宾港货物吞吐量上升较快，由 2005 年的 706 万 t 增长到 2010 年的 1 103 万 t，年均增长 9.3%；2011 年为 1 176 万 t，同比增长 6.7%。

从进出港吞吐量来看，宜宾港吞吐量构成以出港为主，约占全港吞吐量的 70%。从吞吐量结构来看，进出宜宾港的货种主要是煤炭、矿建材料、非金属矿石（主要为磷矿）、化工原料及制品；2010 年和 2011 年上述四个货种占总吞吐量的比例分别为 89.7% 和 89.1%。出港的货种主要是煤炭、矿建材料、非金属矿石（主要为磷矿）、化工原料及制品；进港的货种主要是矿建材料、煤炭、化肥农药、化工原料及制品、非金属矿石（见图 5–3）。

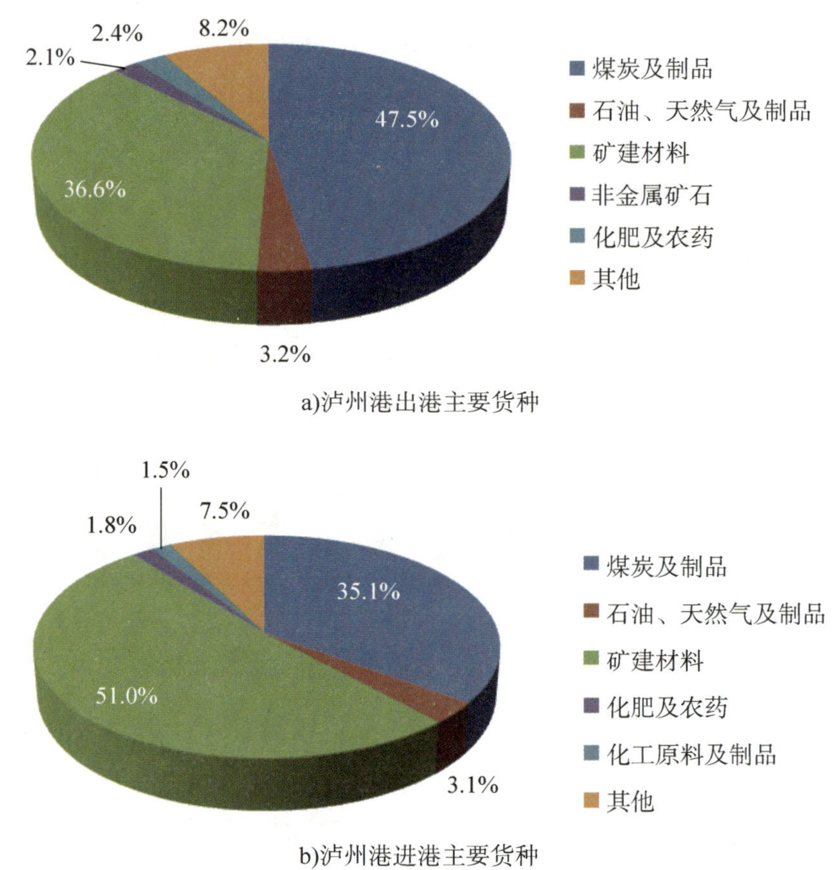

a)泸州港出港主要货种

b)泸州港进港主要货种

图 5–2　2010 年和 2011 年泸州港吞吐量货类结构

③重庆江津、永川港区

重庆港的江津港区和永川港区位于长江上游、三峡库区尾端、重庆西南部，属于本项目研究范围。随着腹地经济的快速发展，两港区的货物吞吐量快速增长，由 2006 年的 642 万 t 增长至 2010 年的 964 万 t，年均增长 10.7%；2011 年完成 1 098 万 t，同比增长 13.9%，其中江津港区 986 万 t，永川港区 112 万 t（见图 5–4）。

从进出港吞吐量来看，江津港区和永川港区吞吐量构成以进港为主，2011 年分别占港区吞吐量的 99% 和 75%。从吞吐量结构来看，进出江津港区的货种主要是矿建材料、煤炭、化肥及农药，2011 年上述三个货种约占总吞吐量的 90%；进出永川港区的货种是煤炭、矿建材料、集装箱和木材。

结合影响区域水运货物流向分布并按合理运输原则，根据目前相关研究机构初拟的宜宾至重庆河段规划的南溪、石棚、新路口、朱杨溪、小南海5梯级航道渠化方案，预测2020年、2030年、2050年长江上游宜宾至重庆段各断面分货种过坝运输量，见表5-1。

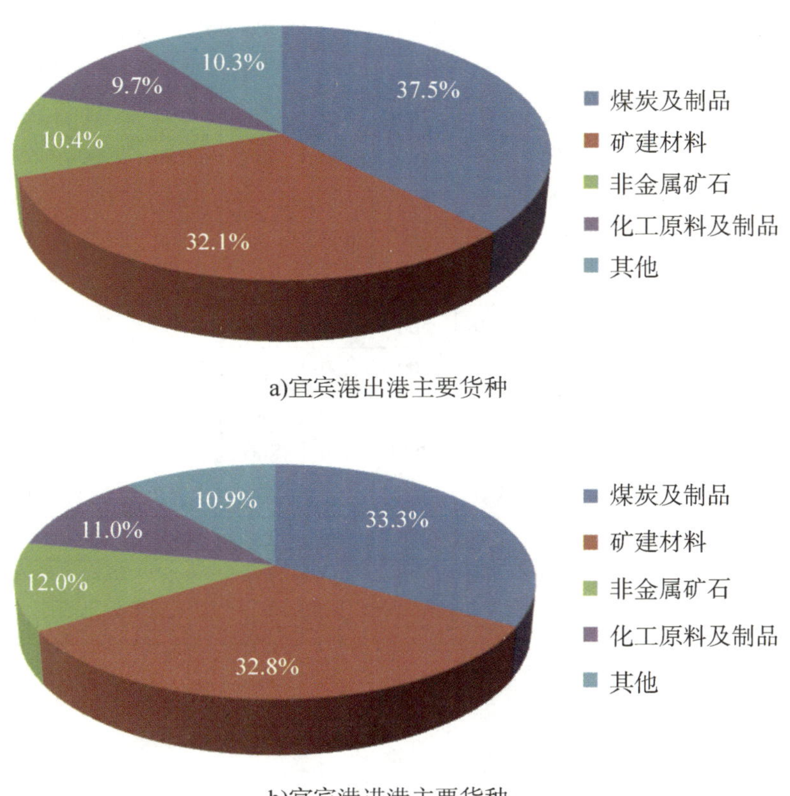

图5-3　2010年和2011年宜宾港吞吐量货类结构

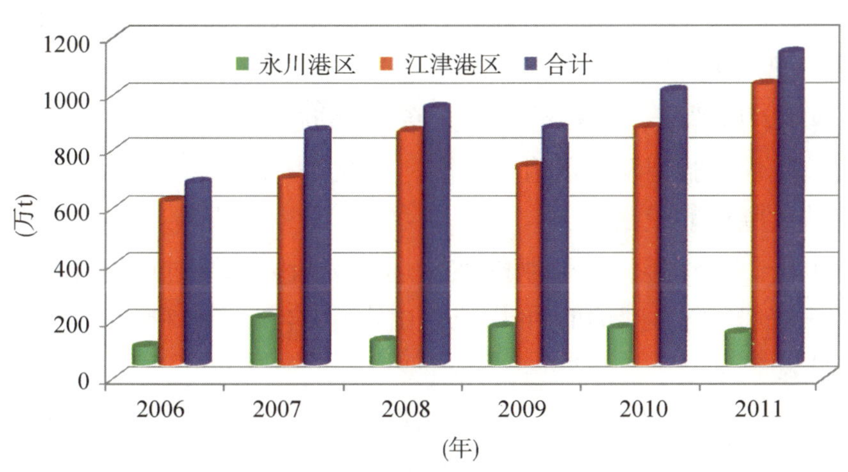

图5-4　2000～2011年重庆港江津和永川港区吞吐量发展趋势

长江上游宜宾至重庆段分货种分航段水运量预测（单位：万 t）　表 5-1

5 梯级航道 / 年份 / 运输量 / 货类		煤炭及制品	金属矿石	非金属矿石	机械装备	化工原料及制品	集装箱	其他	合计	其中	
										上行	下行
小南海断面	2020	2 500	500	450	400	700	1 250	2 200	8 000	2 400	5 600
	2030	3 000	700	600	550	1 300	2 500	3 350	12 000	4 200	7 800
	2050	3 500	800	750	650	1 500	4 500	4 300	16 000	6 400	9 600
朱杨溪断面	2020	1 550	400	400	400	700	1 150	1 900	6 500	2 000	4 500
	2030	1 800	600	550	550	1 300	2 000	3 000	9 800	3 500	6 300
	2050	2 200	700	650	650	1 500	3 500	4 000	13 200	5 400	7 800
新路口断面	2020	1 250	400	400	400	450	1 100	1 800	5 800	1 800	4 000
	2030	1 400	600	500	550	1 100	1 900	2 750	8 800	3 150	5 650
	2050	1 750	700	600	650	1 200	3 300	3 800	12 000	4 900	7 100
石棚断面	2020	1 050	300	300	300	300	500	1 250	4 000	1 200	2 800
	2030	1 200	400	400	400	800	950	1 850	6 000	2 100	3 900
	2050	1 400	500	500	450	900	1 950	2 300	8 000	3 200	4 800
南溪断面	2020	950	300	250	300	250	450	1 100	3 600	1 050	2 550
	2030	1 050	400	350	400	700	850	1 650	5 400	1 900	3 500
	2050	1 200	500	450	450	750	1 750	1 900	7 000	2 750	4 250

5.1.2　长江上游运输船舶发展趋势

（1）船舶及运输组织现状

长江上游干流到港货运船舶的运输组织包括货船运输和拖驳船队运输，并以货船运输为主，其运力占总量的 80% 以上，主要为 600 ~ 3000 吨级，且 1000 吨级以上机动船所占比重逐年增加。干散货船航线一般不固定，其他特种船多航行于固定航线；拖驳船队主要采用绑拖，队形为拖一或二，驳船吨位主要为 300 ~ 600 吨级，以煤炭、砂石料、化肥等干散货运输为主，航线一般不固定。长江上游干流通航代表船型及营运组织现状，见表 5-2。

（2）三峡过闸船舶发展趋势

根据 2004 ~ 2011 年三峡船闸的实际运行资料，三峡过闸船舶的大型化趋势较为明显，三峡船闸过闸船舶的平均吨位由 2004 年的不到 900t 上升到 2011 年的近 2 700t，见表 5-3。

从三峡过闸船舶吨级来看，三峡过闸船舶目前主要以 1001 ~ 3000 吨级船舶为主，大型船舶呈现增长趋势，小于 500 吨级和 501 ~ 1000 吨级的船舶艘次比例虽呈下降趋势，但仍占一定的比例；1001 ~ 2000 吨级的船舶艘次比例呈先升后降发展趋势；大于2000吨级尤其是大于3000吨级的船舶艘次比例呈快速增长态势（见图5–5）。在大于3000吨级的船舶艘次中，3001～4000吨级的船舶艘次比例由2008年的7.8%上升到2011年的10.6%；4001～5000吨级的船舶艘次比例由2008年的3.2%上升到2011年的6.8%；而大于5000吨级的船舶艘次比例由2008年的1.4%快速上升到2011年的16.4%，船舶大型化趋势十分明显（见表5–4）。

长江上游干流通航代表船型及营运组织现状 表5–2

序号	营运组织形式		船名	总长(m)	型宽(m)	吃水(m)	台×功率(kW)	载货量(t/TEU)	备注
1	货船运输		8000吨级货船	118	20.2	5.05	2×662	8 000	重庆
2			5000吨级货船	110	19.2	4.6	2×551	5 000	重庆
3			3000吨级干货船	89.6	14.8	4.1	2×258	3 698	
4			2000吨级干货船	73.5	13.2	3.2	2×220	2 000	
5			2000吨级货船	79.2	13.4	3.2	2×300	2 000	
6			3000吨级散货船	92	14.6	4	2×258	3 225	
7			2000吨级散货船	75	13	3.3	2×184	2 168	
8			1000吨级货船	62.4	10.6	2.5	2×124	1 000	
9			1000吨级货船	64	10.6	2.7	2×136	1 000	
10			200TEU 集装箱船	89.9	14.6	3.0		208TEU	
11			150TEU 集装箱船	87.6	13.6	3.0		160TEU	
12			100TEU 集装箱船	82.8	13.5	3.0		102TEU	
13			70TEU 集装箱船	76.5	13.5	2.6		72TEU	
14			1000吨级油船	75	13.6	2.4	2×232	1 200	
15			3000吨级散装化学品船	85.2	14	3.7	2×258	2 733	
16			1000吨级液体化工船	60	10.8	3.2	2×260	1 000	
17			300吨级液体化工船	41.3	7.2	1.95		300	
18			500吨级货船	47	8	2.2	2×88	500	
19			300吨级货船	43	8	1.8	2×73.5	300	
20	拖驳船队	368kW+2×500t	368kW 拖轮	30.2	6.6	2.2	2×184		
			500吨级驳船	57	8.4	2.3		500	
21		368kW+1 000t	368kW 拖轮	30.2	6.6	2.2	2×184		
			1000吨级驳船	61	10.8	2.4		1 050	
22		272kW+2×300t	272kW 拖轮	27.5	6	2.2	2×136		
			300吨级驳船	43.2	8.4	2.3		300	

注：数据来源于《泸州—宜宾—乐山港口群布局规划》，四川省交通运输厅，2009年。

三峡船闸过闸船舶的平均吨位（t）　　表 5–3

年份（年）	2004	2005	2006	2007	2008	2009	2010	2011
上行	870	1 072	1 296	1 447	1 483	1 574	1 928	2 663
下行	897	1 096	1 284	1 460	1 489	1 581	1 940	2 684

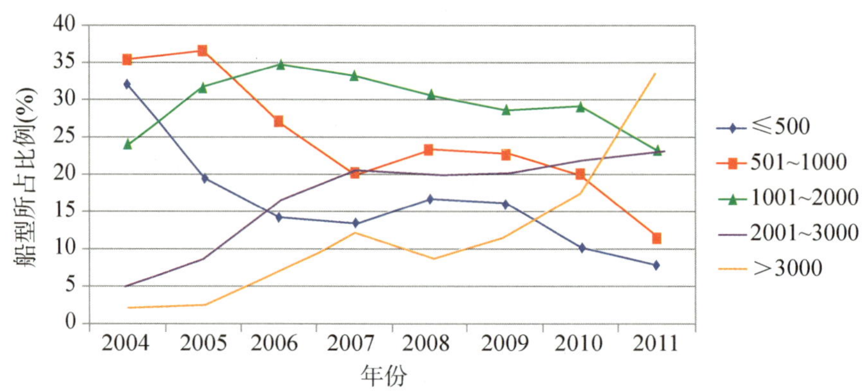

图 5–5　2004 ～ 2011 年三峡船闸船舶过闸情况统计

2004 ～ 2011 年三峡船闸船舶过闸情况统计　　表 5–4

年份（年）	船型	≤ 500 吨级	501 ～ 1000 吨级	1001 ～ 2000 吨级	2001 ～ 3000 吨级	3001 ～ 4000 吨级	4001 ～ 5000 吨级	>5000 吨级	合计
2004	数量（艘次）	24 238	26 739	18 285	4 016	1 778			75 056
	所占比例（%）	32.3	35.63	24.4	5.4	2.4			100.0
2005	数量（艘次）	12 730	23 443	20 362	5 580	1 834			63 949
	所占比例（%）	19.9	36.7	31.8	8.7	2.9			100.0
2006	数量（艘次）	8 136	15 362	19 623	9 350	3 912			56 383
	所占比例（%）	14.4	27.2	34.8	16.6	6.9			100.0
2007	数量（艘次）	7 273	10 788	17 747	10 897	4 167	1 720	720	53 312
	所占比例（%）	13.6	20.2	33.3	20.4	7.8	3.2	1.4	100.0
2008	数量（艘次）	9 242	12 990	17 005	11 017	2 804	1 593	700	55 351
	所占比例（%）	16.7	23.5	30.7	19.9	5.1	2.9	1.3	100.0
2009	数量（艘次）	8 537	11 895	14 939	10 433	2 730	1 964	1 317	51 815
	所占比例（%）	16.5	23.0	28.8	20.1	5.3	3.8	2.5	100.0
2010	数量（艘次）	6 087	11 927	17 121	12 859	4 155	2 423	3 730	58 302
	所占比例（%）	10.4	20.5	29.4	22.1	7.1	4.2	6.4	100.0
2011	数量（艘次）	4 406	6 454	13 097	12 837	5 878	3 794	9 144	55 610
	所占比例（%）	7.9	11.6	23.6	23.1	10.6	6.8	16.4	100.0

(3) 长江上游宜宾至重庆河段船型发展预测

随着长江宜宾至重庆河段航道条件的改善和主要港口建设的推进，沿江政府、企业发展水运积极性高涨，船舶建造呈现恢复性增长局面，船舶向标准化、大型化、专业化方向发展。统计数据表明，三峡库区航道形成后，本河段船舶大型化势头明显，3000吨级船舶已逐步成为主力船型。根据2011年四川省246艘1000吨级以上船舶的统计资料，246艘1000吨级以上船舶的平均吨位为2 240t。

随着长江宜宾至重庆河段航道条件的改善，在长江干线船型大型化、专业化、标准化趋势的引导下，1000吨级以下船舶将逐渐淡出长江上游河段航运市场；2000～3000吨级船舶将成为主力船型（符合内河船型标准化发展要求）；考虑到长江上游地区干支直达要求，以及交通运输部在《长江水系过闸运输船舶标准船型主尺度系列》中推出了6000吨级船型，可以预见1000～2000吨级、3000～6000吨级也将占有一定的市场份额；最后，由于船舶大型化的市场需求，目前已有7000～8000吨级船舶投入市场营运，但长江干线中上游航运的条件限制以及船型标准化的要求，6000吨级以上船舶的市场份额是有限的。考虑到长江上游主要支流航道规划，干支直达运输船舶以1000吨级为主。同时，若不考虑未来梯级枢纽对过闸船舶吨级的限制，1000吨级以下船舶也将占有一定比例。

综合考虑政策、市场等各方面的因素，根据《长江水系过闸运输船舶标准船型主尺度系列》中船舶吨位分级标准，预测2020年、2030年和2050年长江上游宜宾至重庆河段运输船舶不同吨位艘次组成比例，如表5-5和图5-6所示。

长江上游宜宾至重庆河段运输船舶不同吨位艘次组成预测 表5-5

吨级 \ 比例（%） \ 年份	2020	2030	2050
1000吨级及以下	10	5	3
1500吨级	12	6	4
2000吨级	18	12	9
2500吨级	20	18	12
3000吨级	27	32	35
4000吨级	8	15	22
5000吨级及以上	5	12	15
合计	100	100	100
平均吨位	2 545	3 050	3 325

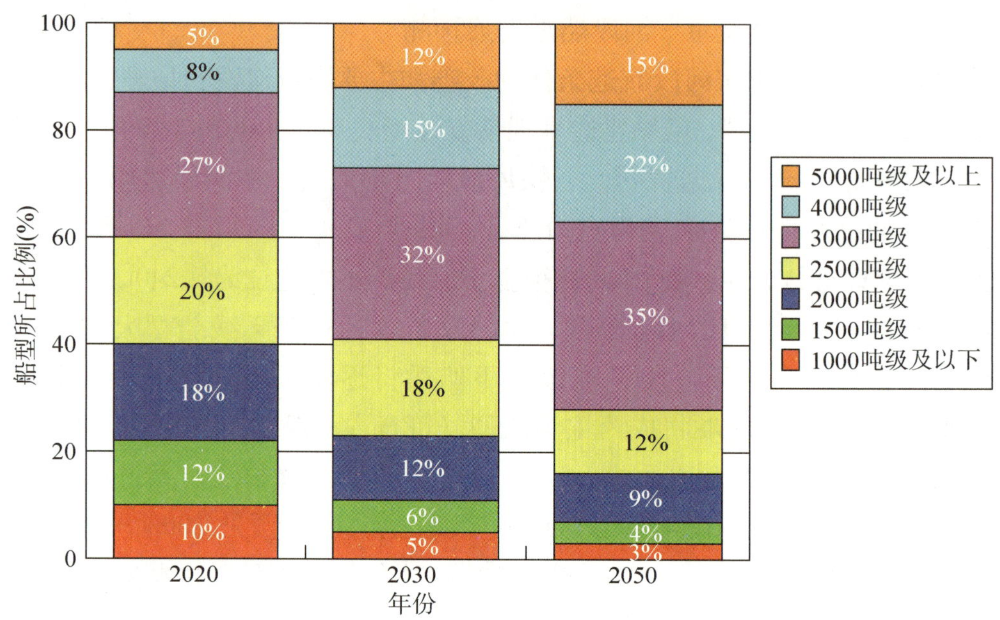

图 5-6　长江上游宜宾至重庆河段运输船舶不同吨位艘次组成预测

5.2　船闸通过能力

确定船闸的合理有效尺度就是确定各种船闸有效尺度下的船闸通过能力，再结合过闸货物量的需求预测，最终确定合理的船闸有效尺度。由于长江上游船型组成复杂，船型组成直接影响合理的闸室尺度的确定，同时，由于闸室尺度增大后，单闸次船舶吨位增大，船闸通过能力相应增加，但每闸次过闸船舶的数量增加，一闸次运行时间增加。因此，应合理论证闸室尺度，使船闸通过能力满足过闸运量增长的需要，同时又不使过闸时间过长。

本次研究采用仿真模型，研究不同船闸有效尺寸时的船闸通过能力的船闸尺度的平均闸室面积利用率、平均一次过闸吨位、平均一次过闸船舶艘次和船闸年通过能力，进而合理确定长江上游船闸有效尺度。

5.2.1　《船闸总体设计规范》中船闸通过能力计算方法

我国现行行业规范《船闸总体设计规范》(JTJ 305—2001)(以下简称《规范》)对船闸通过能力计算有具体规定。《规范》中，船闸通过能力根据一次过闸平均吨位、一次过闸平均时间、日工作小时、日过闸次数、年通航天数、运量不均衡系数等因素确定：

$$P_1 = \frac{n}{2}NG \tag{5-1}$$

$$P_2 = \frac{1}{2}(n - n_0)\frac{NG\alpha}{\beta} \tag{5-2}$$

$$n = \frac{\tau \times 60}{T} \tag{5-3}$$

式中：P_1——单向年过闸船舶总载重吨位（t）；

P_2——单向年过闸客货运量（t）；

n——日平均过闸次数；

n_0——日非运客、货船过闸次数；

N——年通航天数（d）；

G——一次过闸平均载重吨位（t）；

α——船舶装载系数；

β——运量不均衡系数；

τ——日工作小时（h），规范推荐取值 20 ～ 22h；

T——一次过闸时间（min）。

5.2.2 影响船闸通过能力的主要因素

（1）一次过闸平均吨位

《规范》规定了确定一次过闸平均吨位的原则：以设计船型船队和其他各类船型船队为基础，根据运量、货种、船队中船型组合的比重，结合船闸有效尺度进行组合确定。各期的通过能力，应采用相应的一次过闸平均吨位进行计算。

当船型组成较为简单、船闸较小时，每闸次过闸船舶仅为 1 ～ 2 条，一次过闸平均吨位的确定较为简单。但当船型组成较为复杂、船闸较大时，每闸次过闸船舶数量较大，这时船闸尺度与一次过闸平均吨位之间不存在确定的函数关系。根据船型组成的预测和船舶到达的随机性，建立仿真模型，通过试验得到相应成果是唯一有效的手段。

（2）一次过闸时间

《规范》规定一次过闸时间分为单向过闸时间和双向过闸时间。对于与运输繁忙的单级船闸一般都是双向运行，一次过闸时间分为两部分，即船闸运行时间和船舶进出船闸时间。

船闸运行时间包括闸门启闭时间和输水时间。闸门启闭时间根据闸门和启闭机设计确定；输水时间根据输水系统设计确定，船闸运行水头变化较大时应按加权平均水头确定输水时间，当最大水头和最小水头的输水时间相差不大时，也可忽略输水时间的差异。

船舶进出闸时间可根据其运行距离、进出闸速度、船舶进出闸时间间隔和船舶数量确定。进出闸速度是指船舶从停泊段到闸室内停泊位置之间的平均速度。船舶运行距离根据船闸总平面布置确定，进出闸速度与引航道布置有关，目前可得到的实船观测资料较少，而规范中按船闸单向运行和双向运行分别规定进出闸速度不太合理。一般进闸速度可取 1.0m/s，当直线出闸时，出闸速度可取 1.4m/s，当曲线出闸时，可取 1m/s。船舶进闸安全间隔目前可得到的实测资料也较少，根据三峡船闸的观测约为 2min。每一闸次的船舶数量与过闸船舶的船型组成和各类关系的尺度分布等密切相关，且具有明显随机性，无法得到解析解或数值分析解，采用仿真试验可能是唯一的工具。

5.2.3　基于计算机仿真的船舶过闸排档模型

将闸室视为一个大的矩形，将船舶视为小矩形，将船舶放入闸室的过程看作是用小矩形填充大矩形的过程，装船算法示意图见图 5–7。

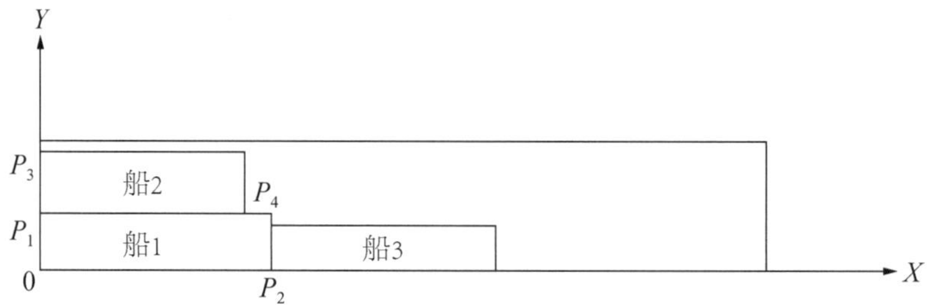

图 5–7　装箱算法示意图

用 $Vessel_i$ 代表第 i 艘，它的长宽分别是 $Vessel_i \cdot Length$ 和 $Vessel_i \cdot width$，在闸室中的坐标为（$Vessel_i \cdot X$，$Vessel_i \cdot Y$），并用 $Lock_i \cdot Length$ 表示第 i 个船闸的设计船队长度，并用 $Lock_i \cdot Width$ 表示第 i 个船闸的设计船队宽度。

船舶是否能够放入闸室，需要满足下面的条件：

（1）小矩形的边界不能超出大矩形的边界

$Vessel_i \cdot X \geqslant 0$ 且 $Vessel_i \cdot Y \geqslant 0$ 且 $Vessel_i \cdot X + Vessel_i \cdot Length \leqslant Lock_i \cdot Length$ 且 $Vessel_i \cdot Y + Vessel_i \cdot Width \leqslant Lock_i \cdot Width$

（2）小矩形之间不互相重叠

$Vessel_j$ 是闸室中已排船舶 $Vessel_i$ 外的任意一艘船舶，判断 $Vessel_i$ 能否放入闸室的约束条件如下：

$Vessel_i \cdot X + Vessel_i \cdot Length \leqslant Vessel_j \cdot X$ 或

$Vessel_i \cdot X \geqslant Vessel_j \cdot X + Vessel_j \cdot Length$ 或

$Vessel_i \cdot Y + Vessel_i \cdot Width \leqslant Vessel_j \cdot Y$ 或

$Vessel_i \cdot Y \geqslant Vessel_j \cdot Y + Vessel_j \cdot Width$

在闸室排挡中，引入了一个可排点的重要概念，它是可以为下一艘船舶安排的位置，可排点由已存在于闸室中的船舶决定。当存在多个可排点时，它们组成可排点集合，经过排序后形成可排点队列。可排点队列的排序原则：对于任意两可排点 P_i 和 P_j，若 P_i 的横坐标小于 P_j 的横坐标，则 P_i 排在 P_j 的前面，若两点横坐标相同，则看纵坐标，小的排在前面。

5.2.4 船闸不同有效尺度的通过能力仿真结果

（1）船闸通过能力仿真计算方法

依据过闸船型组合和船型尺度，通过建立船舶过闸排挡仿真试验，可得到闸室平均利用率、一次过闸平均吨位、平均过闸时间等主要参数，采用《规范》中规定的计算公式可计算得出船闸的通过能力，计算框图如图 5–8 所示。

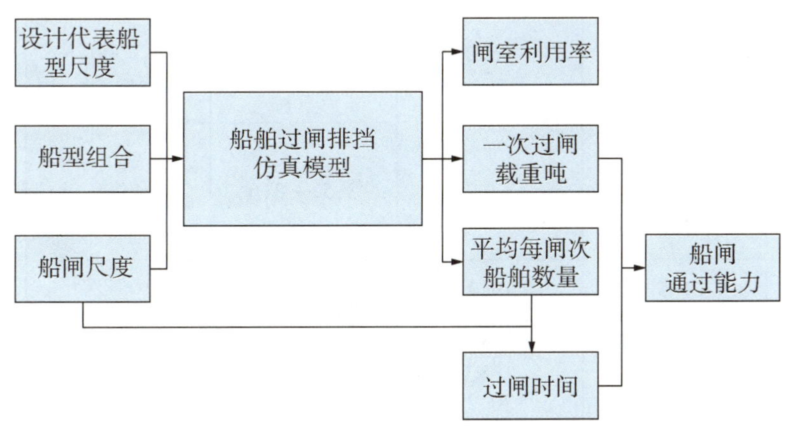

图 5–8　基于船舶过闸排档仿真技术的船闸通过能力计算框架图

（2）设计船型尺度

长江干线船型发展的主要目标之一是标准化。为推进长江水系内河运输船舶船型标准化工作，交通运输部公告 2010 发布了《川江及三峡库区运输船舶标准船型主尺度系列》（表 5–6）。交通运输部于 2013 年 1 月发布了《长江水系过闸运输船舶标准船型主尺度系列》（表 5–7）。以上两个船舶标准船型主尺度的主要差异是 2013 年标准尺度中增加了 6000 吨级的船舶，最大船宽都限制在 17.2m 以下，散货船和驳船的最大宽度则限制在 16.3m 以下。以下分别对两个主尺度系列进行模拟计算，研究船舶尺度对通过能力的影响。

（3）设计船型组成预测

根据上述对未来船型发展的预测，2020 年、2030 年和 2050 年长江上游宜宾至重庆河段运输船舶不同吨位艘次组成比例如表 5–5 所示。

设计代表船型主尺度表（2010 年）　　表 5–6

载货吨级	总长 (m)	船宽 (m)	设计吃水 (m)	设计载货量 (t)	参考主机功率 (kW)
500	50 55 58	8.6 10.8 10.8	2.2 ~ 2.4	500	(110 ~ 180)×2
1000	65 66 68	10.8 12.8 12.8	2.4 ~ 2.6	1 000	(230 ~ 250)×2
2000	82 85 87	14.0	2.8 ~ 3.0	2 000	(280 ~ 350)×2
3000	88 92 95	16.2	3.3 ~ 3.5	3 000	(400 ~ 440)×2
4000	105 107 110	17.2	3.5 ~ 3.6	4 000	(480 ~ 550)×2
5000	105 110 115 118	19.2 19.2 19.8 20.2	4.2 ~ 4.3	5 000	(600 ~ 660)×2

设计代表船型主尺度表（2013 年）　　表 5–7

船　型	船型分级 （载货吨级）	总长 L_{OA} (m)	船宽 B_{OA} (m)	设计吃水 (m)
干散货船 液货船	1000	55 ~ 67	11.0	2.2 ~ 2.6
	1500	60 ~ 75	13.0	2.2 ~ 3.0
	2000 ~ 2500	72 ~ 88	13.8	2.4 ~ 3.5
	2000 ~ 3000	82 ~ 88	15.0	2.8 ~ 3.5
	2500 ~ 3500	82 ~ 88	16.3	3.3 ~ 4.3
	3500 ~ 5000	90 ~ 105	16.3	4.1 ~ 4.3
	5500 ~ 6000	125 ~ 130	16.3	4.1 ~ 4.3
驳船	1000	53 ~ 68	11.0	2.2 ~ 2.6
	1500 ~ 2500	70 ~ 85	13.8	2.6 ~ 3.2
	3000 ~ 5000	75 ~ 110	16.3	3.3 ~ 4.0

续上表

船　　型	船型分级 （载货吨级）	总长 L_{OA} (m)	船宽 B_{OA} (m)	设计吃水 (m)
集装箱船	60	62 ~ 67	11.0	2.0 ~ 2.4
	100	70 ~ 80	13.0	2.0 ~ 3.0
	150	75 ~ 88	13.8	2.2 ~ 3.5
	200	85 ~ 88	15.0	2.8 ~ 3.5
	250	85 ~ 88	16.3	2.8 ~ 4.3
	300	105 ~ 110	16.3	2.8 ~ 4.3
	350	105 ~ 110	17.2	3.0 ~ 4.3
滚装货船 （商品汽车运输船）	300	85 ~ 88	16.3	2.0 ~ 2.2
	400	92 ~ 95	17.2	2.0 ~ 2.4
	600	99 ~ 110	17.2	2.4 ~ 2.6

（4）闸室尺度拟定

船闸闸室宽度一般是主力船型宽度的倍数。三峡船闸的宽度为 34m，已经对长江上游的船型发展产生了一定的影响，其标准化船型也多依据此尺度设置。根据本报告对未来船型发展的预测，本河段未来主力船型为 3000 ~ 5000 吨级的船舶，因此可选择的闸室宽度方案有 34m 和 50m。闸室宽度为 50m 时，一般情况下闸室内停泊船舶的列数为 3 列，不利于船舶在闸室内的安全停泊，且一闸次船舶数量过大将造成过闸时间过长。因此，建议取闸室宽度为 34m。闸室长度拟定 280 ~ 400m 进行论证，以 20m 为步长，共 7 个闸室长度方案。

（5）仿真试验

本次研究中通过编程，建立了船舶进闸的排队仿真模型，采用上述船舶组成预测和闸室尺度方案，开展了船闸通过能力仿真试验研究。

仿真试验结果见图 5–9 ～图 5–11。

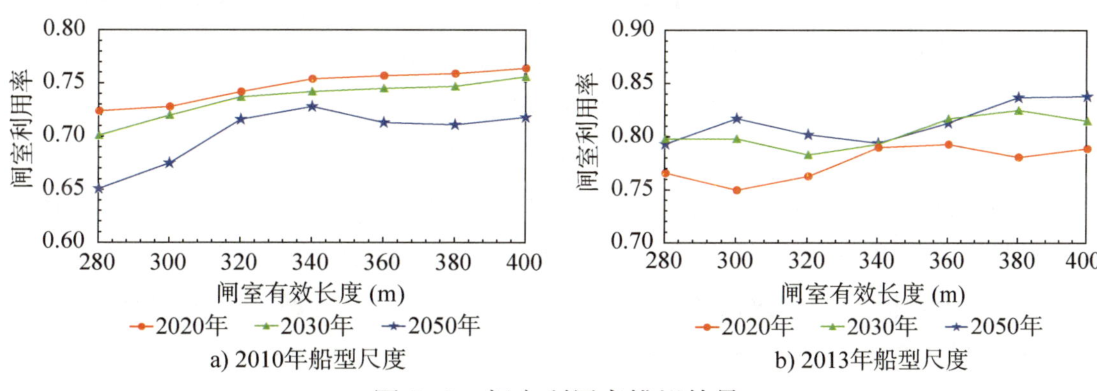

图 5–9　闸室利用率模拟结果

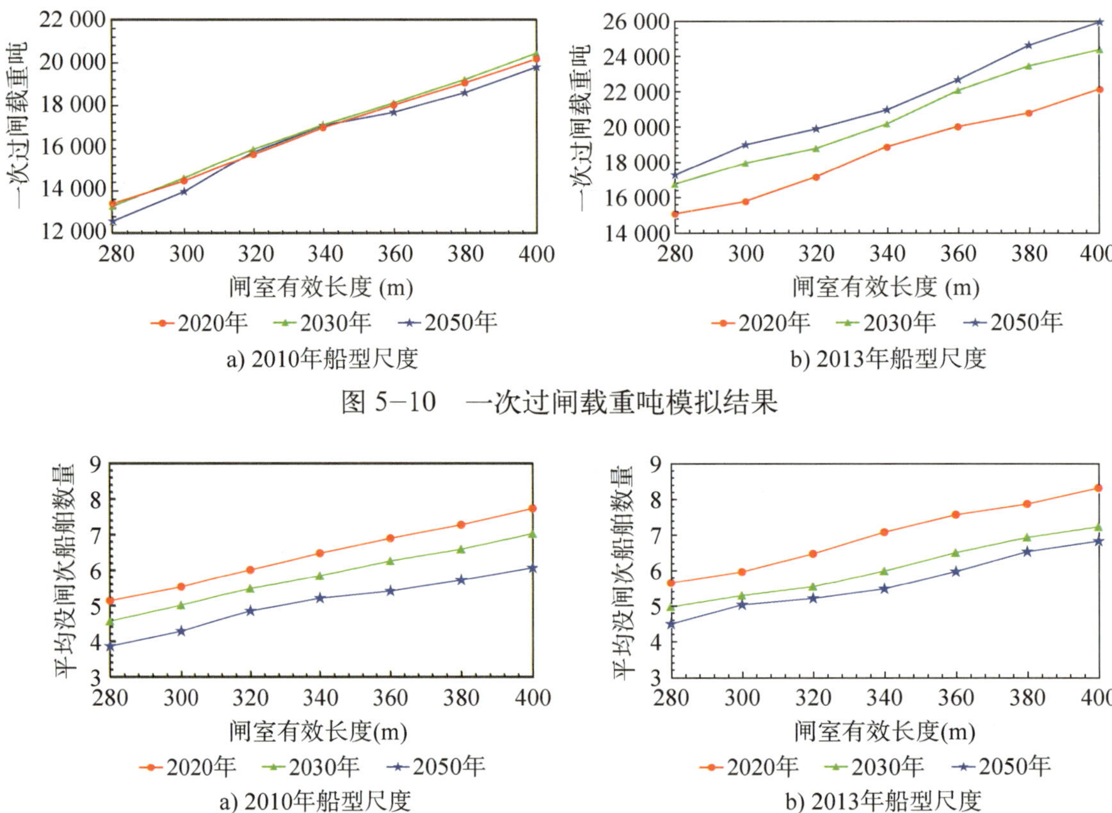

图 5-10 一次过闸载重吨模拟结果

图 5-11 平均每闸次船舶数量模拟结果

从仿真试验结果可见，随着闸室尺度的加长，平均每闸次过闸船舶吨位和艘次呈单调增长，而闸室面积利用率呈现周期性波动。从 2010 年和 2013 年船型尺度闸室利用率的对比上可以看出，对于 34m 宽的船闸，2013 年颁布船型尺度的闸室利用率要高于 2010 年颁布的船型尺度。

2010 年颁布的船型尺度中 3000 吨级船舶宽度为 16.2m，4000 吨级船舶宽度为 17.2m，5000 吨级船舶宽度达到 20m 左右，在 34m 宽的闸室内，5000 吨级船舶不能与 3000 吨级和 4000 吨级船舶并列停泊，因此在大型船舶比例增大的情况下，闸室利用率明显下降，从而导致一次过闸载重吨也随之减少。

计算不同闸室长度的双向船舶过闸时间见图 5-12。

不同闸室长度的单向货物通过能力计算结果见图 5-13 和图 5-14。

从通过能力的对比中可以看出，对于 34m 宽的船闸，2013 年船型尺度的通过能力要明显高于 2010 年船型尺度。以 340m 长的闸室尺度为例，2020 年的船型中由于 3000t 级及以上船型仅占 40%，因此，两种船型对应的通过能力相差约 10%；而 2050 年的船型比例中，3000t 级及以上船型占 72%，两种船型对应的通过能力相差约 20% 以上。

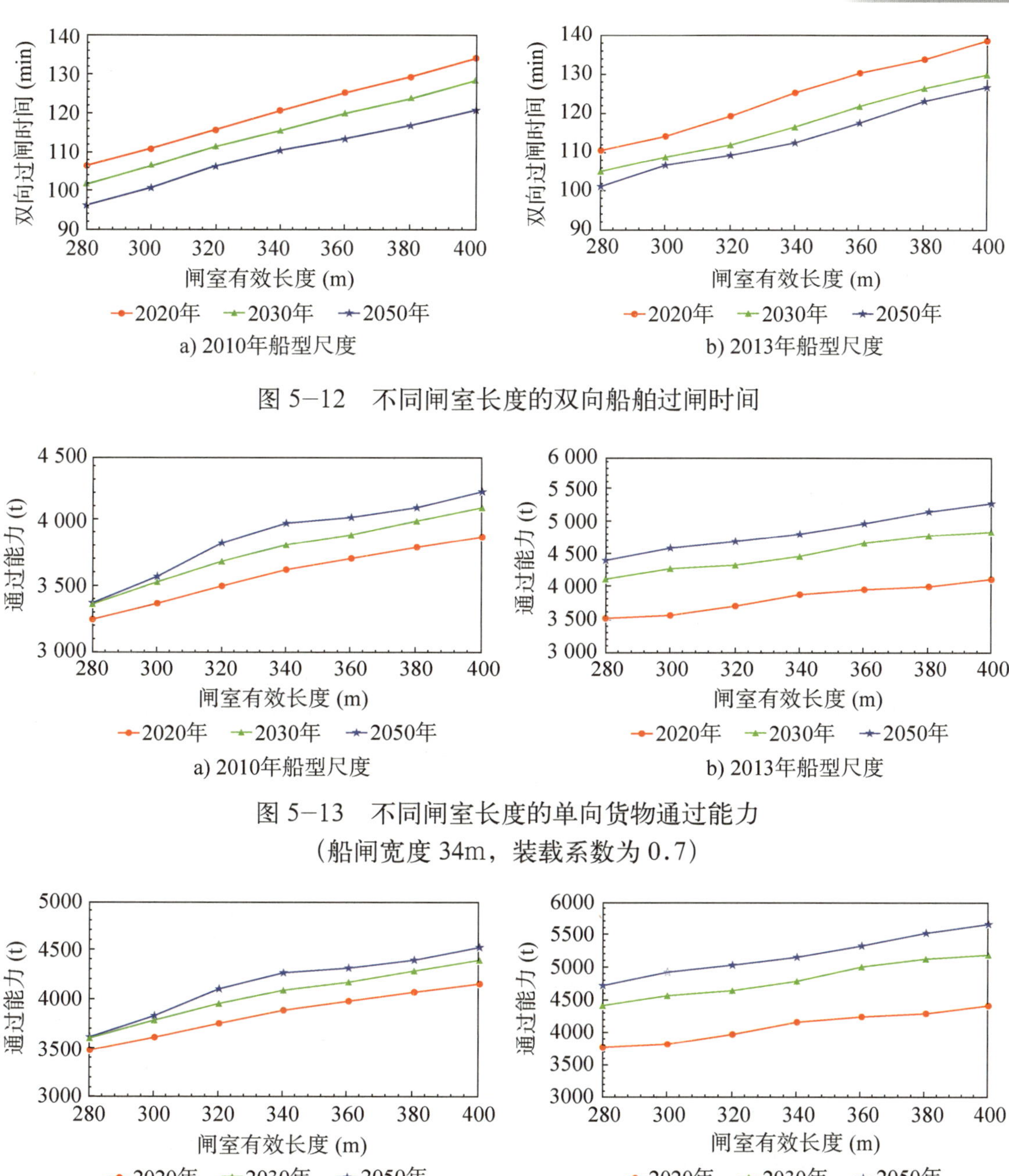

图 5-12 不同闸室长度的双向船舶过闸时间

图 5-13 不同闸室长度的单向货物通过能力
（船闸宽度 34m，装载系数为 0.7）

图 5-14 不同闸室长度的单向货物通过能力
（船闸宽度 34m，装载系数为 0.75）

应用上述仿真计算方法，采用 2013 年船型尺度，本次研究还计算了船闸宽度为 23m，闸室长度分别为 200m、220m、240m 和 260m 的闸室利用率（图 5-15）、一次过闸载重吨（图 5-16）、平均每闸次船舶数量（图 5-17）、过闸时间（图 5-18）和船闸的通过能力（图 5-19 和图 5-20）。

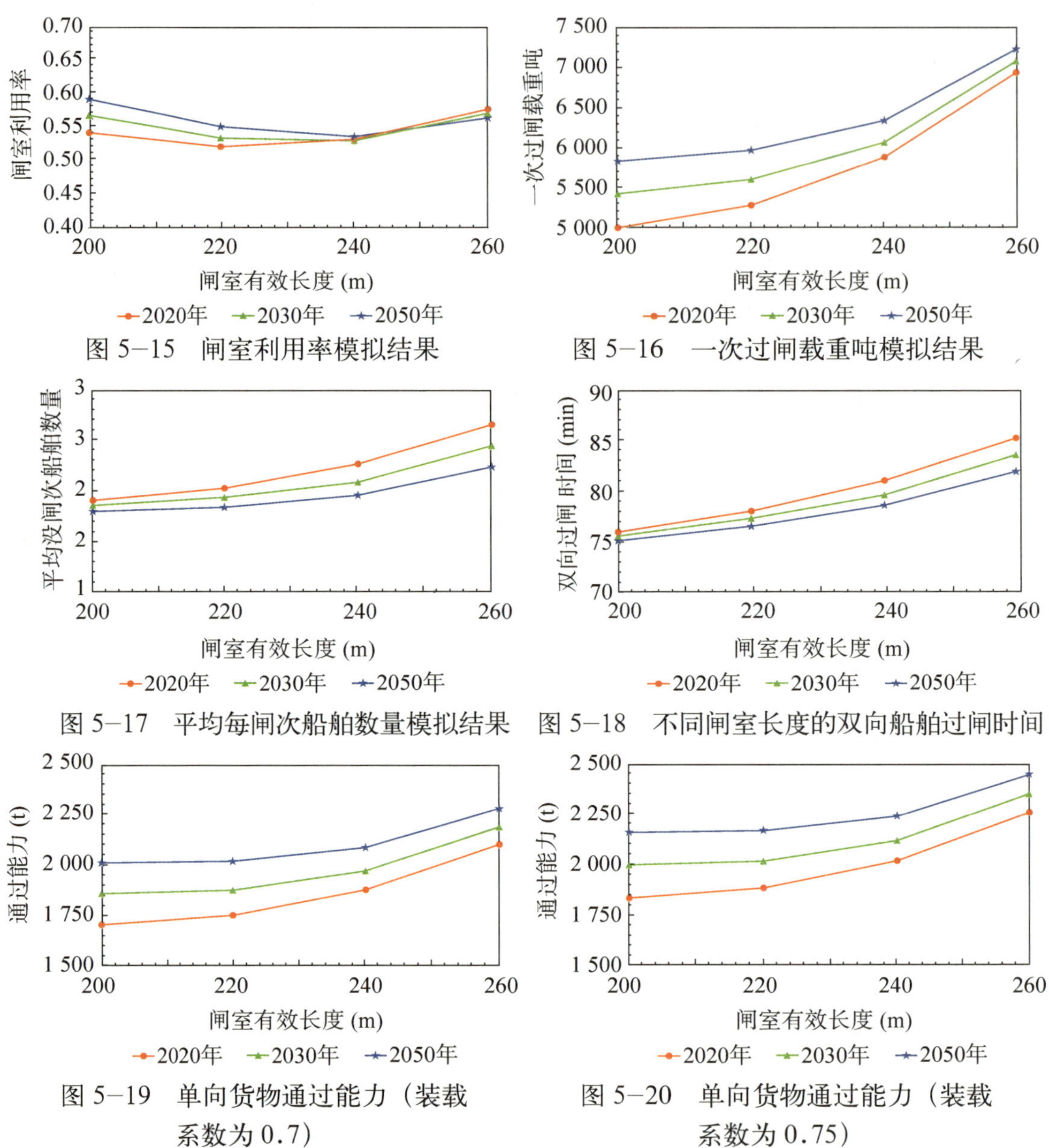

图 5–15 闸室利用率模拟结果

图 5–16 一次过闸载重吨模拟结果

图 5–17 平均每闸次船舶数量模拟结果

图 5–18 不同闸室长度的双向船舶过闸时间

图 5–19 单向货物通过能力（装载系数为 0.7）

图 5–20 单向货物通过能力（装载系数为 0.75）

以上计算分析结果表明，一座 260×23m 的船闸的通过能力仅为一座 340×34m 船闸通过能力的 40% ~ 50%。因此，在长江上游梯级渠化开发中，船闸方案不能采用 23m 宽的闸室方案。上述仿真模拟中给出了 34m 宽，不同长度船闸的年通过能力，从而可根据预测的货运量来合理确定闸室尺度。

5.3 通航枢纽船闸平面布置

船闸平面布置的内容包括闸首和闸室布置、引航道布置和前港布置等内容。

闸首的布置主要根据闸门、启闭机、输水系统布置等要求确定。闸室布置一般包括闸室尺度确定、分散输水系统布置、各部位高程确定等内容。下文主要针对船闸尺度的确定进行分析。

5.3.1 船闸尺度

闸首和闸室布置的核心内容之一是闸室尺度的确定。船闸尺度是指船闸正常通航过程中，闸室可供船舶安全停泊和通过的尺度，包括闸室有效长度、有效宽度和门槛水深。

闸室有效长度、有效宽度和门槛水深必须满足船舶安全进出闸和停泊的条件，并应满足下列要求：

（1）船闸设计水平年内各期的通过能力应满足过闸船舶总吨位数和客货运量的要求；

（2）满足设计船队一次过闸的要求；

（3）适应大小船舶或船队合理组合过闸的需要。

5.3.1.1 船闸平面尺度

船闸的耗水量，即船闸一次灌、泄水体积等于船闸水头与闸室面积的乘积。在水流一定的条件下，为减小船闸的耗水量，应尽可能减小闸室面积。

《船闸总体设计规范》（JTJ 305—2001）中规定船闸闸室有效长度不应小于下式计算的长度，并取整数。

$$L_x=l_c+l_f \tag{5-4}$$

式中：L_x——闸室有效长度；

l_c——设计船队、船舶计算长度（m），当一闸次只有一个船队或一艘船舶单列过闸时，为设计最大船队、船舶的长度；当一闸次有两个或多个船队纵向排列过闸时，则为各设计最大船队、船舶长度之和加上各船队、船舶间的停泊间隔长度；

l_f——富裕长度（m）：顶推船队 $l_f \geqslant 2+0.06l_c$；拖带船队 $l_f \geqslant 2+0.03l_c$；机动驳和其他船舶 $l_f \geqslant 4+0.05l_c$。

船闸闸首口门和闸室有效宽度不应小于下式计算的结果，并宜采用现行国家标准《内河通航标准》（GB 50139—2014）中规定的 8m、12m、16m、23m、34m 宽度。

$$B_x=\Sigma b_c+b_f \tag{5-5}$$

$$b_f=\Delta b+0.025(n-1)b_c \tag{5-6}$$

式中：B_x——船闸闸首口门和闸室有效宽度（m）；

Σb_c——同一闸次船舶并列停泊与闸室的最大总宽度（m），当只有一个船队或一艘船舶单列过闸时，则为设计最大船队或船舶的宽度 b_c；

b_f——富裕宽度（m）；

Δb——富裕宽度附加值（m），当 $b_c \leqslant 7$m 时，$\Delta b \geqslant 1$m；当 $b_c > 7$m 时，$\Delta b \geqslant 1.2$m；

n——过闸船舶在闸室的船舶的列数。

“14 内河标准”同时规定船闸尺度除按上述方法计算外，还不得小于表 5-8 所列数值。船闸宽度需要增加时，宽度取值应符合上述分档规定。

“14 内河标准”中规定的船闸有效尺度 表 5-8

船闸级别	天然和渠化河流				限制性航道			
	代表船舶、船队	长度	宽度	门槛水深	代表船队	长度	宽度	门槛水深
Ⅰ	(3) 2 排 2 列	280	34	5.5	—	—	—	—
Ⅱ	(3) 2 排 2 列	200	34	4.5	—	—	—	—
	(3) 2 排 1 列	200	23	4.5	(1) 2 排 1 列	230 230	23 18 或 16	5.0 4.5
Ⅲ	(3) 2 排 2 列	180	23	3.5	—	—	—	—
	(3) 2 排 1 列	180	18 或 16 12	3.5	(1) 2 排 1 列	180	18 或 16 12	3.5
Ⅳ	(3) 2 排 2 列	180	23	3.0	—	—	—	—
	(3) 2 排 2 列	120	23	3.0	—	—	—	—
	(3) 2 排 1 列	120	18 或 16 12	3.0	(1) 2 排 1 列	120	18 或 16 12	3.0
Ⅴ	(3) 2 排 1 列	120	23	2.5	(1) 1 拖 6	120 210	18 或 16 12	3.0
	(3) 2 排 2 列	120	18 或 16 12	2.5	(2) 2 排 1 列	120	18 或 16 12	3.0
Ⅵ	(1) 1 拖 5	100	18 或 16	1.6	(1) 1 拖 11	160	12	2.5
	(2) 货船	100	12	1.6	—	—	—	—
Ⅶ	(1) 1 拖 5	80	12	1.3	(1) 1 拖 11	120	12	2.0
	(2) 货船	80	8	1.3	—	—	—	—

国际航运协会 PIANC 在《Innovations in Navigation Lock Design》中关于内河船闸尺寸给出了如下规定（表 5-9）。

内河船闸尺寸　　表 5–9

船闸等级	船舶尺寸			船闸尺寸[④]		
	长度（m）	宽度（m）	吃水（m）	长度[①]（m）	宽度[②]（m）	门槛水深[③]（m）
Ⅰ	38.5	5.05	1.80 ~ 2.20	43	6.0	2.8
Ⅱ	50 ~ 55	6.60	2.50	60	7.5	3.1
Ⅲ	67 ~ 80	8.20	2.50	90	9.0	3.1
Ⅳ	80 ~ 85	9.50	2.50 ~ 2.80	95	10.5	3.5
Ⅴa	95 ~ 110	11.40	2.50 ~ 4.50	125	12.5	4.2
Ⅴb	172 ~ 185	11.40	2.50 ~ 4.50	210	12.5	4.7

注：①闸首间长度；
②闸室内墙间或突出建筑物间净宽；
③门槛水深考虑了船舶吃水、下沉量、龙骨下富裕水深，没有考虑推移波的影响；
④船闸闸室尺寸没有考虑船舶由拖轮助航的情况。

国际航运协会 PIANC 在《Innovations in Navigation Lock Design》中对于通航海轮船闸的尺度确定，建议通过船舶模拟操纵试验研究确定。在确定过闸设计船型的基础上，闸室的长度可取 1.1 倍的设计船长，宽度可取 1.25 倍的设计船宽，当闸室内停泊船舶在宽度方向上或长度方向上为 2 条时，闸室的长度和宽度可按下式确定：

$$L_x=l_c+(l_c\times 1.1) \tag{5–7}$$

$$B_x=B+(B\times 1.25) \tag{5–8}$$

式中：L_x——闸室长度（m）；

l_c——设计船长（m）；

B_x——闸室宽度（m）；

B——设计船宽（m）。

上述为船舶进出闸没有考虑拖轮或其他设置辅助的情况下闸室的初步设计尺度，在此基础上可通过船舶操纵模拟试验进一步优化确定设计尺度。当船舶进出闸有拖轮或其他设置辅助的情况下，闸室宽度与设计船宽的比可取 1.15。

美国土木工程师学会 ASCE 的《Planning and design of navigation lock》中指出，闸室的尺度主要受过闸船舶的船型尺度的影响，同时，已建船闸尺度也影响着船型尺度。美国 20 世纪 50 年代以前兴建的船闸尺度主要有 84(ft)×600(ft)、110(ft)×600(ft)、110(ft)×1 200(ft)；其他尺度的船闸主要有：56(ft)×400(ft)、75(ft)×400 ~ 1 275(ft)、80(ft)×800(ft)、82(ft)×450(ft)、84(ft)×400、720、800、1 200(ft)。

美国陆军工程师兵团 USACE 的《Planning and design of navigation locks》

中给出的船闸的标准尺度为 84(ft) × 600(ft)、800(ft)、1 200(ft)、110(ft) × 600(ft)、800(ft)、1 200(ft)；五大湖和圣劳伦斯河航道的船闸尺度为 80(ft) × 800(ft)；哥伦比亚河至蛇河干流上船闸尺度为 86(ft) × 675 (ft)，支流上船闸尺度为 86(ft) × 500(ft) 和 86(ft) × 360(ft)。

表 5–10 所示为国内部分已建及在建船闸的尺度，其中非标准系列宽度的船闸建设时间较早。

国内部分已建及在建船闸尺度 表 5–10

船闸名称	河流	总水头（m）	闸室尺寸（m）		
			长度	宽度	最小水深
小江	小江	23.1	53	11	1.2
麻石	融江	22.0	40	8	1.2
西津	西江	21.5	191	15	4.5
水府庙	涟水	28	56	8	1.8
双牌	潇水	43	56	8	2.0
酒埠江	三汶江	38.5	29	9.2	1.5
万安	赣江	32.4	175	14	3.0
葛洲坝 1 号	长江	27	280	34	5.5
葛洲坝 2 号	长江	27	280	34	5.0
葛洲坝 3 号	长江	27	120	18	3.5
水口	闽江	59	130	12	2.5
沙溪口	沙溪	24.2	130	12	2.5
五强溪	沅江	60.9	130	12	2.5
昭平	桂江	20	60	8	1.5
东西关	嘉陵江	24.5	120	16	3.5
大化	红水河	29.0	120	12	3.0
乐滩	红水河	29.1	120	12	3.0
桥巩	红水河	24.65	120	12	3.0
草街	嘉陵江	26.7	180	23	3.5
银盘	乌江	34.65	120	12	3.0
安谷	大渡河	37.65	120	12	3.0
洪江	沅水	26.95	80	12	2.0
巴江口	桂江	26.6	80	8	1.5
三峡	长江	113	280	34	5.0
淮安三线	京杭运河	5.57	260	23	5.0
宿迁三线	京杭运河	6.0	260	23	5
皂河三线	京杭运河	—	260	23	5

续上表

船闸名称	河流	总水头（m）	闸室尺寸（m）		
			长度	宽度	最小水深
泗阳三线	京杭运河	7.0	260	23	5
刘老涧三线	京杭运河	—	260	23	5
邵伯三线	京杭运河	—	260	23	5
施桥三线	京杭运河	6.19	260	23	5.14
芒稻	芒稻河	8.5	230	23	4.0
下坝二线	芜申运河	9.78	230	23	4.0
杨家湾	芜申运河	6.3	230	23	4.0
长洲1号	西江	15.55	200	34	4.5
长洲2号	西江	15.55	190	23	3.5
桂平二线	西江	10.5	280	34	5.6
红花	柳江	11.46	100	12	3.0
那吉	右江	13.91	190	12	3.5
金鸡滩	右江	13.8	190	12	3.5
大顶子山	松花江	8.0	180	28	3.5
依兰	松花江	9.5	180	28	3.5
株洲	湘江	10.8	180	23	3.5
长沙	湘江	9.3	280	34	4.5
崔家营	汉江	8.82	180	23	3.5
龙州垸	引江济汉	9.98	180	23	3.5
高石碑	引江济汉	7.19	180	23	3.5
红船豆	衢江	7.5	230	23	4.0
富春江	钱塘江	21.22	300	23	4.5
草街	嘉陵江	26.7	200	23	3.5
石虎塘	赣江	11.34	180	23	3.5

根据国内渠化河流发展经验看，船闸尺度对船型标准化具有较强的“反作用”。同一河流上的船闸尺度在宽度宜取相同大小，可利于船型标准发展和船闸管理。船闸的长度可依据不同断面的货运量及过闸船舶情况确定，并满足未来一定时间内的货运量的需求。对于运量较大、船型较多的船闸，通过对过闸船型的发展进行预测，可计算得出不同尺度船闸的通过能力，从而得出满足预测通过能力下的船闸长度。

现代内河航运发展的主要特征之一是船舶的标准化和大型化。高等级航道的贯通、成网是未来内河航道建设的主要课题。高等级航道是三级及以上的航道和跨省区的四级航道，即500吨级及以上的航道。船闸是航道的重要基础设施，位于高等级和与高等级航道连通的航道上的船闸，其闸室尺度的确定应考虑船舶干、支直达运输的需求和可能。

表 5–11 所示为国外部分船闸的尺度示例。

国外部分船闸尺度 表 5–11

船 闸 名 称	国家	总水头 (m)	闸室尺寸 (m)		
			长度	宽度	最小水深
Tucurui	巴西	35 ~ 36.5	210	33	—
Lajeado	巴西	37.3	210	25	4.5
Juankoski	芬兰	6 ~ 6.5	35	8	2.4
Keitele	芬兰	2.5 ~ 7.8	115	16	4
Saarikoski	芬兰	1.5	30	6	1.8
Saimaa	芬兰	5.5 ~ 12.7	85	13.2	5.2
Lock Rhone CNR	法国	18/23	195	12	4
Upper Rhone–Chautagne and Belley Locks	法国	16 ~ 18.20	40	5.25	3
Niffer lock	法国	18 ~ 23	195	12	4
Seine–Nord Europe	法国	15 ~ 30	195	12.5	5
Rhone Fish Ladder Lock	法国	18 ~ 23	195	12	4
Bolzum	德国	8.7	139	12	3
Doerverden	德国	4.6	201	12.5	4
Hohenwarthe	德国	18.5	190	12.5	4
Uelzen II	德国	23	311	12.5	4
Lith Lock	荷兰	5.55	200	18.5	4.7
Naviduct Krabbersgat	荷兰	1.0	160	42	3.95
Oranje Locks Amsterdam	荷兰	1.45	200	24	4.7
Zuid Willemsvaart	荷兰	0.3 ~ 0.5	60	6	4
Cardiff Bay	英国	14	40	10.5	5
Dalmuir Drop Lo	英国	2.5	—	6	1.83
Braddock Lock	美国	8.7/13.7	182.8	33.5	2.7
Charleroi Lock	美国	6	220	26	—
Chickamauga	美国	14.8	183	34	5.2
Greenup	美国	9.1	366	33.5	4.6
Inglis	美国	8.8	50	12.2	4.3
Kentucky Lock	美国	17.4	366	34	5.2
McAlpine Lock	美国	11.3	365.8	33.5	5.5
Troy Lock	美国	5.2	150	13.5	4.9/4.3
Mississippi River Locks	美国	3.05 ~ 9.30	183/366	33.5	3.96 ~ 4.66

5.3.1.2 船闸门槛水深

船闸门槛水深是影响船舶安全进出闸的重要参数。船闸门槛水深过大，将导致工程投资的浪费，过小则可能造成船舶进闸阻力过大，难以顺利进闸，或船舶航行下沉量过大，引起搁浅、擦底等海事事故。因此，合理确定船闸门槛水深十分必要。

过闸船舶吃水控制标准直接取决于船舶综合航行下沉量 δ 和不触底富裕水深 Δ 的大小，如图 5–21 所示。船舶综合航行下沉量由船舶航行下沉量、推移波和非恒定流引起的水位波动 3 部分组成。

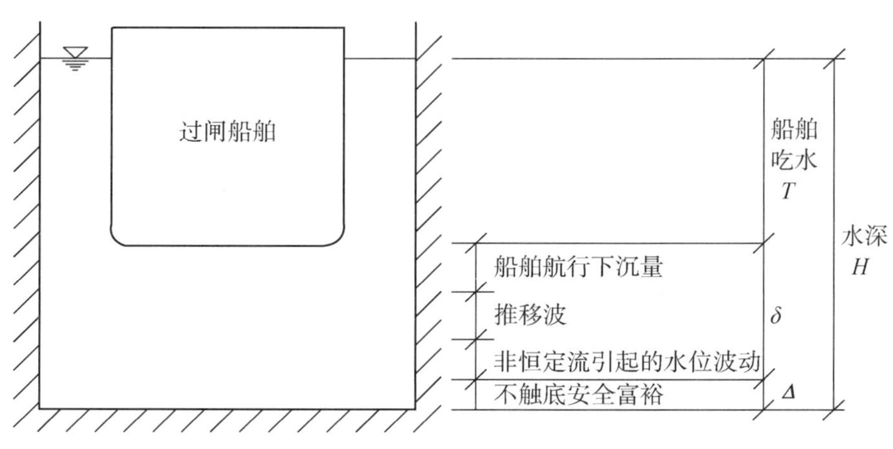

图 5–21　富裕水深组成示意图

船舶航行下沉量是运动中的船舶由于流过船体的水流速度增加，作用于船体的压力减小，造成船舶航行时的下沉；推移波是船舶进入闸室过程中生成的波浪传递至闸室一端并被反射回来，与行进波一起形成的闸室水面波动；非恒定流引起的水位波动是指船闸充泄水、电站调峰、泄水闸闸门启闭等产生的非恒定流引起的船闸引航道和闸室内时间较长的水位波动；不触底安全富裕是防止过闸船舶触底的安全富裕。

德国进行的大型船舶通过 LÜNEBURG 升船机的研究中，提出了船舶出厢（船闸）时最大航行下沉量的经验计算公式：

$$\frac{\Delta d_{max}}{h}=2.03(n-1)^{-1.15}C_{B}^{-0.31}\mathrm{Fr}_{h}^{1.63} \tag{5–9}$$

式中：Δd_{max}——船艉最大下沉量；

n——断面系数；

C_B——船舶方形系数；

Fr_h——水深弗洛德数，各参数的使用范围为：$1.17 \leqslant n \leqslant 3.26$，$0.018 \leqslant$

$Fr_h \leqslant 3.26$，$0.83 \leqslant C_B \leqslant 0.96$。从各参数的取值范围看，船舶的方形系数一项的值在 1.01 ~ 1.06 之间，对整个下沉量的影响不大。

包纲鉴（1991）根据我国相关研究成果也提出了一个计算船舶从升船机出厢时的最大航行下沉量的计算公式：

$$\Delta d_{\max} = 7.07\left(\frac{1}{n}\right)^{2.3} Fr_h^{1.5} T \tag{5-10}$$

式中：$\Delta d_{\max}$——船艉最大下沉量；

n——断面系数；

Fr_h——水深弗洛德数；

T——船舶吃水。

从上述公式可以看出，船舶在闸室内的航行下沉量主要取决于船舶的航速、方形系数和闸室的断面系数。

船舶过闸时闸室内的推移波即与闸室水深、闸室宽度等闸室条件有关，又与船舶吃水、船宽、航速等船舶条件有关，还与过闸船舶的排挡有关。影响推移波大小的因素较为复杂，德国进行的大型船舶通过 LÜNEBURG 升船机的研究中，提出了船舶进船厢（闸室）时内最大水位波动的计算公式：

$$\frac{\Delta h_{\max}}{h} = 1.64\left(\frac{b}{B}\right)^{0.75}\left(\frac{d}{h}\right) C_B^{0.45} Fr_{h0}^{1.46} \tag{5-11}$$

式中：$\Delta h_{\max}$——水位最大波动；

b——船宽；

B——船厢（闸室）宽度；

d——船舶吃水；

h——船闸门槛水深；

C_B——船舶方形系数；

Fr_{h0}——船舶进厢（闸）的水深弗洛德数。

航行中的船舶存在着临界速度，该临界速度主要取决于航行时的断面系数。PIANC（1987）给出临界速度的计算公式如下：

$$\frac{U_{cr}}{\sqrt{gh}} = \left(\frac{2}{3}\right)^{3/2}\left(1 - \frac{1}{n} + \frac{U_{cr}^2}{gh}\right)^{3/2} \tag{5-12}$$

式中：U_{cr}——临界速度；

n——断面系数；

h——水深。

美国的 USACE（EM1110–2–1613）中也给出了计算临界航速的公式：

$$\frac{U_{cr}}{\sqrt{gh}}=\sqrt{8\cos^3\left[\frac{\pi}{3}+\frac{\arccos}{3}\left(1-\frac{1}{n}\right)\right]} \tag{5–13}$$

船舶在航行中需要很大推进力来克服航行阻力才能达到临界速度，通常航行的船舶都以低于临界速度的航速航行。当断面系数过小时，船舶的临界航速也随之降低，从而直接影响到船闸的通过能力。

对于门槛水深为 5m 的船闸，采用上述计算公式得出的不同断面系数情况下的临界速度如图 5–22 所示。从中可以看出当临界速度为 1m/s 时，对应的断面系数约为 1.6，因此，为保证船舶在闸室内航速能达到 1m/s，闸室的断面系数要大于 1.6。同样，当临界速度为 1.5m/s 时，对应的断面系数约为 2.0，为保证船舶在闸室内的航速能达到 1.5m/s，闸室的断面系数要大于 2.0。

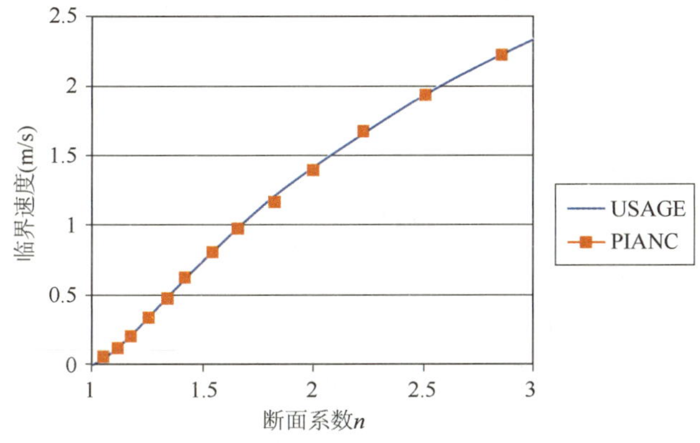

图 5–22 不同断面系数下的临界速度比较

周华兴（2001）根据我国升船机的相关试验研究，在保障船舶进出船厢（闸）时不触底的前提下，通过拟合试验数据，给出了进出船厢允许速度与断面系数 n 间的关系：

船舶进厢 $V_{进（允许）}=-0.75n^2+3.2786n-2.523\quad(1.3\leqslant n\leqslant 2)$ (5–14)

船舶出厢 $V_{出（允许）}=-0.5n^2+2.2n-1.7\quad(1.3\leqslant n\leqslant 2)$ (5–15)

采用上式计算的不同断面系数情况下的允许进出船厢（闸）的航速，如表 5–12 所示。

进出厢运行速度 表 5–12

船厢断面系数 n	1.4	1.5	1.6	1.8	2.0
进厢允许速度（m/s）	0.6	0.71	0.8	0.94	1.04
出厢允许速度（m/s）	0.4	0.48	0.55	0.64	0.7

相关研究表明船舶出厢(闸)比进厢(闸)时的纵倾和下沉要严重,所以出厢(闸)的允许速度比进厢（闸）的要低。

国内外关于船闸门槛水深的相关规定如下：

（1）中国

《船闸设计规范》（JTJ 261 ～ 266，1987，试行）中定义船闸门槛水深为设计最低通航水位到门槛最高点的深度。门槛水深应满足：

$$H/T \geqslant 1.5 \tag{5-16}$$

式中：H——门槛水深（m）；

T——设计最大船队（舶）的满载吃水。

《船闸总体设计规范》（JTJ 305—2001）中定义船闸门槛最小水深应为设计最低通航水位至门槛顶部的最小水深，并应满足设计船舶、船队满载时的最大吃水加富裕深度的要求，按照式（5–17）计算。闸室最小水深应为设计最低通航水位至闸室底板顶部的最小水深，其值应不小于门槛最小水深。设计采用的门槛最小水深和闸室最小水深，在满足计算的最小水深值基础上，应充分考虑船舶、船队采用变吃水多载时吃水增大以及相邻互通航道上较大吃水船舶、船队需通过船闸的因素，综合分析确定：

$$H/T \geqslant 1.6 \tag{5-17}$$

式中：H——门槛最小水深（m）；

T——设计船舶、船队满载时的最大吃水（m）。

船闸门槛和闸室在设计最低通航水位时的最小水深必须满足各类过闸船舶安全、快捷、畅通过闸的要求。1987 版规范中 $H/T \geqslant 1.5$，2001 版规范修订中稍作提高，定为 $H/T \geqslant 1.6$，主要考虑如下几点：

①有利于船舶进出闸行进中减小阻力，提高行进速度；

②充分考虑船舶行进中纵倾下沉增大吃水的影响；

③适当照顾相邻互通航道上较大吃水船舶、船队必须通过船闸的需要，提高船闸适应性，扩展直达运输区域；

④原规范 T 为最大船舶满载吃水，修订中明确 T 为设计船队、船舶满载时的最大吃水，并要求充分考虑变吃水的船队、船舶多载时吃水增大的因素，满足变吃水船舶不断增多的发展趋势；

⑤据国内已建的船闸有效宽度不小于 6m 的 350 座船闸的统计，符合 $H/T \geqslant 1.6$ 条件的船闸共有 268 座，占 76.5%，可见在已有船闸工程实践中，3/4 的船闸均已达到 $H/T \geqslant 1.6$ 的条件。同时鉴于内河水运发达国家的已建船闸工程，基于其经济财力的条件和较高的水运要求，船闸门槛和闸室水深均采用较大富裕

水深，有利于船舶过闸和满足运输需求。

目前，我国在推进船型标准化的同时，船型发展也呈现多样性，航道水深条件的季节性变化较大。规范中的设计代表船型与实际运营船型之间会有一定偏差，为航运发展留有余地，这是 H/T 从 1.5 变到 1.6 的主要原因。同时考虑已建船闸多数都可满足 $H/T \geqslant 1.6$ 的要求（可能是 1.5 倍取整或原设计船型吃水大于内河通航标准船型），因此 2001 版规范修订中稍作提高，定为 $H/T \geqslant 1.6$。

根据上述对影响因素的分析，可以根据实际情况（船宽远小于闸室宽，进出闸速度可控）控制过闸船舶最大吃水和航速。

（2）美国

美国土木工程师学会 ASCE 出版的《Inland Navigation：Locks，Dams，and Channels》（1998）中指出：在选择门槛水深时需要考虑安全和经济因素。由于门槛水深小于或等于闸室水深，所以门槛水深的大小是安全通航和入闸时间的控制因素。为了安全考虑，门槛水深吃水比不应小于 1.5，极低水头（0 ~ 10ft）船闸除外。通常入闸速度为 3kn 时（约 1.54m/s），门槛水深需要 2 倍的吃水以应对船舶下沉量增大和船速出现难以控制的情况。

美国陆军工程师团出版的《Hydraulic Design of Navigation Locks》（2006）关于槛上水深的规定与《Inland Navigation：Locks，Dams，and Channels》（1998）相同。

（3）国际航运协会

国际航运协会 PIANC 在《Innovations in Navigation Lock Design》中关于船闸尺寸给出了如下规定（见表 5-13）。

内河船闸尺寸　　表 5-13

船闸等级	船舶尺寸			船闸尺寸④		
	长度（m）	宽度（m）	吃水（m）	长度①（m）	宽度②（m）	门槛水深③（m）
Ⅰ	38.5	5.05	1.80 ~ 2.20	43	6.0	2.8
Ⅱ	50 ~ 55	6.60	2.50	60	7.5	3.1
Ⅲ	67 ~ 80	8.20	2.50	90	9.0	3.1
Ⅳ	80 ~ 85	9.50	2.50 ~ 2.80	95	10.5	3.5
Ⅴa	95 ~ 110	11.40	2.50 ~ 4.50	125	12.5	4.2
Ⅴb	172 ~ 185	11.40	2.50 ~ 4.50	210	12.5	4.7

注：①闸首间长度；

②闸室内墙间或突出建筑物间净宽；

③门槛水深考虑了船舶吃水、下沉量、龙骨下富裕水深，没有考虑推移波的影响；

④船闸闸室尺寸没有考虑船舶由拖轮助航的情况。

表中船舶吃水给的是吃水范围，门槛水深给的是定值，我们认为其给出的门槛水深是对应所给吃水范围中的下限值，其最小水深吃水比为 1.24。

国际航运协会给出的各级船闸门槛水深，考虑了船舶吃水、船舶航行下沉量、龙骨下富裕水深，推移波的影响需另外考虑。这主要是因为船舶过闸时闸室内的推移波既与闸室水深、闸室宽度等闸室条件有关，又与船舶吃水、船宽、航速等船舶条件有关，还与过闸船舶的排挡有关。影响推移波大小的因素较为复杂，而且对过闸船舶安全影响较大，就具体情况单独考虑更为合理。

（4）荷兰顶推船队研究成果

荷兰 Ir.C.KOOMAN 在其编著，并作为欧洲船闸标准的《Navigation Locks for Push Tows》（1973）中指出：对于供大型顶推船队使用的平底船闸，水深吃水比为 1.6 ~ 1.7 较为适宜。船闸设有门槛时，槛上水深吃水比应在 1.5 ~ 1.6 之间。

（5）三峡实船试验研究成果

在西部交通建设科技项目“三峡船闸过闸船舶吃水控制标准关键技术研究”中，开展了三峡船闸运行方式和过闸船舶研究、三峡船闸过闸船舶吃水控制标准计算方法研究、三峡船闸船舶过闸实船试验研究、三峡船闸过闸船舶吃水控制标准和配套措施研究。

过闸船舶速度观测中，在船闸五级补水运行和四级运行两种工况下，分别对过闸船舶进出闸航速及船舶在闸室间的移泊航速进行了观测，完成测试航速 1 036 艘次，包括进闸 373 艘次，移泊 208 艘次，出闸 455 艘次。测试船舶中，最大实际吃水 4.20m，最大实际装载吨位 7 200t。其中：吃水 3.8m 以上进闸船舶进闸速度观测 36 艘次，速度大于 1m/s 的船舶 2 艘，最大值为 1.39m/s（吃水 3.8m），吃水大于 3.9m 的船舶进闸速度均在 0.8m/s 以内；移泊速度观测 42 艘次，速度大于 0.6m/s 的船舶 2 艘，最大值为 0.67m/s（吃水 3.9m），吃水大于 3.9m 的船舶移泊速度均在 0.6m/s 以内；出闸速度观测 35 艘次，速度大于 1m/s 的船舶 15 艘，最大值为 2.09m/s（吃水 4.2m）。过闸船舶最大速度统计见表 5–14。

过闸船舶最大速度统计表（括号内为对应的槛上水深）　　表 5–14

项目	流程	客船	货船	船队	货船吃水大于 3.8m	载重大于 4 000t
五级补水运行	进闸	1.92m/s (17.530m)	1.34m/s (8.160m)	0.63m/s (17.370m)	1.08m/s (8.160m)	0.96m/s (8.350m)
	移泊	0.59m/s	0.97m/s	0.4m/s	0.5m/s	0.5m/s
	出闸	3.01m/s (17.83m)	4.93m/s —	0.85m/s (8.340m)	1.17m/s (8.350m)	1.08m/s (17.660m)

续上表

项目	流程	客船	货船	船队	货船吃水大于 3.8m	载重大于 4 000t
四级运行	进闸	1.22m/s (8.060m)	1.75m/s (8.060m)	1.04m/s (8.410m)	1.39m/s (12.010m)	2.09m/s —
	移泊	0.51m/s	1m/s	0.77m/s	0.67m/s	0.65m/s
	出闸	4.93m/s (12.940m)	3.61m/s (12.010m)	3.58m/s —	0.85m/s —	2.09m/s (12.280m)

在船舶综合下沉量观测研究中，根据船舶的航行特点，通过闸首控制室设置固定测站测量水位波动，船艏与船艉各设置流动测站同步测量航速、船舶下沉、富裕水深等相关参数，综合分析确定船舶的航行下沉量。进行了 24 艘次，48 组次的船舶下沉量实船测试。结合相关模型研究，船舶下沉量 δ 主要与闸室过水断面面积 F、船舶中断面水面以下部分面积 f、船舶航速 v 等因素有关，建立了相应的函数关系：

$$P=\frac{\delta}{H}=-15.026K^2+3.923K+0.026\,7 \tag{5-18}$$

$$K=\frac{v^2}{2gH}\times\left[\left(\frac{F}{F-f}\right)^2-1\right] \tag{5-19}$$

根据三峡船闸过闸船舶及船闸运行情况，三峡船闸的过闸船舶吃水控制标准可以适当提高。三峡船闸在槛上水深 5m 时可通过的船舶控制吃水为 3.9m，三峡船闸在槛上水深 5.125m 时可通过的船舶控制吃水为 4.0m，在槛上水深 5.5m 时可通过的船舶控制吃水为 4.3m，在槛上水深 6.0m 时可通过的船舶控制吃水为 4.5m 且实际载重量不大于 5 000t，见表 5–15。

三峡船闸控制吃水标准 表 5–15

槛上水深（m）	5	5.125	5.5	6.0
船舶控制吃水（m）	3.9	4.0	4.3	4.5
槛上水深／吃水（m）	1.28	1.28	1.28	1.33

注：实际载重量不大于 5 000t。

综合上述相关规定和研究成果，得出影响船闸的槛上水深的主要因素为断面系数和船舶航速。当过闸船舶（船队）宽度与闸室宽度相当时，船闸的槛上水深与船舶吃水比取 1.6 或者更大是合适的。在船闸运营过程中，到船舶断面尺度相对闸室断面较小、断面系数较大的情况下，可适当减小富裕水深，但应严格控制船舶进出闸的航速，并满足船舶在闸室内安全系泊的要求。

对于长江上游Ⅰ级航道，按照“14年内河标准”中规定的船队尺度，最大可通航宽32.4m、吃水3.5m的船队，这时槛上水深应取3.5×1.6=5.6m。按照2013年发布的《长江水系过闸运输船舶标准船型主尺度系列》中最大单船满足吃水为4.3m；按照三峡船闸的控制标准计算槛上水深为4.3×1.28=5.5m。因此，长江上游船闸的槛上水深应不小于5.5m，考虑未来长江上游航道和船型尺度的进一步发展，建议长江上游船闸的槛上水深应有一定的富裕，可取6.0m。

5.3.2 待闸锚地

对于运输繁忙的船闸，在船闸停泊区以外的适当位置还应设置待闸锚地。待闸锚地的主要作用是在船舶到港高峰时段供船舶临时停泊用。待闸锚地的另一个重要作用是对过闸船舶进行编队，对于运输繁忙的船闸和多线船闸，通过对过闸船舶进行合理的编组过闸，可以明显地提高船闸通过能力。有些收费船闸，将收费处与远调中心一并设置在待闸锚地内。

待闸锚地可设置在船闸上、下游引航道外一定距离处。船舶自待闸锚地航行至停泊区的时间应小于船舶自停泊区过闸的时间，否则将影响船闸的通过能力。因此，待闸锚地距停泊区的距离不能过长。

锚地水深不应小于引航道内最小水深。锚地的水域面积或锚位，应满足船闸最繁忙时过闸船舶、船队停泊和作业的需要。锚位数可采用仿真模拟方法分析论证。对有条件逐步扩大锚地水域面积的工程，也可根据营运后船舶增长的实际需要，逐步扩大锚地面积和锚位。

有装载危险品船舶、船队通过的船闸，应另设危险品锚地。

6 三峡水利枢纽上下游通航水位的确定

通航水位是航道规划与整治设计、通航设施和临跨河建筑物设计的一个关键技术指标，它是指在各级航道中，能保持船舶（队）正常航行时的最低和最高水位,即设计最低通航水位和设计最高通航水位。如果所定的设计最低通航水位偏高，将人为地使许多浅滩河段消失，规划设计中工程量减小，实际上降低了航道的通航保证率，直接影响航行安全和通航效益。相反设计低水位定低了，本来不会出现浅情的河段，在航道图上却成了浅段，在航道规划设计中将提出过大的工程量与投资,以致不能正确判定该河段的航运开发价值。设计最高通航水位定得不合理，将增加高水期通航安全风险或缩短正常通航期限，并直接影响临跨河建筑物设计。

多年来，在天然情况下，长江来水来沙已基本形成规律，但自三峡水库2003年6月蓄水运行以来，水库运行彻底改变了长江上游江津以下河段的水沙与通航条件。库区水位大幅抬高，产生累积性淤积；三峡—葛洲坝之间河段在两座水利枢纽的联合调度作用下，通航条件十分复杂；葛洲坝下游河段河床冲刷下切，水位变化明显。此外，金沙江上多级梯级水库的逐步建成，对长江上游的来水来沙也将产生重要影响。长江干线通航水位的调整势在必行。

通航水位的确定关键在于计算方法。目前，国内外通航水位确定较成熟的方法大都是对具有良好一致性的长系列水文数据进行统计，研究对象以没有水利枢纽影响的天然河流为主，设计最高通航水位的确定方法大致分为算术平均法、综合历时曲线法和保证率频率法3类。设计最高通航水位计算主要用洪水重现期方法，对于受水利枢纽影响的河段，其通航水位研究较少。在我国，近期随着各流域水电开发的快速发展，对受水利枢纽影响河段通航水位确定方法的思考逐渐增多，但仍没有形成具有普遍性和广泛应用的理论方法。因在枢纽运行初期，介于河道处于不平衡冲淤状态和实测水位数据有限的条件，在多数实际工程中，通航水位常借助于数学模型计算的手段，采用包络线法和保证率法计算通航水位。数学模型有采用恒定流模型的，也有采用非恒定流模型的，有采用一维模型的，也有采用二维模型的，也有不用数学模型计算手段而直接用近几年特征水位的。因水电站开发和内河航道建设双重推进，对受枢纽影响河段的通航水位的关注增加，无疑在通航水位计算方法上将有所突破。

6.1 各河段通航水位的确定方法

6.1.1 水富—合江

6.1.1.1 水沙与航道条件

(1) 河道概况

长江干线水富至合江河段，全长232km。包括金沙江下游水富至宜宾段（约30km）和长江上游宜宾至合江段（约202km）。在水富县城上游约1.8km有在建的向家坝水利枢纽，在水富下游约2km处有横江支流从右岸汇入。长江一级支流岷江在宜宾合江门汇入，宜宾以下至合江沿程还有支流沱江在泸县汇入、赤水河在合江汇入。河段落差大、坡降陡、洪枯水位变幅大，具有典型的山区河流特征。

(2) 水沙条件

本河段位于长江干线上游，具有典型的山区河流特征，枯水历时较长，水位比较稳定。洪水期受暴雨径流的影响，水位暴涨暴落，日变幅最高可达3m以上。河段水沙来源主要是金沙江及横江、岷江、沱江、赤水河等大小支流，径流资源十分丰富。作为本河段主要水沙来源之一的金沙江，枯水期为历年的12月～次年4月，枯水期多年平均流量1 720m^3/s，6～10月为洪水期，受流域自然地理条件、流域形状和暴雨特性影响，具有低水高、历时长、连续多峰的特点，洪水年际变化相对较小。根据本段上游最近的屏山水文站资料统计，实测最大流量为29 000m^3/s，最小流量为1 060m^3/s，实测最高水位为303.14m，最低水位为278.19m（吴淞基面）。洪枯水位涨落幅度较大，实测最大洪枯水位变幅为24.46m，最小变幅为10.74m。另外，岷江是长江上游的最大支流，其水沙特性与金沙江相似。据岷江下游基本水文控制站高场站(距岷江河口约6km)资料统计，多年平均流量2 820m^3/s（49年），水位变幅15.9m，含沙量0.57kg/m^3。

①洪峰流量及相应水位

长江干流上游山区河段，洪峰主要集中在每年7～9月间，李庄和朱沱水文站各频率的洪峰流量及相应水位见表6–1。

②枯水流量及相应水位

该流域的枯水期水源补给较稳定，枯水历时时间较长，一般从11月下旬至次年 4 月或 5 月。据统计，朱沱、李庄两站保证率 98% 和 99% 的枯水流量及相应水位见表 6–2。

主要水文站洪水特征值统计表 表 6–1

站名	项目	各频率的流量及水位		
		5%	10%	20%
李庄	洪水位（m）	272.68	271.62	270.55
	洪峰流量（m^3/s）	42 750	38 500	34 270
朱沱	洪水位（m）	215.68	214.31	212.79
	洪峰流量（m^3/s）	51 300	46 800	42 100

注：表中高程采用黄海高程。

主要水文站枯水特征值统计表 表 6–2

保证率（%）	项目	朱 沱 站	李 庄 站
98	水位（m）	196.31	257.22
	流量（m^3/s）	2230	1830
99	水位（m）	196.30	257.21
	流量（m^3/s）	2180	1820

注：表中高程采用黄海高程。

（3）泥沙条件

朱沱站距离本河段出口下游不远（约 37km），用于分析本河段天然情况下的水沙条件具有代表性。据朱沱站资料统计，悬沙多年平均含沙量为 1.17kg/m^3，在全国各大河流中含沙量属中等。同一水文年中，含沙量的变化比较大，洪水期月平均含沙量达 2.02kg/m^3，而枯水期月平均含沙量仅为 0.037 ～ 0.044kg/m^3，洪枯水含沙量相差 46 ～ 54 倍。悬移质泥沙多年平均输沙量为 32 092 万 t，输沙量在年内分配极不均匀，5 ～ 10 月输沙量占全年输沙量的 97% 以上，其中 6 ～ 9 月份占全年输沙量的 88% 以上。卵石推移质多年平均推移量 32.4 万 t 左右，5 ～ 10 月的卵石推移量占全年推移量的 95.8% ～ 99.8%。

（4）航道条件

目前水富至宜宾段由于部分滩险不能达到Ⅲ级航道的通航标准，其全程通航标准仅为Ⅴ级。航道水位综合历时保证率 95% 时，航道维护尺度 1.8m × 40m × 320m，目前常年通行 220kW+2 × 300t 船队，其中半年左右时间可通航 350kW+2 × 350t 船队。经研究分析，本河段中有约 13 处滩险，涉及浅滩、险滩和急滩，航道条件较差。依据长江干线通航标准，水富至宜宾河段规划航道为Ⅲ级航道。

宜宾到合江及合江到江津河段都属于川江上段，河道两岸山势趋于平缓，多为低山丘陵，河面相对川江下段更为平缓开阔，主要以宽谷河段为主，间或有少量窄深河段。宜宾到江津河段经过叙泸段一期、二期和泸渝段航道建设工程的整治，目前已达到Ⅲ级航道标准，航道尺度为 2.7m × 50m × 560m（航宽 × 航深 × 弯曲半径），保证率 98%，可常年通行千吨级船队。

6.1.1.2　通航水位影响因素

目前，水富到合江河段尚且处于天然河流状态，具有长期水位观测资料，依据“14 内河通航标准”通航水位可通过统计基本站实测长系列年水位资料求得，站与站之间可通过枯水期间小流量同比降观测推算。但向家坝枢纽蓄水运行后，河段通航水位主要受向家坝枢纽调控，横江、岷江、沱江、赤水河等支流汇入等因素的综合影响。

（1）向家坝枢纽调控

水富之上的向家坝水电站即将建成运行，届时将重新调整其下游河段的流量年内分配，根据有关研究水富—合江河段会受到明显影响，将从天然来水来沙河道转变为受水库调控作用影响的枢纽下游河道，主要表现为枯水期日调节和洪水期泄洪调节影响。

天然状态下，金沙江上向家坝枢纽断面最小流量约为 1 100m^3/s，而向家坝在枯水期将进行日调节，因电站承担基荷及航运需求，最小下泄流量将提高到 1 200m^3/s。洪水期，上游来中小洪水时，电站按泄洪工况进行调节，下泄流量逐渐增大，最大下泄流量为 14 000 m^3/s，来流量超过此流量，枢纽按来流量下泄。根据向家坝电站上游最近的水文站屏山水文站的流量统计，20 年一遇的洪水为 28 200m^3/s，两年一遇洪水为 16 800m^3/s，都大于向家坝泄洪工况最大下泄流量，因此，对于洪水期的大洪水，向家坝的调控作用不明显。

另外，向家坝电站的蓄水拦沙，将打破下游河段长期形成的冲淤平衡，在建立新的平衡之前，水位流量关系会不断调整。

因此，设计最低通航水位与设计最高通航水位都将因向家坝的运行发生变化，相应的，通航水位的计算方法必将依据影响因素做出相应的调整。

（2）沿程支流汇入

水富至合江段区间入流水沙量主要来源于沿程主要支流：横江、岷江、沱江、赤水河。

在水富下游约 2km 处有全长 307km 的横江支流从右岸汇入。依据横江站水文资料统计，其设计最小流量为 50m^3/s。

长江上游的最大支流岷江在宜宾汇入，高场水文站是岷江下游基本水文控制站，距岷江河口约6km。高场水文站控制流域面积13.5万km^2，多年平均流量2 820m^3/s（49年），水位变幅15.9m，含沙量0.57kg/m^3。调查到1917年7月23日洪峰流量51 000m^3/s，实测1961年6月29日洪峰流量34 100m^3/s，但近年来同流量下水位略有下降。

赤水河和沱江分别依据距河口最近的赤水、富顺水文站统计资料进行分析，确定沱江设计最小流量为59m^3/s，赤水河设计最小流量为227m^3/s。

6.1.1.3　确定通航水位的难点

（1）水富—合江河段在向家坝电站运行后，下泄流量受电站日调节和汛期泄洪调度影响，下泄水沙过程较蓄水前将发生极大的改变，下游影响河段内水文站蓄水前后的观测数据缺乏一致性。运行初期，实测水位数据又太少，采用传统的统计方法计算通航水位不再适用，只能借助于数学模型手段进行模拟计算来获取需要的水位。

（2）枢纽下游河段通航水位计算时所需通航流量的选取目前没有统一的规定，要进行日调节和泄洪调节枢纽下泄日最小或最大流量和日平均流量差别较大。下游河段选取怎样的设计流量，对推算下游设计水位非常关键。

（3）对于山区河流枢纽日调节幅度较大的情况，日调节引起的下游近坝河段的水位日变幅大和最小流量沿程增加非常明显。目前，在通航水位计算时如何量化日调节对于枢纽下游河段的影响仍然是一个难点。

6.1.1.4　通航水位确定方法

（1）设计最低通航水位确定方法

“14内河标准”6.4.5规定：“枢纽下游河段设计最低通航水位，应按本标准第6.2.2条规定的多年历时保证率，分析选定设计流量，并考虑河床冲淤变化和电站日调节的影响推算确定。”该规定只给出了考虑的因素，没给出具体推算方法和操作步骤。

从三方面分析通航水位计算条件：首先，由于向家坝枢纽有一定的调节库容，人为改变了原天然河流的径流过程，多年历时保证率流量已不再具有代表意义，作为控制流量也不再适用，而应以向家坝枢纽实际最小下泄流量为准；其次，由于电站枯水期进行日调节，且调节幅度较大，枢纽下游形成明显的非恒定流，沿程水位流量变化复杂，主要表现为水位变幅沿程减小，日最小流量沿程增加，这样就不能直接用电站最小下泄流量推算出来的水位作为设计水位，这种情况增加了确定设计最低通航水位的难度；第三，根据经验水电站实际日调节过程数据很难收集，更增加了确定通航水位的难度。

因此，在确定通航水位方法时，考虑到上述情况，规定有条件地选择采用以下两种设计最低通航水位确定方法。

①日调节非恒定流数学模型计算法

当向家坝的日调节过程具有一定的规律性和确定性，并且可以收集到具体的对下游枯水期通航最不利的日调节流量过程数据，则可依据已知的最不利日调节过程，采用非恒定流数学模型计算得到枢纽下游影响河段的设计最低通航水位。其具体步骤如下：

A. 根据向家坝枯水期最不利日调节工况下泄流量过程，考虑沿程支流汇入的影响，用非恒定流数学模型推算出枢纽下游受最不利日调节非恒定流影响的河段范围，以及影响河段内沿程的最小流量、最大流量、最低水位。

首先，确定枢纽下泄日调节流量过程。根据有关资料，向家坝有两种典型日调节工况，其中工况 1 为设计枯水年电站保证出力的最不利情况，支流汇入口以下应考虑其入流，计算时加上相应的设计最小通航流量。

其次，建立非恒定流数学模型并验证、计算。目前能够预测非恒定流过程的方法就是非恒定流数学模型，已经在一些水力学及河流动力学领域进行研究和应用。建立非恒定流数学模型并通过验证后则选定枢纽下游计算河段，出口一般到非恒定流影响不到或影响极小的断面，进口给定最不利日调节工况的下泄流量过程，在沿程支流汇入口及下游加上支流设计流量，出口给出出口断面的天然水位流量关系，由此推算沿程非恒定流过程。由数模计算结果即得到计算河段沿程最低水位、最小流量、最大流量，并分析得到受日调节非恒定流影响的河段范围。

B. 分析本河段的河床地质情况，综合确定沿程可冲刷程度和冲刷深度，并根据推算出的影响河段沿程最低水位减去冲刷深度，得出设计最低通航水位。

金沙江下游及川江河段河床地质主要为砂卵石，初步分析，河床抗冲性较强，在枢纽运行初期，会出现沿程粗化的现象，但可冲刷深度不大，具体冲刷深度可根据运行初期实测水位流量关系变化来确定。用沿程最低水位减去冲刷深度即为设计最低通航水位；若经分析冲刷不明显，可依据最新实测地形资料计算，通过 3 ～ 5 年的校核来消除河床冲刷导致的水位下降。具体校核间隔年限根据枢纽下游河床下切引起的低水位变化程度来确定。

②最小下泄流量恒定流数模计算结合实测水位校正法

若向家坝的日调节过程不具有确定性，或者无法收集到电站日调节下泄流量过程，而只知道枢纽最小下泄流量的情况，则使用此方法确定枢纽下游影响河段的设计最低通航水位。其具体步骤如下：

A. 建立恒定流数学模型并通过验证，选取下游较长河段作为计算河段，将已知的电站最小下泄流量作为入口流量（向家坝最小下泄流量为 1 200m^3/s），出口给定天然水位流量关系，由此计算出下游河段的沿程水面线，将该水面线作为确定影响河段设计最低通航水位的基础水面线。

B. 在电站运行后，捕捉电站实施与最不利日调节相似的枯水期日调节时机，在研究河段沿程设置多个观察点，通过连续多次多日水位和流量观察得到各点的水位、流量变化过程和水位流量关系曲线，分析出日调节非恒定流引起的观测点日最低水位增加值，用于校正恒定计算出的沿程设计最低通航水位的基础水面线，从而得到枢纽下游影响河段沿程设计最低通航水位。

以上两种方法的基本手段都是数学模型，采用数学模型的原因在于缺乏较长系列年的实测水位数据，鉴于水流数模计算的技术尚不十分完善，并且，数学模型也是需要较多实测数据来验证的。因此，当枢纽运行基本稳定，具有了较长系列年实测水位数据以后，将优先采用对实测水位进行统计的保证率法或保证率频率法计算通航水位。

对于受电站日调节影响的枢纽下游河段，同一断面的水位在一天之内为一个水位波动周期，波峰和波谷水位差值较大；对于昼夜通航河段，设计最低通航水位计算时应采用对波谷水位（日最低水位）进行统计的方法，更加符合实际情况。在岷江及汉江丹江口水库下游都采用过日最低水位保证率法计算设计最低通航水位，效果较好。

因此，当向家坝枢纽正常运行较长时间以后，下游河段基本水文（水位）站具有较长历时观测资料时，应采用日最低水位保证率法确定设计最低通航水位。

2009 年针对水富至宜宾航道整治工程，开展了“长江干线水富至宜宾航道整治一维数学模型研究”，利用一维恒定流数模计算了向家坝按照最小下泄流量 1 200m^3/s 条件下坝下沿程的水位，以及向家坝电站按最不利日调节工况运行条件下坝下沿程水位与流量的变化过程。其主要站点设计水位成果，见表 6–3。

水富—泸州设计水位现有计算成果 表 6–3

位　　置	最小下泄流量 1 200m^3/s 恒定流计算（m）	日调节工况非恒定流计算（m）	差值（m）
坝下	265.77	265.75	0.02
宜宾	257.08	257.31	–0.23
李庄	253.57	253.87	–0.30
泸州	224.91	225.21	–0.30
坝下—泸州平均比降（‰）	0.28	0.28	0
坝下—宜宾平均比降（‰）	0.28	0.27	0.01

由表 6–3 可知，除坝下短距离内出现最小下泄流量恒定流计算结果略微高于日调节非恒定流结果，宜宾以下都是日调节工况非恒定流计算结果要高。事实上日调节波对流量的影响不可忽视，因此，在条件可能的情况下，采用日调节非恒定流数模计算法计算日调节枢纽下游近坝段设计最低通航水位更符合实际情况。

（2）设计最高通航水位确定方法

向家坝汛期的运行方式为：枢纽上游来中小洪水时，电站按泄洪工况进行调节，下泄流量逐渐增大，但最大下泄流量为 14 000m^3/s（表 6–4），而来流量超过此流量，枢纽按来流量下泄。根据距离向家坝最近的上游水文站屏山水文站的流量统计（表 6–5），20 年一遇的洪水为 28 200m^3/s，两年一遇洪水为 16 800 m^3/s，都大于向家坝泄洪工况最大下泄流量。由此看来，对于大洪水，向家坝没有明显的调节能力，也即向家坝的运行对于下游河段大洪水的频率基本没有改变。

向家坝水电站与航运有关的下泄流量与相应下游水位表 表 6–4

项　目	流量（m^3/s）	相应下游水位（m）	备注
设计洪水位最大下泄流量	41 200	293.39	洪水重现期 500 年
泄洪工况最大下泄流量	14 000	—	—
下泄最小流量	1 200	265.80	日调节最小流量

屏山水文站各频率洪水流量表 表 6–5

项　目	频率 P（%）				
	0.2	5	10	20	50
洪峰流量（m^3/s）	41 200	28 200	25 100	21 800	16 800

因此，设计最高通航水位可以按照确定天然河流的统计方法首先确定基本水文站的设计最高通航水位；然后采用水位相关法求得其他断面的设计最高通航水位，即取按“14 内河标准”规定的洪水重现期的水位。本河段为山区河流，出现设计高水位的历时很短，规划的航道等级为Ⅲ级，所以根据规定采用 10 年一遇的重现期洪水水位。但是，本河段内目前没有基本水文站，上、下游距离最近的分别有屏山、朱沱水文站，首先用两站的实测水位、流量数据统计分析出各自的设计最高通航水位，又由于岷江是长江上游最大的支流，所以水富—宜宾、宜宾—合江河段可分别绘制所需断面与屏山站、朱沱站的水位相关图得到设计最高通航水位。枢纽运行前期河床存在一定的冲刷下切，根据运行后的实测资料具体分析河床冲淤变化引起的高水位变化程度，采取每隔 3 ～ 5 年进行一次调整，以便及时修正因河床冲淤和来水来沙变化引起的设计最高通航水位的变化。

6.1.2　合江—重庆（江津）

6.1.2.1　水沙与航道条件

（1）河道概况

合江到江津河段是从赤水河进入长江的汇入口合江到三峡正常蓄水后的回水末端江津红花碛，全长约122km，属捻峡相间的山区河道。沿程没有较大支流汇入，也无已建水电站枢纽；下游有规划中的小南海，对本河段的下段有一定的影响，但因其建设时间尚具有极大的不确定性，暂不作考虑；上游最近有规划中的石硼水利枢纽，也因建设时间的不确定性而暂不考虑；再往上游有即将建成的向家坝水电站，通过上文分析，向家坝水电站建成除对本河段枯水期流量有一定的补偿作用外，其他影响已不明显。

（2）水文条件

本河段位于川江上段，具有典型的山区河流特征，枯水历时较长，水位比较稳定。洪水期受暴雨径流的影响，水位暴涨暴落，日变幅最高可达3m以上。

依据朱沱水文站统计资料，河段径流年内分配很不均匀，6～10月径流量占全年径流量的73%～75%，当年12月～次年3月径流量仅占全年的10%～12%。

天然情况下，以朱沱站近年实测资料为例，悬沙多年平均含沙量为1.17kg/m^3，在全国各大河流中含沙量属中等。同一水文年中，含沙量的变化比较大，洪水期月平均含沙量达2.02kg/m^3，而枯水期月平均含沙量仅为0.037～0.044kg/m^3，洪枯水期含沙量相差46～54倍。悬移质泥沙多年平均输沙量为32 092万t，输沙量在年内分配极不均匀，5～10月输沙量占全年输沙量的97%以上，其中6～9月份占全年输沙量的88%以上。卵石推移质多年平均推移量32.4万t左右，5～10月的卵石推移量占全年推移量的95.8%～99.8%。

考虑到今后向家坝电站的拦沙作用，在向家坝电站施工期及初期运行期，河段内泥沙年输沙量将有所减少。

（3）航道条件

本河段与其上游宜宾到合江河段相似，经过泸渝段航道建设工程的整治，目前已达到Ⅲ级航道标准，航道尺度为2.7m×50m×560m（航深 × 航宽 × 弯曲半径），保证率98%，可常年通行千吨级船队。

6.1.2.2　通航水位影响因素

根据三峡相关研究，三峡正常运行后的水库回水末端到江津的红花碛，江津以上主要受天然来水来沙和河段内及上游水利枢纽的影响。金沙江梯级开发的最后一级向家坝电站直接影响水富以下河段，因枢纽对下游影响沿程坦化，且长江上游沿程有岷江、沱江、赤水河等主要支流与长江交汇，向家坝对合江以下的影响不明显，宜宾到江津中间虽有规划中的水利枢纽，但目前及近期，这一河段都将以天然河流特性为主。

（1）上游来水来沙及沿程支流汇入

本河段水沙主要受上游金沙江来流，及沿程岷江、沱江、赤水河的影响。枯水期较长，汛期集中。

（2）向家坝枢纽的枯水补偿作用

向家坝蓄水运行后，电站日调节和泄洪下泄的非恒定流将改变枢纽下游河段的天然来流过程。依据前期研究成果，向家坝水电站对下游影响沿程坦化，日调节引起的水位日变幅在合江已小于 0.3m，在山区河流可以认为日水位变幅较小。但向家坝枢纽运行后，最小下泄流量较天然最小流量增加 100m^3/s 左右，并且，日调节非恒定流会引起下游日最小流量沿程增加，根据有关计算，到达合江约增加 1 000m^3/s，将这两种作用合起来称之为枢纽对下游河段的枯水补偿作用。

6.1.2.3　确定通航水位的难点

（1）本河段的上游河段受向家坝枢纽影响较明显，对本河段的影响虽较为微弱，但作用时间较长以后，河床、水位流量关系等仍将发生一定的变化，反应到通航水位上也会有一定影响；但在初期难以确定，需用在运行一段时间以后用实测资料不断进行校正。

（2）除向家坝枢纽最小下泄流量较天然最小流量增加约 100m^3/s 以外，日调节非恒定流也会引起下游日最小流量在枢纽最小下泄流量的基础上沿程增加。根据有关研究成果，用已知向家坝日调节过程推算出下游非恒定流过程，到达合江日最小流量增加约 1 000m^3/s，但是，如果上游枢纽日调节过程未知，其日调节引起的流量增加又不可忽略，那么如何确定增加的流量将是本河段确定设计最低通航水位的最大难点。

6.1.2.4　通航水位确定方法

（1）设计最低通航水位确定方法

合江—江津河段虽然受向家坝的日调节波的影响已不明显，但是向家坝的运行改变了本河段的来水来沙条件，所以向家坝蓄水前后本河段的水位流量数据也不具有一致性。向家坝的最小下泄流量高于天然情况下的最小流量约 100m^3/s，一定程度提高了下游河段的设计低水位的保证率；另外，其较大幅度的枯水期日调节非恒定流到达合江，虽日水位变幅已很小，但日最小流量增加较多，对于设计低水位不可忽略。

与水富—合江段设计低水位的确定类似，当向家坝枢纽运行稳定、基本水文

（水位）站具有了较长系列的实测水文数据以后，应优先采用对实测水位数据进行统计的保证率法或保证率频率法确定设计水位。但在枢纽运行初期，缺乏实测水位数据的情况下，本河段设计水位仍考虑采用数学模型的手段计算。

数模计算时，应考虑向家坝运行导致本河段枯水期流量的增加，重新确定本段入口设计最小通航流量，建立恒定流数学模型，经实测水位流量数据验证以后，代入设计最小通航流量，并考虑沿程汇入与分叉流量，推算沿程水面线，作为计算河段的设计最低通航水位。

另外，本河段除受上游枢纽影响最枯流量有所增加外，基本保持天然山区河流特性，在确定了本段入口设计最小通航流量以后，还可以在本河段内基本水文站（朱沱站）的近期水位流量关系曲线上查出设计最小通航流量对应的水位，即为基本站的设计最低通航水位。其他断面上设计最低通航水位采用枯水期水位相关法或同比降观测法推求。确定本河段设计最小通航水位的方法如下：

①日调节非恒定流数学模型计算法

当上游向家坝的日调节过程具有一定的规律性和确定性，并且可以收集到具体的对下游枯水期通航最不利的日调节流量过程数据，则可依据已知的最不利日调节过程，采用非恒定流数学模型计算得到坝下长河段水流传播过程，将计算稳定以后影响河段出口的日最小流量作为基本不受影响河段的设计最小通航流量。

②最小下泄流量恒定流数模计算结合实测水位校正法

若向家坝的日调节过程不具有确定性，或者无法收集到电站日调节下泄流量过程，因此，根据枢纽最小下泄流量的情况，确定出枢纽下游受影响河段和基本不受影响河段的分界点合江的设计最小通航水位。

（2）设计最高通航水位确定方法

从向家坝对水富—合江段通航水位影响的分析得知：向家坝泄洪工况不会改变下游河段大洪水过程。因此本河段可按照 6.1.1 节水富—合江段同样的方法，首先统计基本水文站（朱沱站）10 年重现期洪水的水位，为基本水文站的设计最高通航水位，其他断面水位采用水位相关法推求。该河段与上游水富—合江段规划航道等级同为Ⅲ级，属山区河流，所以洪水重现期都取 10 年。

6.1.3 重庆（江津）—三峡大坝

6.1.3.1 水沙与航道条件

（1）入库水沙条件

重庆（江津）—三峡大坝河段为三峡水库正常运行期的库区河段，全长约

680km。库区河段主要接受江津以上长江干流和区间主要支流嘉陵江和乌江的汇入，选择长江干流江津之上朱沱、嘉陵江上北碚和乌江武隆三个水文站作为入库水沙控制站。寸滩、清溪场和万州三个水文站为库区内的分段控制站。

受水利工程拦沙、降雨时空分布变化、水土保持、河道采沙等因素的综合影响，从统计年份 1950 年以来，入库水量变化不大，但输沙量减少明显。三峡蓄水前 1991 ～ 2003 年寸滩站和武隆站年均径流量分别为 3 339 亿 m^3 和 526 亿 m^3；蓄水后 2003 ～ 2007 年寸滩站和武隆站年均径流量分别为 3 030 亿 m^3 和 427 亿 m^3。悬移质输沙量分别为 1.98 亿 t 和 0.867 亿 t。与 1991 ～ 2003 年相比，径流量减小均不明显，但输沙量则分别减少约 40% 和 56%，并且 2008 年和 2009 年输沙量还在继续大幅减少（见表 6–6）。

三峡上游主要水文站径流量和输沙量与多年均值比较　　表 6–6

项　　目		长江	嘉陵江	乌江
		寸滩	北碚	武隆
径流量（10^8m^3）	1950 ～ 1990 年	3 520	704	495
	1991 ～ 2003 年	3 339	541	526
	2003 ～ 2007 年	3 230	610	427
	变化率 A	–3%	13%	–19%
	2008	3 425	586	492
	变率 B	3%	8%	–6%
	2009	3 330	—	361
	变率 C	–0.3%	—	–31%
输沙量（10^4t）	1950 ～ 1990 年	46 100	13 400	3 040
	1991 ～ 2003 年	32 800	3 670	1 990
	2003 ～ 2007 年	19 800	2 420	867
	变率 A	–40%	–34%	–56%
	2008	21 300	1 430	386
	变率 B	–35%	–61%	–81%
	2009	17 300	—	144
	变率 C	–47%	—	–93%

注：变率 A、B、C 分别为蓄水后的 2003 ～ 2007 年、2008 年、2009 年与蓄水前的 1991 ～ 2003 年相对变化。

（2）库区河床冲淤

根据长江水利委员会水文局对三峡水库进出库水沙特性、水库淤积分析和关于三峡库区冲淤的其他研究成果，库区泥沙淤积特点及沿程分布情况如下：

①水库泥沙淤积量和排沙比

根据三峡水库主要控制站——朱沱站、北碚站、寸滩站、武隆站、黄陵庙站（2003年6月～2006年8月三峡入库站为清溪场站，2006年9月～2008年9月为寸滩＋武隆站，2008年10月～2009年12月为朱沱＋北碚＋武隆站）水文观测资料统计分析，2003年6月～2009年12月，三峡入库悬移质泥沙13.513亿t，出库（黄陵庙站）悬移质泥沙3.786亿t。不考虑三峡库区区间来沙，水库淤积泥沙9.727亿t，水库排沙比为28.0%（见表6–7）。由此可见，三峡库区泥沙淤积总体较强，而且这种淤积态势将随着水位进一步抬升而更加严重。

三峡水库进出库泥沙与水库淤积量及排沙比　　表6–7

年份（时期）	入　库		出　库		水库淤积量（亿t）	排沙比（出库／入库）（%）
	水量（亿m^3）	沙量（亿t）	水量（亿m^3）	沙量（亿t）		
2003年6～12月	3 254	2.08	3 386	0.84	1.24	40.4
2004年	3 898	1.66	4 126	0.64	1.02	38.4
2005年	4 297	2.54	4 590	1.03	1.51	40.6
2006年	2 790	1.021	2 842	0.089 1	0.932	8.7
2007年	3 649	2.204	3 980	0.507	1.697	23.0
2008年	3 877	2.178	4 182	0.322	1.856	14.8
2009年1月1日～9月14日	2 633	1.574	3 023	0.340	1.234	21.6
2009年9月15日～12月31日	831	0.256	801	0.018	0.238	7.0
2009年	3 464	1.830	3 824	0.358	1.472	19.6
合计	25 229	13.513	26 930	3.786 1	9.727	28.0

同时，由于三峡入库泥沙主要集中在汛期，泥沙淤积也主要集中在汛期，水库排沙效果较强的时候也是在汛期。

2009年，三峡入库悬移质输沙量为1.83亿t，出库（黄陵庙站）悬移质泥沙0.358亿t，不考虑三峡库区区间来沙，库区淤积泥沙1.472亿t，水库排沙比19.6%。其中：消落期和汛期2009年1月～9月14日，三峡入库悬移质泥沙1.574亿t，出库（黄陵庙站）悬移质泥沙0.340亿t，不考虑三峡库区区间来沙，水库淤积泥沙1.234亿t，水库排沙比为21.6%；蓄水期间9月15日～12月31日三峡入库悬移质输沙量为0.256亿t，出库（黄陵庙站）悬移质输沙量为0.018亿t，不考虑三峡库区区间来沙，水库淤积泥沙0.238万t，水库排沙比为7.0%（见表6–7）。

②主要淤积部位

从库区淤积部位来看，泥沙主要淤积在宽谷段（平均库区水面宽>600m），其淤积量占92.9%，且以主槽淤积为主，深泓最大淤高60.5m(位于坝上游5.6km)，近坝段河床淤积抬高最为明显；窄深库段（平均库区水面宽 <600m）淤积较少。

（3）库区水位变化

三峡工程采取分阶段蓄水，随着蓄水阶段的推进，库区水位逐渐抬高，回水末端逐渐上延；目前坝前最高水位基本达到正常运用要求，江津红花碛以下河段都已进入了三峡工程的库区河段。库区水位因坝前水位变化而变化，常年库区河段（坝前 145m 影响河段）水位全年至少抬高 30m。自 2003 年 6 月蓄水以来，经历了三次蓄水运用阶段，变动回水末端逐步上延、库区水位逐步抬高。水库回水末端与库区主要水文（水位）站的水位变化情况，见表 6–8。

主要水文（水位）**站年度最大壅水高度统计**（单位：m）　　表 6–8

年份（年）	坝前最高	万县	忠县	清溪场	北拱	长寿	寸滩	回水末端
2003	139						0	李渡
2004	138.99						0	李渡
2005	138.93						0	李渡
2006	155.77			17.97		8.96	0	铜锣峡
2007	155.82							铜锣峡
2008	172.74						9.4	红花碛之下
2009	171.41	69.92	50.92	32.81	30.08	23.9	10.8	鱼洞长江大桥

（4）库区航道条件变化

①常年库区，水位抬升幅度大，航道维护尺度有较大提高。

从三峡开始蓄水以来，三峡库区水位逐步抬高，同一时期同一流量下较天然河流时的水位抬高，水面增宽，流速减缓，比降减小，航道条件都逐步得到改善，航道维护尺度也相应地提高。

②常年库区部分河段泥沙冲淤变化较大，开始威胁主航道。

在观测分析中发现，由于常年库区部分弯曲、开阔滩段由于泥沙的大量淤积，航道问题已经显现出来，比如说皇华城河段，通过最新测图显示，皇华城左汊航道出现大面积淤积，目前淤积高程在 142 ~ 145m 之间，而此处最低通航水位在 145.3m，因此常年库区泥沙淤积的问题已经威胁部分航道，并且随着蓄水进程的推进，可能有更多的滩险出现类似的问题，因此应对常年库区淤沙滩险泥沙冲淤问题引起重视，以免对航道造成影响。常年库区航道维护尺度变化，见表 6–9。

③变动回水区航道条件变化。

随着三峡水库蓄水位的不断抬高，变动回水区的范围也不断上延，航道维护尺度也有相应的变化。现分涪陵—羊角滩、羊角滩—娄溪沟两个河段，依据近几年航道维护尺度的变化情况，分析相应变动回水区河段航道条件的变化。分析表明：

涪陵—羊角滩河段航宽、弯曲半径由原来 60m×750m（航宽 × 弯曲半径）提高到 100m×800m；羊角滩—娄溪沟河段 50m×650m，航宽、弯曲半径近几年无变化。而涪陵—羊角滩分月维护水深变化相对较大，羊角滩—娄溪沟维护水深有少量变化（表 6–10）。

常年库区航道维护尺度变化表 表 6–9

河 段	航道维护尺度（深 × 宽 × 弯曲半径，m）				
	2005 年	2006 年	2007 年	2008 年	2009 年
王家滩—李渡	—	—	2.9×60×750	2.9×60×750	
李渡—涪陵	2.9×60×750	2.9×60×750	2.9×60×750	4.5×60×750	
涪陵—丰都	2.9×60×750	2.9×60×750	4.5×60×750	4.5×60×750	4.5×60×750
丰都—忠县	2.9×60×1 000	2.9×150×1 000	4.5×150×1 000	4.5×150×1 000	4.5×150×1 000
忠县—庙河	2.9×60×1 000	2.9×140×1 000	4.5×140×1 000	4.5×140×1 000	4.5×140×1 000

注：青石洞弯曲半径 950m。

变动回水区航道分月维护水深表 表 6–10

年份	河 段	分月维护水深（m）											
		1月	2月	3月	4月	5月	6月	7月	8月	9月	10月	11月	12月
2005	涪陵—羊角滩	2.9	2.9	2.9	2.9	3.2	3.5	3.5	3.5	3.5	3.5	3.5	3.2
	羊角滩—娄溪沟	2.7	2.7	2.7	2.7	2.9	3.0	3.0	3.0	3.0	3.0	2.9	2.7
2006	涪陵—羊角滩	2.9	2.9	2.9	2.9	3.2	3.5	4.0	4.0	4.0	4.0	4.0	4.0
	羊角滩—娄溪沟	2.7	2.7	2.7	2.7	3.0	3.0	3.0	3.0	3.0	3.0	3.0	2.7
2007	涪陵—羊角滩	3.2	2.9	2.9	2.9	3.2	3.5	4.0	4.0	4.0	4.0	4.0	4.0
	羊角滩—娄溪沟	2.7	2.7	2.7	2.7	3.0	3.0	3.0	3.0	3.0	3.0	3.0	2.7
2008	涪陵—羊角滩	3.2	2.9	2.9	2.9	3.2	3.5	4.0	4.0	4.0	4.0	4.0	4.0
	羊角滩—娄溪沟	2.7	2.7	2.7	2.7	3.0	3.0	3.0	3.0	3.0	3.0	3.0	2.7
2009	涪陵—羊角滩	3.2	2.9	2.9	2.9	3.2	3.5	4.0	4.0	4.0	4.0	4.5	4.5
	羊角滩—娄溪沟	2.7	2.7	2.7	2.7	3.0	3.0	3.0	3.0	3.0	3.0	3.0	2.7
2010	涪陵—羊角滩	4.5	4.0	3.5	3.5	3.5	3.5	4.0	4.0	4.0	4.0	4.5	4.5
	羊角滩—娄溪沟	2.7	2.7	2.7	2.7	3.0	3.0	3.0	3.0	3.0	3.0	3.0	2.7

6.1.3.2 通航水位影响因素

与天然山区型河流对比，蓄水后的库区河段通航水位不仅与来流量有关，还与坝前水位有关；在运行前期，还要受水库的累积性淤积影响。

（1）坝前水位的影响

三峡蓄水以后，由于坝前水位受人为调控，汛期基本保持在一定的低水位运行，汛后逐渐减小下泄流量，抬高库水位，冬季枯水期又基本保持在一定的高水位运行，到了次年又开始逐渐增加下泄流量，降低库水位。

天然河流的水位主要受断面流量的影响，蓄水以后则主要受坝前水位的影响，常年库区水位基本与坝前水位一致。枯水期高水位运行，改变了蓄水前绝对的高流量高水位、低流量低水位规律，须分时段和河段区别看待。根据三峡 175m 蓄水方案，常年库区，正常蓄水位与防洪限制水位相差 30m，水位变化幅度大；变动回水区，10 ~ 12 月期间水位保持 175m 左右的高水位运行，次年年初开始放水，整个枯水期变动回水区逐渐脱离坝前壅水的影响，到坝前水位降至 145m 期间，是变动回水区出现设计低水位的时期，由于受双重因素影响，设计最低通航水位难以把握。

对于设计最低通航水位，成库前在极枯流量时出现，而成库后极枯流量时往往处于高水位运行，受大坝壅水影响河段的设计低水位不会在这时出现，而是在来流量与坝前水位组合较低时出现；对于设计最高通航水位，成库前出现在汛期极大流量时，而成库后出现在来流量与坝前水位组合最高时。

（2）入库水沙的影响

成库后的河道水位除受上述坝前水位的影响以外，来水来沙对水位的影响仍然存在。在脱离坝前水位影响期间，脱离影响河段的水位主要决定于来流量大小，遵循天然河道时的水位流量关系。随着长江上游及支流水利枢纽的兴建，来水来沙过程在逐渐发生变化。根据前文入库水沙条件的分析，目前入库水量及年内分配变化不大，沙量减少较明显。当向家坝运行以后，年内水库调度将使得下游河段的枯水期最小流量增加，径流过程较天然时稳定。来沙量的变化主要反映在库区河床淤积上，由于来沙量减少，三峡库区淤积将较天然来沙条件下有所减轻。

（3）库区泥沙淤积影响

由于大坝的拦水作用，库区河道流速减缓，在正常运行前期容易形成累积性淤积。通过前面的水文与航道条件变化分析已知，某些河段已经发生了较严重的累积性淤积，尤其是在某些滩险河段，当上游来相同流量的情况下，淤积河段水位一定有所变化，甚至引起上下游水面线的变化，在无法较准确预测淤积的情况下，有必要通过定期校核来调整通航水位。

6.1.3.3 确定通航水位的难点

对江津—三峡大坝河段，通航水位的确定存在如下几方面的困难：

（1）一般情况下，设计最低通航水位需要根据多年观测的水位和流量资料推求。一般要求资料系列为不少于 20 年的连续观测资料，但水库在运行初期，运行时间短，实际观察数据少，运行方案也不稳定，自然缺乏具有一致性的长系列年水文观测数据。

（2）库区河段水位与入库流量有关，又与坝前水位有关。入库流量具有随机变化性，坝前水位受人为调控，尽管有一定的调度方案；但调度方案偏于原则性，往往因为无法估计的自然因素打破计划的调度方案；具体到每天的控制水位更存在较大的不确定性，必须考虑入库流量与坝前水位的组合关系。

（3）三峡水库经历了围堰发电期、初期运行期和试验运行期共计 7 年时间，库区泥沙淤积已经表现出来。2010 年正式蓄水至 175m，三峡水库正常运行时间还很短，不管是变动回水区还是常年库区，泥沙淤积还将持续较长时间才能达到冲淤平衡。如何反映库区累积性淤积带来的通航水位变化，也是确定三峡水库通航水位计算方法所遇到的难题之一。

6.1.3.4　通航水位确定方法

（1）设计最低通航水位确定方法

我国先后颁布的内河通航"63 试行标准"和"90 标准"都曾对枢纽及其上下游设计通航水位确定做了规定，但都存在若干问题未解决或不太明确。"63 标准"仅以"根据水库调度运行情况，具体研究确定"，只提出原则，并未具体规定；而"90 标准"虽给出了标准及确定方法，但未明确枢纽上下游的范围，更未涉及受枢纽影响的上下游河段的设计通航水位问题。针对以上问题，在 2004 年"90 标准"修订工作中进行了研究，取得了显著的进展。在"14 内河标准"中对枢纽上下游建筑物和上下游河段的设计最低通航水位计算方法分别做出了较明确的规定。"14 内河标准"中 6.4.4 条规定："枢纽上游河段设计最低通航水位应按本标准第 6.2.2 条规定的多年历时保证率（表 6–11）的入库流量与相应的坝前消落水位组合，以及坝前死水位或最低运行水位与相应的各级入库流量组合，得出多组回水曲线，取其下包线作为沿程各点的设计最低通航水位，并应计入河床冲淤可能引起的水位变化值"。简称该方法为下包络线法。

设计最低通航水位的多年历时保证率　　表 6–11

航道等级	Ⅰ、Ⅱ	Ⅲ
多年历时保证率（%）	≥ 98	98

下包络线法综合考虑了前文分析的通航水位主要影响因素，也通过计算多条坝前水位与入库流量组合下的水面线，解决了缺乏具有一致性的长系列年水位数据的难点。但具体到受某一特定水利枢纽影响河段，通航水位确定方法的步骤、组合情况及某些参数选择等还需进一步明确。对于长江上三峡水利枢纽上游库区河段的通航水位确定方法，则要紧密结合三峡运行实际情况和库区河段的水沙与航道条件，研究确定更具针对性和操作性的计算方法。

①计算手段

时段保证率流量与相应坝前低水位组合下的水面线是人为构造的一条时段内较低的水面线，水库运行过程中不一定会出现，不太可能实际观测得到，因此须借助数学模型工具。目前一维、二维水流数学模型在水力学及河流动力学中应用广泛，技术也比较成熟，可以将其用于计算上述特定的水库回水曲线。采用数模计算时，要尽量多收集与计算条件相似的水位流量实测数据对模型进行验证，确保模型可靠以后，才能进行模拟计算。

②入库流量

考虑三峡水库的区间汇流和沿程支流汇入，入库流量宜采用分段控制。目前库区有寸滩和万州两个水文站，库尾上游最近的水文站为朱沱水文站。库区主要有两大支流汇入，嘉陵江在朝天门汇入，乌江在涪陵汇入。因此，根据主要支流汇入情况，水文站流量控制河段可按以下分段：江津到朝天门河段用朱沱流量控制，朝天门到涪陵用寸滩流量控制，涪陵以下用万州流量控制。

根据下包络线法的规定，入库流量取表 6–11 规定的多年历时保证率流量，重庆—三峡大坝规划航道等级为Ⅰ级，多年历时保证率不应小于 98%。从水沙条件变化分析知，三峡蓄水前后，长江上游来流量的大小及年内分配没有发生明显的变化，近期流量资料具有一致性。因此，套用天然河流设计最低通航水位计算时的资料取用条件，入库流量系列取近期不少于 20 年的日平均流量数据系列。但在向家坝蓄水以后，三峡入库水沙条件会发生变化，入库流量的选取就应该考虑向家坝的年内调度过程，通过向家坝水库调度计算得出下泄流量过程，并考虑沿程支流汇入以后的三峡入库流量过程。

③坝前水位

根据三峡蓄水以来三峡—葛洲坝水利枢纽梯级调度规程及运行实践情况，一般情况下各运行阶段都有相对稳定的调度方案，三峡正常蓄水以后也会出台相应的调度方案。目前，根据三峡水利枢纽初步设计制定的 175m–145m–155m 水位运行方案，结合 2008 年 9 月以来的 175m 试验性蓄水运行方案，在此暂定三峡正常运行过后坝前水位调度过程为：当年 9 月 16 日开始蓄水，10 月 31 日蓄至 175m，11 月 1 日至 12 月 31 日按 175m 运行，次年 1 月 1 日开始消落，2 月 28 日消落至 165m，5 月 25 日消落至 155m，6 月 10 日前消落至汛限水位 145m，至 9 月 15 日按 145m 运行。通航水位计算时，实际坝前水位调度过程要根据正常运行期调度规程和每年的防洪调度方案具体确定。

④入库流量与坝前水位的组合关系

已知入库流量和坝前水位的过程，按照下包络线法规定，最重要的是确定两者的组合关系。规定中已明确按时间对应，消落期的入库流量与坝前消落水位组合,坝前死水位或最低运行水位与相应的入库流量组合。然而消落期是 1 月 1 日 ~ 6 月 10 日，历时长，坝前水位消落幅度也大，因此，将整个消落期划分为多个时段才更接近实际情况，尤其是 5 月 25 日 ~ 6 月 10 日消落速度快，日均消落 0.6m，时段划分要更细。防洪限制水位期间，则无须细分，因坝前水位相同时，水面线取决于入库流量的大小，构成下包络线的水面线只是流量取最小的那一条。

各时段的坝前水位依据典型调度过程线，建议取时段内最低消落水位。

入库流量取时段内 98%（99%）保证率流量。时段内保证率流量的统计与多年历时保证率水位计算方法类似：取每年某个划分时段（如每年的 1 月 1 日 ~ 1 月 31 日）的逐日平均流量资料，作为一个集合，分级统计，并绘成曲线，即综合历时曲线，根据设计保证率，从曲线上查到设计水位。

⑤河床冲淤

三峡水库的河床冲淤调整是一个较长期内的变化过程，对水位的影响尤其是设计低水位的影响将比较明显。数学模型可以计算河床冲淤，但目前水沙数学模拟技术还不成熟，模拟结果的精度不能保证。因此，建议确定通航水位时的水面线计算不模拟泥沙，而通过采用最新实际地形计算，定期重新计算或对已有计算成果进行校核，时间期限可以是 3 ~ 5 年，具体根据地形变化分析而定，这样还能减少其他不确定因素的影响。

总结起来，江津—三峡大坝河段确定设计最低通航水位的方法步骤如下：

A. 根据三峡正常运行期水库调度规程及调度实践总结，确定三峡坝前水位典型调度过程；

B. 将典型调度过程中的消落期划分为多个时间段（消落越快,时段划分越细)；

C. 选取入库流量控制水文站（朱沱、寸滩、万州水文站）近期具有一致性、不少于 20 年的逐日平均流量资料，计算消落期各个时段和防洪限制水位期多年历时保证率 98%（99%）的流量作为各个时段的设计最小通航流量，向家坝运行以后则要根据向家坝的调度方案分析确定各站各时段的设计最小通航流量，用朱沱站控制江津到朝天门河段流量，寸滩站控制朝天门到涪陵河段流量，万州站控制涪陵以下河段流量；

D. 采用水流数学模型计算手段，基于计算当时的淤积地形，计算每个时段坝前消落最低水位与保证率流量组合时的回水曲线，取这些回水曲线的下包络线作为沿程各点的设计最低通航水位；

E. 通过 3 ~ 5 年一次的重新计算或对已有成果的校核，及时调整通航水位，以计入来水来沙变化、河床冲淤变化及调度方案调整等因素引起的通航水位变化。

（2）设计最高通航水位确定方法

“14 内河标准”6.4.4 条第 1 点对枢纽上游河段设计最高通航水位的计算方法作了如下规定：“设计最高通航水位应采用本标准表 6.2.1 规定（表 6–12）的重现期洪水与相应的汛期坝前水位组合，以及坝前正常蓄水位或设计挡水位与相应的各级入库流量组合，得出多组回水曲线，取其上包线作为沿程各点的设计最高通航水位，并应计入河床可能淤积引起的水位抬高值。”简称该方法为上包络线法。与设计最低通航水位解决方案类似，该方法须结合三峡 175m 运行方案确定不同时段坝前特征水位和相应的入库流量，向家坝运行以后还要结合向家坝调度方案确定入库流量，借用数学模型推算水面线。

设计最高通航水位的洪水重现期 表 6–12

航道等级	Ⅰ～Ⅲ	Ⅳ、Ⅴ	Ⅵ、Ⅶ
洪水重现期（年）	20	10	5

上包络线法与下包络线法类似，同样也综合考虑了通航水位的主要影响因素，解决了方法确定的几个主要难点，具体到受某一特定水利枢纽上游河段，通航水位确定的方法步骤、坝前正常蓄水位或设计挡水位相应的入库流量取值还需要进一步明确。对于长江三峡水利枢纽的上游河段，有必要紧密结合三峡运行情况和近期水文条件，将上包络线法进一步明确和具体化。

①计算手段

与确定设计最低通航水位的情况相似，无法实测到特定水位与流量组合时的沿程水位，目前只能借助于水流数学模型计算手段来完成回水曲线的推算。

②入库流量、坝前水位及其组合关系

三峡库区规划航道等级为Ⅰ级，按表 6–12 的规定，设计最高通航水位的洪水重现期为 20 年，推求入库和库区各控制水文站（朱沱、寸滩、万州）20 年一遇的设计洪水，分别作为各控制河段的设计流量。设计洪水出现时间一般都处于三峡防洪限制水位时段，所以与设计洪水对应的坝前水位取为防洪限制水位。尽管长江上游发生大洪水时，三峡要实施防洪调度，坝前水位要抬高，但根据近几年的实际情况坝前水位明显高于防洪限制水位的天数较少；而且与洪水对应的坝前水位取值比实际略偏低对上包络线基本没有影响。以上 20 年一遇的设计洪水流量与坝前防洪限制水位组合计算，即得其中一条回水曲线。

三峡水库正常运行后，坝前正常蓄水位为 175m，实际高于 175m 的天数很少（2010 年仅 1d）。正常蓄水期间入库流量多为中、枯水，为计算设计最高通航水位，取此期间可能出现的较大入流量与之对应较为合适。为保留通航保证率的概念，选取三峡坝前175m正常蓄水期间（11～12月）20年一遇的中高水流量，作为与坝前175m正常蓄水位对应的入库流量，组合计算另一条回水曲线。上游向家坝枢纽开始运行以后，需根据其实际的下泄过程合理选定入库流量。

以上两条回水面线分别代表入库大流量和坝前高水位期间的两条沿程水面线，取两条线的上包络线即为设计最高通航水位，消落期和蓄水期的水面线均不会高于上包络线。

③河床冲淤

水面线计算要基于最新的实测库区河床地形进行，若数学模型中没有考虑河床未来的冲淤变化，则计算结果只能反映当前的水位。但库区河床冲淤是在空间及时间上不断变化的过程，尤其是达到河床冲淤平衡之前，河床冲淤带来的水位变化不能忽视。因此，同样建议采取对计算成果进行定期校核或重新计算，以修正因水库冲淤变化以及其他不确定因素引起的通航水位变化。

归纳起来，重庆江津—三峡大坝河段确定设计最高通航水位的方法步骤如下：

采用20年一遇的重现期洪水与三峡坝前防洪限制水位（145m）组合，以及坝前正常蓄水位（175m）与正常蓄水期间（11～12月）满足对应20年一遇频率的中大水流量组合，向家坝蓄水以后，要根据向家坝的调度过程，分析选定入三峡水库设计最大通航流量用水流数学模型手段进行库区长河段计算，得出两组回水曲线，取其上包络线作为沿程各点的设计最高通航水位。并根据水库淤积引起的高水位变化情况，通过3～5年一次的校核或重新计算，以计入来水量变化、河床冲淤变化和调度方案调整等因素引起的通航水位变化。

以上计算通航水位的包络线法，其计算手段为数学模型，与对长系列实测水位进行统计的方法相比，可靠性略差。但目前，三峡水库还处于175m正常运用初期，实测数据非常有限，也不具有代表性，所以，只能暂时采用模型计算的方法来解决需要的通航水位问题。为了将来能够采用实测数据计算通航水位，当前我们应加强沿程水位的观测，当水库正常运行稳定、具有了较长系列年的观察数据以后，则采用对日平均水位进行统计的保证率法或保证率频率法计算通航水位。

6.1.4 三峡大坝—葛洲坝

6.1.4.1 水沙与航道条件

（1）河道概况

三峡大坝—葛洲坝两坝间航道，上起三斗坪，下至葛洲坝水利枢纽，长约38km，大部分处于西陵峡峡谷河段内。其中，三斗坪至乐天溪河段长9.6km，河谷较宽阔，汛期河面最大宽度可达1.4km，河槽多呈复式断面。乐天溪至南津关为峡谷河段，长 25.85km，河宽较窄，多在 300 ～ 800m 之间，最窄处仅为 200 余米，断面多呈“U”字形或“V”字形，全河段为大型山区河流，河道弯曲，水流湍急。南津关至葛洲坝水利枢纽为山区向平原过渡段，江面由 300m 展宽为 2 500m 以上，水势平缓。葛洲坝枢纽蓄水前，两坝间航道是川江较为困难的航行区段之一，主要的碍航滩险部位有水田角、喜滩、狮子脑、石牌和偏脑等。

由于葛洲坝水电站是一座低水头径流式电站，葛洲坝蓄水后，库区河道兼有水库和天然河道双重特性，如前所述，在中、枯水期，两坝间航道条件得到了明显改善。但在汛期，两坝间航道既受葛洲坝坝前水位影响，又受峡谷河段河床地形条件制约，随着入库流量的增加，河床过水断面增加有限，河床纵横向起伏很大，水流湍急，流态紊乱，呈现出天然河道特性；加上汛期水库降低水位运行，三峡大坝泄洪时两坝间一些狭窄河段水流不畅，流速、比降急剧增大，泡漩横流丛生，流态极乱，航行条件迅速恶化，主要碍航滩险部位仍为水田角、喜滩、狮子脑、石牌和偏脑等滩段，不能满足万吨级船队的通航要求。

（2）水沙条件

两坝间河段区间无大型支流入汇，其水沙条件主要受三峡大坝和葛洲坝枢纽调节影响。宜昌水文站距葛洲坝枢纽下游仅数公里，该水文站的基本资料可以反映两坝间河段在三峡蓄水运行以后的水沙变化情况。

①来水变化

三峡水库蓄水前，宜昌站多年平均径流量为 4 382 × 10^8m^3（1950 ～ 2000 年，下同），多年平均流量 13 900m^3/s。在三峡水库 135 ～ 139m 运行期(2003 ～ 2006 年，下同)，多年平均径流量为 3 919 × 10^8m^3，比蓄水前多年平均值减少 10.6%。其中，2006 年的径流量为 2 848 × 10^8m^3 是近百年来少有的枯水年（各时期来水量变化见表 6–13）。

宜昌站流量特征值统计表 表 6–13

统计年份	流量（m^3/s）					径流量（10^8m^3）				
	多年平均流量	实测最大流量		实测最小流量		多年平均年径流量	最大年径流量		最小年径流量	
		流量	日期	流量	日期		径流量	年份	径流量	年份
1950 ～ 2000	13 900	70 800	1986 年 9 月 4 日	2 770	1979 年 3 月 8 日	4 382	5 751	1 954	3 475	1 994
2003 ～ 2006	12 400	61 100	2004 年 9 月 9 日	2 890	2003 年 2 月 9 日	3 919	4 590	2 005	2 848	2 006
2007	12 700	50 200	2007 年 7 月 31 日	4 020	2007 年 1 月 9 日	4 004				
2008	13 240					4 186				
2009	12 120					3 822				

2007 年宜昌站年径流量为 4 004 × 10^8m^3，比蓄水前多年平均偏小 8.6%，比三

峡水库 135 ~ 139m 蓄水运行期偏大 2%，属于平水年。

②来沙变化

三峡水库蓄水前，宜昌站多年平均输沙量为 50 100 × 10^4t（1950 ~ 2000 年，下同）。在三峡水库 135 ~ 139m 运行期，由于水库的拦沙及入库沙量减少的双重作用，宜昌站来沙量已大幅度减小，多年平均输沙量为 7 020 × 10^4t，较蓄水前减少 86%；多年平均含沙量也分别比多年平均值减小 80% 以上（各时期来沙量变化见表 6–14）。其中 2006 年的输沙量为 909 × 10^4t，属有记录以来的最小值。

宜昌站悬移质泥沙特征值统计表 表 6–14

统计年份	多年平均含沙量 (kg/m^3)	实测最大含沙量 (kg/m^3)		实测最小含沙量 (kg/m^3)		多年平均输沙量 (10^4t)	最大年输沙量 (10^4t)		最小年输沙量 (10^4t)	
		含沙量	日期	含沙量	日期		输沙量	年份	输沙量	年份
1950 ~ 2000	1.14	10.5	1959 年 7 月 26 日	0.004	1995 年 3 月 21 日	50 100	75 400	1954	21 000	1994
2003 ~ 2006	0.166	1.66	2004 年 9 月 10 日	0.002	2004 年 11 月 26 日	7 020	11 000	2005	909	2006
2007	0.131	1.53	2007 年 8 月 3 日	0.002	2007 年 3 月 4 日	5 270	—	—	—	—

2007 年宜昌站年输沙量为 5 270 × 10^4t，比蓄水前多年平均减少 89%。较三峡水库 135 ~ 139m 蓄水运行期减少 25%。多年平均含沙量也比蓄水前多年平均值减小 85% 以上。

（3）航道条件

①航道维护现状

进入三峡工程围堰发电期运行以来，两坝间重点滩段的河床断面形状未有明显变化，水流条件状况仍与往年相似。辖区航道为 I 级航道，常年可通过 3000 吨级以上的船舶（队），两坝间航道常年可维护 3.5m 水深以上，最小维护航宽为 80m，航道弯曲半径为 1 000m 以上（石牌弯道为 750m）。三峡大坝—宜昌河段的现行航道维护尺度详见表 6–15。

三峡大坝—宜昌现行航道维护尺度标准表 表 6–15

序号	河段	航道维护尺度（m） 水深 × 航宽 × 弯曲半径	保证率（%）
1	两坝间	4.5 × 140 × 750	三峡坝前水位不低于 144m、且宜昌水位不低于 38.5m 的航道水深
2	三江航道	3.5 × 120 × 1 000	
3	大江航道	4.5 × 80 × 1 000	

②航道条件。

葛洲坝电站系一径流低水头电站，两坝间河道兼具“水库”与“天然河道”

双重特性，即非汛期小流量时，呈“水库”特性，汛期大流量时又呈“水库”与“天然河道”双重特性。

当流量 $Q < 10\,000\mathrm{m^3/s}$ 时，两坝间河道水流平缓，水面比降 <0.14‰；流量增大后，两坝间水面比降逐渐增大，且沿程分布不均，表现出“天然河道”的特性。

葛洲坝水库蓄水后，两坝间河道受壅水影响，流速减缓，尤其是非汛期更为明显；当流量 $Q < 10\,000\mathrm{m^3/s}$ 时，断面平均流速大多在 1m/s 以下，而汛期流量较大，峡谷河段过水断面增加有限，造成流速显著增大，部分滩段在流量 $Q>40\,000\mathrm{m^3/s}$ 时表面流速可达 5m/s 以上，通航条件差。

6.1.4.2　通航水位影响因素

影响航道通航水位确定的因素众多，除了地形因素以外，主要受上游来流情况和下游水位影响。在有水利枢纽存在的河段，枢纽的调度运行改变了航道原有的水文特征，通航水位也随之改变，通航水位的计算应充分考虑枢纽调度的影响。两坝间航道处于三峡大坝与葛洲坝之间，受两座枢纽的影响，通航环境十分复杂，通航水位要重点考虑三峡下泄流量、葛洲坝坝前水位以及两者之间的联合调度情况。

（1）三峡下泄流量影响

三峡水库蓄水改变了下游河段水量的年内分配，洪峰流量较天然情况有所削减，汛末抬水期下泄流量大幅度减小，枯水期下泄流量有所增加，以满足下游河段通航和水资源需求。水库蓄水对两坝间通航水位的影响主要表现在：汛期削减洪峰，枯水期为满足航运与供水、生态环境等对水资源的需求而增加枯水期流量。

汛期三峡水库为了减缓下游河段的防洪压力，对入库洪水进行调节。每年的汛期调度运用方案都将根据长江流域防御洪水方案、洪水调度方案和三峡水库洪水调度方案编制。根据目前使用的三峡水库优化调度方案（2009 年 8 月），防洪调度方案分：长江上游发生较大洪水情况下实施对荆江河段进行防洪补偿的调度；当长江上游洪水不很大，而城陵矶（莲花塘站，下同）水位将超过长江干流堤防设计水位时，实施兼顾对城陵矶地区进行防洪补偿的调度；以及当水库已蓄洪至 175.0 m 水位后，实施保枢纽安全的防洪调度方式。汛期水库在不需要因防洪要求拦蓄洪水时，原则上水库水位应按防洪限制水位 145.0m 控制运行，按入库流量泄水。根据三峡水库初期运行期水库调度规程，三峡水利枢纽初期运行期最大通航流量为 $56\,700\mathrm{m^3/s}$。航运调度单位可根据三峡入库流量预报或枢纽下泄流量，确定超过最大通航流量的停航时机。根据 2008 年的《三峡工程初期运行期通航管理办法补充规定》，按照不同流量等级，根据船舶类型、载重量和船舶的主机功率来确定不同的通航条件，流量 $25\,000\mathrm{m^3/s}$ 及以上实施限制性通航，对过闸船舶分等级控制。

枯水期，也就是三峡水库蓄水至汛后最高蓄水位之后，根据枯水期下游地区供水、航运、水生态与环境以及发电等方面的要求，对下游河道进行补水。一般来水年份（蓄满年份），1 ～ 2 月份水库下泄流量按 6 000m^3/s 左右控制，至 5 月 25 日水库水位均匀下降至枯水期消落低水位 155.0m。如遇枯水年份，实施水资源应急调度时，可不受以上水位、流量限制。另外，枯水期三峡电站要进行日调节，下泄非恒定流加大了两坝间的比降、流速，并使流态恶化，不利于船舶安全正常航行。为使下泄非恒定流满足两坝间通航对水位变幅和变率的要求，葛洲坝实施反调节，充分利用葛洲坝的库容，使下泄流量满足葛洲坝下游的航运要求。

（2）葛洲坝反调节影响

两坝间为葛洲坝枢纽的库区河段，与三峡水库类似，葛洲坝库区水位也同样受葛洲坝拦水蓄水的重要影响，但两水库类型不一样，葛洲坝电站属于低水头径流式水电站，葛洲坝水利枢纽是三峡水利枢纽的航运反调节枢纽，主要任务是对三峡水利枢纽日调节下泄的非恒定流过程进行反调节，在保证航运安全和通畅（按设计标准）的条件下充分发挥发电效益。

对两坝间河段的影响主要表现为如下两方面：

①水位常年抬高 20m 有余，过水面积增加，流速减缓，水面比降减小，一定程度改善了两坝间的通航条件；

②枯水期三峡电站进行日调节，葛洲坝枢纽充分利用反调节库容进行航运反调节，避免恶化两坝间水流条件。

根据“三峡（初期运行期方案）—葛洲坝水库梯级调度规程”（2007 年修订版），葛洲坝水利枢纽上游最高通航水位为 66.5m，最低通航水位为 62.5m（汛期不低于 63.0m）。葛洲坝库水位最大日变幅应小于 3.0m，最大小时变幅应小于 1.0m。

（3）三峡—葛洲坝枢纽水库与通航联合调度

枯水期和洪水期三峡出库流量根据三峡水库的调度需要和有关规程规定执行，而葛洲坝坝前水位根据调峰反调节需要控制，三峡出流与葛洲坝坝前水位控制没有相应组合要求。但据调研时三峡集团公司代表介绍，洪水期葛洲坝通常保持高水位运行，枯水期要应对三峡电站的日调节，葛洲坝坝前水位波动幅度大。

6.1.4.3　确定通航水位的难点

两坝间河段的通航水位的确定，存在的难点有如下几方面：

（1）水库调度方案存在可变性

两坝间河段上下游都受水利枢纽控制，枢纽水位与流量又受上下游水情和人为调度影响。以上三个方面的影响都很复杂，难以确定一个固定和确切的联合调度方案。

（2）三峡电站日调节与葛洲坝反调节联合运行影响

三峡电站枯水日调节要增加下泄流量，在坝上形成逆落波或逆涨波，沿水流相反的方向向上游传播，在坝下则形成顺涨波或顺落波沿水流方向向下游传播。电站日调节使得坝上、坝下水量缓慢增加或减少，产生的水流变化属一种波高较小而波长很长的长波。其非恒定流波动特性受电站调峰容量、葛洲坝反调节方式、河道边界条件等影响，远比船闸充泄水在引航道中产生的非恒定流复杂。三峡电站与葛洲坝电站联合运行，其泄流产生的顺涨波或顺落波在向下游推进过程中不断衰减；葛洲坝电站反调节时，在坝上形成逆落波或逆涨波在向上游传递过程中也不断衰减，两波大约在两坝间中部遭遇。受两坝泄流的影响，近坝水域水位变幅较大，在引航道则以口门为起点，水位变幅沿程递增至封闭端（船闸闸首及升船机承船厢）达最大。

在确定两坝间通航水位时，具体如何考虑三峡日调节和葛洲坝反调节的影响，是通航水位确定的一个关键技术问题。

6.1.4.4　通航水位确定方法

（1）设计最低通航水位确定方法

目前，对梯级水利枢纽之间河段的设计最低通航水位计算方法还没有明确的规定，仅有受单一枢纽影响的枢纽上游河段和枢纽下游河段通航水位确定应符合的规定。以上分析了三峡枢纽上游河段的设计最低通航水位的计算方法，若将两坝间仅视为葛洲坝上游河段，因葛洲坝枢纽与三峡枢纽调度方式不一样，从而两坝间通航水位无法简单套用三峡枢纽上游河段的下包络线法。

葛洲坝水利枢纽是三峡水利枢纽的航运反调节枢纽，主要调度任务是对三峡水利枢纽日调节下泄的非恒定流过程进行反调节，在保证航运安全和通畅（按设计标准）的条件下充分发挥发电效益。葛洲坝电站属于低水头径流式水电站，坝前水位没有典型的调度方案，每天都可能在通航水位上下限之间变动。

有关研究及实测表明，三峡水库建库前葛洲坝水利枢纽的回水末端在距宜昌里程 110 ~ 180km 范围内变动，而三峡大坝距宜昌里程 46.5km，两坝间距约 38km，三峡枢纽位于葛洲坝常年回水范围以内。当枯水期三峡平均下泄流量较小的情况下，两坝间平均水面比降很小。分析两坝间 2006 ~ 2010 每年每天早 8:00 的实测水位数据，枯水期平均比降一般都小于 0.1‰。三峡电站在枯水期实施日调节，日调节流量大，坝下水位变幅明显，小时变率小于 1m。虽有三峡日调节和葛洲坝反调节形成的非恒定流波的影响，但对于设计最低通航水位，取葛洲坝的坝前实际最低运行水位作为两坝间的设计最低通航水位是合理可行的。

按照《长江葛洲坝水利枢纽工程初步设计报告》，葛洲坝坝前最低运行水位为

62.0m；根据三峡—葛洲坝枢纽水库调度运行规程规定，葛洲坝水利枢纽坝前最低通航水位为62.5m（汛期不低于63.0m）；从近几年的实际数据看，葛洲坝坝前水位没有低于62.5m的情况。因此，将葛洲坝坝前设计最低通航水位定为62.5m是合理的，并确定三峡—葛洲坝两坝间河段的最低通航水位均为62.5m。如果三峡（正常运行期）—葛洲坝枢纽水库调度规程正式出台后，对葛洲坝坝前最低通航水位的要求发生了变化，则进行相应调整。

（2）设计最高通航水位确定方法

梯级水利枢纽之间河段的设计最高通航水位确定方法也同设计最低通航水位，尚无确切的计算方法规定。两坝间河段虽然属于葛洲坝水库的常年库区河段，但是由于两坝间的峡谷地形，以及三峡与葛洲坝的联合调度，在汛期两坝间水流条件表现为库区和天然河道的双重特性，水面比降大，流速大，流态乱。从而两坝间设计最高通航水位不能像设计最低通航水位一样去采取同样的处理方式，即两坝间河段均采用葛洲坝坝前实际可能出现的最高运行水位这一定值，而是既要考虑葛洲坝坝前实际最高运行水位，又要考虑三峡实际下泄最大通航流量。由此，我们借鉴“14内河标准”中枢纽下游河段设计最高通航水位的类似计算方法：“应按本标准6.2.1条规定的洪水重现期，分析选定设计流量，并考虑枢纽运行对该河段航道的影响推算确定。”但该规定只考虑了上游有枢纽的情况；对于下游有枢纽时，还应规定下游枢纽的坝前水位如何确定，以及如何具体考虑枢纽运行对航道的影响。现根据三峡与葛洲坝枢纽运行实践和两坝间河段航道特性，进一步明确两坝间河段设计最高通航水位的计算方法。

根据两坝间的水库与通航调度实践情况，洪水期入库流量大，葛洲坝坝前水位一般较高。2006～2010年汛期，葛洲坝坝前实际最高水位分别为66.3m、66.43m、66.48m、66.32m、66.33m，都接近于规定的最高通航水位66.5m。因此三峡下泄较大洪水流量与葛洲坝坝前高水位的组合是两坝间汛期的一种典型工况。因此，按汛期三峡下泄的设计最大通航流量和葛洲坝坝前最高通航水位进行组合，由此推算两坝间沿程水位即为两坝间河段的设计最高通航水位，并考虑河床冲淤以及电站汛期调节对通航水位的影响。

①计算手段

与三峡库区河段情况一样，既没有长系列年的水位流量资料也难以通过实测取得符合条件的水面线，因此，同样需要借助于数学模型计算手段。

②三峡下泄设计最大通航流量

当上游发生较大洪水时，三峡枢纽要实施防洪调度，从而三峡下泄洪水流量较天然来流发生了改变，入口流量不宜采用天然来流统计出的标准中规定的重现期洪水。“三峡（初期运行期）—葛洲坝水利枢纽梯级调度规程”规定，三峡船闸最大通航流量为 56 700m^3/s。三峡蓄水以来，三峡枢纽每年最大下泄流量都没有达到该流量，其中 2010 年三峡最大入库流量达到了 70 000m^3/s，而经三峡的蓄滞洪作用，最大下泄流量仅为 41 000m^3/s。因此，建议两坝间河段的设计最大通航流量与三峡船闸的最大通航流量一致，即采用“调度规程”中规定的三峡船闸最大通航流量 56 700m^3/s（三峡入库或枢纽下泄）作为三峡下泄设计最大通航流量，也就是两坝间设计最高通航水位计算时的入口控制流量，该数值将根据“三峡（正常运行期）—葛洲坝水利枢纽梯级调度规程”进行调整。

③葛洲坝坝前最高通航水位

根据“三峡（初期运行期）—葛洲坝水利枢纽梯级调度规程”，葛洲坝水利枢纽上游最高通航水位为 66.5m。近几年葛洲坝坝前实际出现的最高水位也都接近于这一值，将其作为计算两坝间河段沿程设计最高通航水位的出口控制水位是合理的，但应根据即将出台的“三峡（正常运行期）—葛洲坝水利枢纽梯级调度规程”进行调整。

④河床冲淤和三峡电站日调节影响

两坝间河床地质大部分为基岩，间或有粗沙、卵石淤积于床面，加之三峡大坝拦截了大量的泥沙，两坝间河床的可动性不强，数学模型计算时可不计入泥沙，而通过 3 ~ 5 年一次的校核来消除河床冲淤变化的影响。三峡电站日调节运行主要是在枯水期进行，设计最高通航水位可不考虑电站日调节的影响。

综上所述，两坝间河段沿程设计最高通航水位的确定方法为：

用三峡正常运行期三峡船闸设计最大通航流量（56 700m^3/s），作为三峡下泄设计最大通航流量，与葛洲坝坝前最高通航水位（66.5m）进行组合，采用水流数学模型推算两坝间沿程水面线，作为沿程各点的设计最高通航水位。

为便于对同一河段类型规定通航水位确定方法，下文将两坝间河段作为一种河段类型，规定同一河道上两座拦河水利枢纽相邻，若上游枢纽处于下游枢纽的常年回水范围内，则称两座水利枢纽完全衔接，称两座水利枢纽之间的河段为枢纽衔接河段。

有关研究及实测资料表明，三峡水库建库前葛洲坝水利枢纽的回水末端在距宜昌里程 110 ~ 180km 范围内变动，而三峡大坝距宜昌里程 46.5km，位于葛洲坝常年回水范围以内。因此，三峡水利枢纽与葛洲坝水利枢纽为完全衔接枢纽，三峡大坝—葛洲坝河段为枢纽衔接河段，而通常将三峡—葛洲坝之间河段称为“两坝间”。

6.1.5 宜昌（葛洲坝）—湖口

6.1.5.1 水沙与航道条件

（1）河道概况

宜昌至湖口河段长度为955km，为长江干流中游河段，属于平原冲积性河流沿程有多支流汇入，两岸湖泊和河网交织，其中，宜昌处有清江汇入，城陵矶处有我国第二大淡水湖洞庭湖汇入，汉口处有长江最大支流汉江汇入，湖口处有鄱阳湖汇入；河道水流主要受径流作用控制，潮汐影响较小。

（2）水文、泥沙

①径流量

三峡水库蓄水前，坝下游宜昌、枝城、沙市、监利、螺山、汉口、大通站（结合汉口站和大通站的特征值，可以在一定程度上反映汉口至湖口的情况）多年平均径流量分别为4 368亿m^3、4 450亿m^3、3 942亿m^3、3 576亿m^3、6 460亿m^3、7 111亿m^3、9 052亿m^3。三峡水库蓄水后长江中下游主要水文站径流量，如表6–16所示。

三峡水库蓄水后长江中下游主要水文站径流量统计表　　　表6–16

项　目		宜昌	枝城	沙市	监利	螺山	汉口	大通
径流量（10^8m^3）	多年平均（蓄水前）	4 368	4 450	3 942	3 576	6 460	7 111	9 052
	2003年	4 097	4 232	3 924	3 663	6 371	7 380	9 248
	变率 *A*（%）	−6	−5	0	2	−1	4	2
	2004年	4 141	4 218	3 901	3 735	5 980	6 773	7 884
	变率 *A*（%）	−5	−5	−1	4	−7	−5	−13
	2005年	4 592	4 545	4 210	4 036	6 429	7 443	9 015
	变率 *A*（%）	5	2	7	13	0	5	0
	2006年	2 848	2 928	2 795	2 718	4 647	5 341	6 886
	变率 *A*（%）	−35	−34	−29	−24	−28	−25	−24
	2007年	4 004	4 180	3 770	3 648	5 687	6 450	7 708
	变率 *A*（%）	−8	−6	−4	2	−12	−9	−15
	2008年	4 186	4 281	3 902	3 803	6 085	6 727	8 291
	变率 *A*（%）	−4	−4	−1	6	−6	−5	−8
	2009年	3 822	4 043	3 686	3 648	5 536	6 278	7 819
	变率 *A*（%）	−13	−9	−6	2	−14	−12	−14
	多年平均（蓄水后）	3 978	4 064	3 750	3 601	5 867	6 686	8 172
	变率 *B*（%）	−4	−1	−2	1	−6	−6	−4

注：变化率*A*、*B*分别为与2002年前均值、2003～2008年均值的相对变化。

三峡水库蓄水后，除监利站基本持平外，2003 ~ 2008 年长江中下游各站水量偏枯 5% ~ 10%。2009 年，长江上游来水略有偏少。坝下游各主要水文站径流量分别为 3 822 亿 m^3、4 043 亿 m^3、3 686 亿 m^3、3 648 亿 m^3、5 536 亿 m^3、6 278 亿 m^3、7 819 亿 m^3，较蓄水前多年平均相比，监利站基本持平，沙市站偏小 6%，其余各站偏小幅度稍大，在 9% ~ 14% 之间。与 2003 ~ 2008 年平均值相比，枝城、沙市、监利三站基本持平，其余各站偏小 4% ~ 6%，见表 6-16，图 6-1 所示。

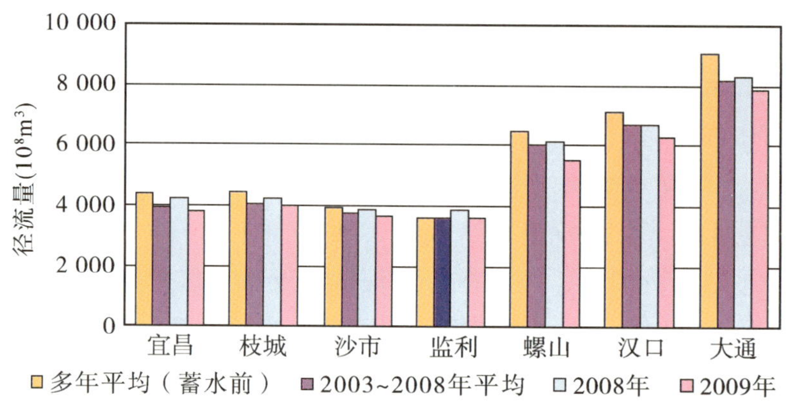

图 6-1　三峡水库蓄水前后坝下游主要水文站年径流量变化

②水位

长江中下游各水文站月最低多年平均水位情况，见表 6-17。长江干流 6、7、8、9 四个月为主汛期，期间水位较高；10 月份水位逐渐退落；每年的 1、2、3、12 月水位较低，其中 2 月的水位最低。

长江中下游各水文站月最低多年平均水位情况表　　表 6-17

水位 港站	水位零点高程			1月	2月	3月	4月	5月	6月	7月	8月	9月	10月	11月	12月
	吴松冻结	黄海高程	高程差值												
宜昌	39.35	37.21	2.14	-0.36	-0.54	-0.44	0.16	1.27	3.40	6.22	5.96	5.37	3.58	1.39	0.18
沙市	31.56	29.35	2.21	-1.03	-1.34	-1.19	-0.47	1.02	2.95	5.81	5.37	5.04	3.34	1.08	-0.42
监利	23.04	20.92	2.12	1.56	1.32	1.82	2.79	4.46	6.44	9.33	8.80	8.03	6.13	3.63	2.07
城陵矶	18.07	16.04	2.03	2.88	2.70	3.63	4.87	6.60	8.62	11.27	10.83	9.85	7.95	5.10	3.29
汉口	12.00	9.924	2.076	2.23	2.05	3.03	4.48	6.38	8.31	11.50	11.09	9.32	7.46	4.78	2.69
九江	7.088	5.205	1.883	1.95	1.86	2.85	4.5	6.4	7.79	10.26	9.74	8.6	6.94	4.21	2.32
安庆	4.188	2.277	1.911	1.80	1.77	2.71	4.30	6.04	7.18	9.47	8.93	7.9	6.4	3.93	2.15
芜湖	2.518	0.607	1.911	1.02	1.08	1.70	2.79	3.54	4.79	6.62	6.16	5.42	4.30	2.64	1.35
南京	1.996	0.058	1.908	0.98	0.99	1.40	2.19	3.03	3.73	5.21	4.85	4.25	3.43	2.15	1.23
镇江	1.648	-0.248	1.896	0.79	0.78	1.14	1.72	2.34	2.93	4.05	3.76	3.28	2.68	1.74	1.09

③输沙量

三峡水库蓄水前，坝下游宜昌、枝城、沙市、监利、螺山、汉口、大通站多年平均输沙量分别为 4.92×10^8t、5×10^8t、4.34×10^8t、3.58×10^8t、4.09×10^8t、3.98×10^8t、4.27×10^8t。三峡水库蓄水后，长江中下游主要水文站输沙量，如表6–18所示。

三峡水库蓄水后长江中下游主要水文站输沙量统计表　　表6–18

项　目		宜昌	枝城	沙市	监利	螺山	汉口	大通
输沙量（10^8t）	多年平均（蓄水前）	4.92	5	4.34	3.58	4.09	3.98	4.27
	2003 年	0.976	1.310	1.380	1.310	1.460	1.650	2.060
	变率 A（%）	−80	−74	−68	−63	−64	−59	−52
	2004 年	0.640	0.804	0.956	1.060	1.230	1.360	1.470
	变率 A（%）	−87	−84	−78	−70	−70	−66	−66
	2005 年	1.100	1.170	1.320	1.400	1.470	1.740	2.160
	变率 A（%）	−78	−77	−70	−61	−64	−56	−49
	2006 年	0.091	0.120	0.245	0.389	0.581	0.576	0.848
	变率 A（%）	−98	−98	−94	−89	−86	−86	−80
	2007 年	0.527	0.680	0.751	0.939	0.952	1.140	1.380
	变率 A（%）	−89	−86	−83	−74	−77	−71	−68
	2008 年	0.320	0.390	0.490	0.760	0.915	1.010	1.300
	变率 A（%）	−93	−92	−89	−79	−78	−75	−70
	2009 年	0.351	0.409	0.506	0.706	0.772	0.874	1.110
	变率 A（%）	−93	−92	−88	−80	−81	−78	−74
	多年平均（蓄水后）	0.609	0.746	0.857	0.976	1.101	1.246	1.536
	变率 B（%）	−42	−45	−41	−28	−30	−30	−28

注：变化率 A、B 分别为与 2002 年前均值、2003 ～ 2008 年均值的相对变化。

（3）航道条件

宜昌至湖口河段自上而下，随着沿程支流的汇入，水量逐渐增加，航道尺度也逐渐增加。现行枯水期维护尺度情况见表 6–19。

宜昌—湖口河段枯水期维护尺度　　表 6–19

河　段	航道尺度（m）（水深 × 航宽 × 弯曲半径）	保证率（%）
葛洲坝—宜昌	4.5×140×750	98
宜昌—城陵矶	3.2×80×750	98
城陵矶—武汉	3.5×80×1 000	98
武汉—湖口	4.0×150×1 050	98

为充分利用中洪水期的航道资源，长江干线实行分月维护水深情况（表6–20）。

宜昌—湖口河段分月维护水深情况表　　表 6–20

河　段	1	2	3	4	5	6	7	8	9	10	11	12
宜昌 + 码头—下临江坪	4.5	4.5	4.5	4.5	4.5	4.5	4.5	4.5	4.5	4.5	4.5	4.5
下临江坪—城陵矶	3.2	3.2	3.2	3.5	3.8	4.5	4.5	4.5	4.0	3.5	3.2	3.2
城陵矶—临湘（白尾）	3.5	3.5	3.5	4.0	4.0	4.5	4.5	4.5	4.5	4.0	3.5	3.5
临湘（白尾）—武汉大桥	3.5	3.5	3.5	4.0	4.0	4.5	4.5	4.5	4.5	4.0	3.5	3.5
武汉大桥—湖口	4.0	4.0	4.0	4.5	5.0	6.0	6.0	6.0	6.0	5.0	4.5	4.0

6.1.5.2　通航水位影响因素

（1）三峡工程蓄水以前的影响因素

在三峡工程蓄水以前，长江中下游的水文条件也发生了一些单向性的变化，对枯水水位产生了影响，设计最低通航水位也多次调整。

①荆江河段枯水位变化影响因素。

长江中游荆江河段近年来河床形态发生变化的主要原因是下荆江 1967 年、1969 年中洲子和上车湾河段实施人工裁弯工程；1972 年沙滩子发生自然裁弯。3 处裁弯共缩短河长约 78km；葛洲坝水利枢纽于 1981 年开始蓄水运用；一系列工程的实施导致江湖关系发生变化，通江湖泊水砂运动规律调整等。荆江河段水位变化受河床形态影响，主要分两个阶段：第一阶段自 20 世纪 60 年代末至 70 年代末，为裁弯影响期；第二阶段为 1981 年以后，是葛洲坝运用影响期，中间贯穿着江湖关系变化的影响。

②城陵矶—汉口河段枯水位变化影响因素。

蓄水以前，影响城陵矶至汉口河段枯水水位变化的因素有如下 3 个方面：

A. 下荆江裁弯后，河段比降加大，水流流速增加，河床发生溯源冲刷；同时三口分流减小，荆江流量扩大，输沙量及含沙量随之增大，使得其下游河道监利洪湖段和荆江出口及城陵矶以下河段发生淤积，水位抬高。

B. 螺山站枯水流量逐渐变化，1980 年以来螺山站枯水期流量较以前有比较明显的增加，这也将导致螺山站及其以下河段水位升高。

C. 汉口站流量发生变化，汉口站 1 月、2 月平均流量 1980 年以后较 20 世纪 80 年代以前有较为明显的增加，3 月、12 月份流量变化不大。汉江枯水期月平均流量 1981 年之后有一定增加，主要因丹江口水库的调度趋于正常稳定，而这一情况今后还将持续下去。汉江和螺山枯水期流量的增加，共同导致汉口站枯水期流量增加，最终将影响汉口水位。

③汉口以下河段水位变化影响因素。

该段没有进行大型水利建设，影响水位变化的主要原因包括河床冲淤、围垦及流量变化。有关研究表明，长江下游 1990 年以来各水文站枯期流量有所增加，大通最小月的平均水位比 20 世纪 70 年代升高了近 0.7m。分析水位升高的原因主要是:20 世纪 90 年代以来长江下游水量连续偏大，持续退水不尽，引起基流偏大；下游当地大范围的特大暴雨，沿江各支流产生的径流和区间径流的汇入亦可引起长江下游干流水位抬高。由此可见，枯水位升高主要是流量增加引起的。

（2）三峡工程蓄水以后的影响因素

在三峡工程蓄水以后,影响通航水位计算的因素主要是三峡工程的运用。另外，还有引江济汉工程、江湖关系的调整等。

根据前文中关于三峡工程对坝下游河段影响的分析，计算通航水位时，考虑三峡工程的影响主要涉及以下几个方面的问题 ：

①枯水补偿作用。三峡工程在枯水期将动用前一年汛末的蓄水对流量进行补偿，受此影响，坝下游宜昌至大通河段同一保证率下的枯水流量都会有所增加，只不过随着沿程支流汇入，补偿效应所占的比重会有所下降。流量增加，相应的水位也会有所调整，这对坝下游，尤其是近坝段的设计最低通航水位计算影响较为明显。

②河床冲刷沿程自上而下发展。三峡水库清水下泄必然造成河床冲刷沿程自上而下发展，由于这种冲刷不只是存在于某个局部的河段，而是长距离长时间的影响，因此必然造成水位流量关系的调整。这种调整也主要是对设计最低通航水位的计算产生影响。

③汛期削峰调度。三峡水库若按初步设计的调度规程来运行，则对设计最高通航水位的影响不大，但如果过于频繁的拦洪削峰，那么较高重现期的洪水量级也会受到影响。由于这种临时性的调度运行没有确定的调度规则，因此可暂时不考虑设计最高通航水位计算过程中受到的影响。

6.1.5.3　通航水位计算难点

（1）设计最低通航水位计算难点

①三峡工程蓄水以前的计算难点

在三峡蓄水以前，受众多影响因素的单向性变化，利用特定时段计算出的设计通航水位并不能保证长期适用。克服这一问题所采取的方法就是实时调整，如长江干线航道的 71 航基面与 82 航基面（表 6–21）。这种定期调整的思想在“14 内河标准”中也有体现 ：“6.1.3　通航水位应根据河道水文条件变化情况，通过论证研究及时进行调整。”同时，有关研究还表明，在蓄水以前，最新的航基面也与随后的水文系列统计分析结果存在较大差异（表 6–22）。

设计最低通航水位（航基面）调整过程　　表 6–21

站名＼项目	里程（km）	71 基面	82 基面	98% 保证率计算（03 基面）
宜昌	0	39.352	39.352	38.701
枝城	59	37.409	37.429	37.264
沙市	146	32.578	31.558	31.018
监利	302	22.538	23.058	23.729
城陵矶	382	17.442	18.072	19.297
螺山	413	15.887	16.747	18.414
汉口	621	12.008	11.998	13.390
黄石	768	9.134		10.039
九江	889	7.104		8.065
湖口	921	6.084		7.016

不同时段保证率 98% 的设计水位　　表 6–22

时段＼站名	宜昌	枝城	沙市	监利	城陵矶	螺山	汉口
1954 ~ 1970	39.44	37.64	33.00	23.84	17.81	16.49	12.45
1954 ~ 1981	39.33	37.48	32.13	23.44	18.00	16.59	12.37
1981 ~ 2002	38.70	37.26	31.02	23.73	19.30	18.41	13.39
现行基面	39.352	37.429	31.558	23.058	17.442	15.887	12.008

由此可见，即使没有三峡工程的修建，适时进行设计最低通航水位的调整也是有必要的。

②三峡工程蓄水以后的计算难点

在“14 内河标准”中，也没有明确规定如何计算水利枢纽以下的设计最低通航水位，仅规定了确定原则，认为枢纽下游河段“设计最低通航水位应按本标准第 6.2.2 条规定的多年历时保证率，分析选定设计流量，并考虑河床冲淤变化和电站日调节的影响推算确定。”经分析，根据三峡工程蓄水以后水情特点，认为现阶段设计最低通航水位的计算难点有如下 3 个方面：

A. 目前缺乏河床冲淤变化幅度较大条件下的设计水位的定义。由于没有明确的概念，当然就无法确定设计水位。要确定水库下游的设计通航水位，就必须将设计通航水位概念延伸至水库蓄水后河床调整期内。实际上，在平衡河流上，设计通航水位的概念或者说定义本来就是与其统计分析方法统一的。综合已有的研究成果与04版内河通航标准中原则性的规定，认为从设计流量出发来定义设计水位是比较合适的。这是因为影响水位资料一致性的因素太过庞杂，而流量资料一致性的影响因素则相对简单，仅受水库调节的影响，这种影响通过数学模型计算是可以精确解决的。

B.水文资料不具备一致性。水库建成后，下泄水流含沙量大幅减少，水沙特性变化明显，导致下游河段全面重新造床。水库下游河床多以冲刷下切为主，局部河段、局部时段还可能发生淤积，最终逐步趋于新的冲淤平衡。受其影响，基本水文站测流断面冲淤变化过程中，调流前的水位保证率曲线、水位流量关系曲线不再适用，必须重新观测。设计水位计算取用的水位、流量资料应为水库调流后的观测资料，不能将调流前后资料混作一个序列进行计算。如果水库建成的时间长，下游基本水文站有长期而稳定的观测资料，且已基本实现冲淤平衡，则可直接利用调流后的水位或流量观测资料带入平衡条件下设计水位推求方法进行计算。如果水库刚建成或建成时间短，下游河床尚未达到平衡，观测资料代表性差，计算设计水位、设计流量就可能出现较大误差。

在这种动态调整过程中，即使是时间足够长，平衡河流设计水位的计算方法也已无法应用，这是因为这些方法是利用较长系列水文资料通过综合历时曲线法、保证率频率法等数理统计方法计算获得的。其基本假定是河床处于冲淤平衡或冲淤变化不大的状态，也就是在统计时段内水位流量关系基本保持不变，即假定河床为定床。通航水深受来流量影响，而基本不受河床冲淤变化影响。当河床处于冲淤平衡状态或冲淤变化缓慢状态时，河底高程多年变化不大，枯水期来流量大小决定设计水位高低，特别枯水年容易出现航深不足。以具有代表性的长系列水文资料概括各种来水情况及其洪、枯水年出现的周期性规律，取某一保证率或频率的水位作为设计水位。当河床冲淤变化积累到一定程度，水位流量关系明显变化时，可以通过另外划定相对稳定时段，选择相对稳定河床条件下的典型长系列水位（流量）资料校核设计水位的方法来修正。一般这种河床冲淤变化比较缓慢，每次修正相隔的时间较长，间隔年份的水位系列即可作为统计样本，在统计样本年限内认为河床不变；也可以直接根据变化的水位流量关系对设计水位进行修正。

然而，水库蓄水后，其下游河段将发生较大幅度的变化，河床处于不断冲淤调整之中，也就是同流量下的水位会逐年发生变化。显然，在这种条件下，原有的设计水位确定方法不再适用，其原因是河床冲淤变化幅度不大的基本前提已经不存在。

C.电站日调节对近坝段影响较大。由于当前对设计水位的讨论均是基于日平均水位的概念，一日之内的水位变幅难以反映。考虑到葛洲坝近坝段水位变幅较大，有可能对通航构成影响，因而需要根据电站日调节波动的特性，对设计水位给予适当修正，以便客观地反映近坝段的通航条件。

（2）设计最高通航水位计算难点

在三峡工程蓄水以前，直接统计水文资料即可得出设计最高通航水位。蓄水以后，三峡工程的汛期调度也会使得蓄水前后的洪水资料不具备一致性。调度力度越大，蓄水前后洪水特点的差异就越明显。如何处理这种不一致性，是蓄水以后设计最高通航水位的计算难点。

6.1.5.4　通航水位的确定方法

（1）通航水位的一般确定方法

国内外航道整治工程中设计水位的确定方法主要有 3 种：算术平均法、综合历时曲线法和保证率频率法。其中综合历时曲线法和保证率频率法为目前 2014 版内河通航标准中推荐的设计水位确定方法（表 6–23、表 6–24）。

天然河流设计最低通航水位综合历时曲线法航道等级　　表 6–23

航 道 等 级	保证率（%）	航 道 等 级	保证率（%）
Ⅰ、Ⅱ	≥ 98	Ⅴ ~ Ⅶ	90 ~ 95
Ⅲ、Ⅳ	95 ~ 98		

天然河流设计最低通航水位保证率频率法航道等级　　表 6–24

航 道 等 级	保证率（%）	重现期（年）
Ⅰ、Ⅱ	98 ~ 99	5 ~ 10
Ⅲ、Ⅳ	95 ~ 98	4 ~ 5
Ⅴ、Ⅶ	90 ~ 95	2 ~ 4

①算术平均法。这种方法是将历年最低水位的算术平均值作为设计水位。它可以概括该水文系列各种水文年的情况，机遇均等。为了避免因丰水年过多导致设计水位偏高，可在水文系列中选出枯水年，然后取各枯水年的最低水位，求其算术平均值作为设计水位。算术平均法的缺点是：要求的水文系列较长，否则误差较大；同时受特别枯水年的影响大，虽然概念简单，但局限性大，应用越来越少。

②综合历时曲线法。历时曲线又称保证率曲线、累积频率曲线（图 6–2），取每年的逐日平均水位或流量资料，分级统计各级天数累积的曲线，根据保证率要求，求出相应水位即年保证率水位值；综合历时曲线则以多年逐日平均水位或流量分级统计各级天数累积曲线，根据保证率要求，求出相应水位即为多年保证率水位值。假设某河段具有 20 年水位或流量资料，无封冻，全年 365d 通航；如水位设计保证率标准为 95%，则表示：20 年中有 20 × 365 × 95%=6 935d，或平均每年有 346.75d 的水位高于设计保证率水位，20 年中有 20 × 365 × 5%=365d，或平均每

年有 18.25d 的水位低于设计保证率水位。

③保证率频率法。保证率频率法是由历时曲线及频率分析两部分构成。从每年的水位历时曲线上取某一保证率的水位，然后将各年统一保证率的一个水位值由小到大排序，并计算其频率，即可点绘成该保证率水位的频率曲线（图 6–3）。其含义为：如果水位设计标准为 95%，频率 80%，则表示在所选水文系列年中年保证率 95% 对应的水位值低于设计最低通航水位的情况，平均 5 年出现 1 次。

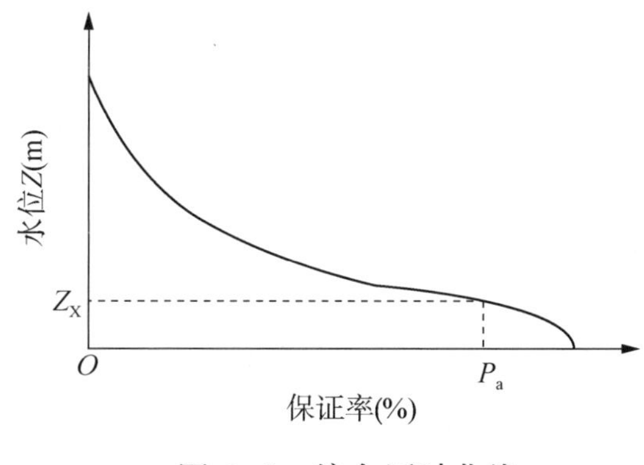

图 6–2　综合历时曲线

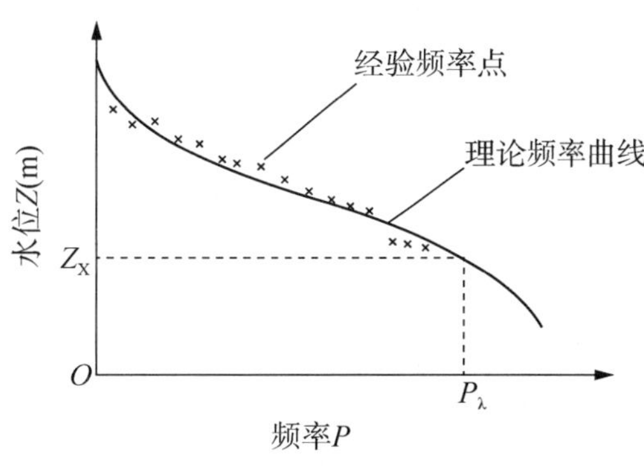

图 6–3　频率曲线

“14 内河标准”中推荐了综合历时曲线法和保证率频率法两种水文统计分析方法；同时对这两种方法水位和流量资料的取用作了一系列规定：“①当基本站资料具有良好的一致性时，应取近期连续资料系列，取用年限不短于 20 年。②当基本站资料不具备良好的一致性时，应根据其变化原因及发展趋势，确定代表性资料系列的取用年限。③当工程河段的水文条件受人类活动和自然因素影响发生明显变化时，应通过分析研究，选取变化后有代表性的资料”。并补充规定了：“水文资料的一致性是指年际间河床地形与水文条件无单向性的较大变化。”

（2）设计最低通航水位的确定方法。

①水文比拟法。即参照类似电站调流前后下游水文站的观测资料变化情况，对本站资料进行修正、延长或补充，从而进行有关的水文计算；也可直接对比类似的水电站和水文站在调流前后设计水位和流量变化情况，根据本水文站调流前的设计水位和流量来类推调流后的设计水位和设计流量。这些方法要求两个水电站的来流条件、调度规则、水文特点都比较接近，而每条河流都有自身特点，水库大小及调度方式各异，条件相似的水电站十分稀少。尤其大型水库下游河床变形较大，在河床调整过程中水位流量关系始终在变化，即使出库流量稳定，下游不同河段水位变化也会有所不同。倘若水库蓄水分阶段进行，设计水位确定更加困难。

②数值模拟计算。

当前，数学模型已被广泛用于河道水沙数值模拟，包括水库淤积、水库下游冲刷、航道整治工程设计等各个方面。应用数值计算方法研究水库下游水流及河床冲淤变化过程，并结合水文系列推求设计水位方法，从而为计算设计水位提供更为完善的方法。该方法能够有效利用研究河段水库修建前的资料，适用于各类水库，弥补了其他方法的不足，而且具备一定的预测功能。

通过一维数值模拟计算，可获得水库蓄水后不同时段地形条件下的水位流量关系，所以，计算设计水位的逐日水文系列就可以通过水库蓄水前后资料系列的分析处理获得。水库蓄水前设计水位计算所用的逐日水文系列仍可采用，只需将水文系列来流过程经水库调节后的下泄流量作为水库蓄水后上游逐日来流量。若水库蓄水后下游分汇流变化很小，工农业及人民生活取用水条件不变，则引起下游各水文站流量变化的主要原因是水库出流大小及其过程。由此可将水库蓄水前各水文站流量与水库下泄流量的差作为区间流量，将区间流量与相应水库蓄水后出流之和作为水文站水库蓄水后的流量。若下游分汇流因水库修建发生了变化，则需要根据实际条件建立水位流量关系修正下游各站流量值。考虑到经济发展需要，可以根据用水量增长速度、年内分配、沿程分配等调整流量过程。

可以看出,运用数值模拟计算方法中的从设计流量着手的思路与“14内河标准”的原则性规定也是吻合的，标准中强调的河床冲淤变化和电站日调节等枢纽运行的影响，一维模型中也能够涵盖。

由于葛洲坝水利枢纽船闸引航道运行的需要，葛洲坝至庙咀段的设计最低通航水位的确定有特殊性，因此宜昌至湖口河段以庙嘴为界，分上下两段。

A. 葛洲坝至庙嘴段。为确保坝下游的通航条件，三峡工程与葛洲坝在枯水期的联合调度过程中，须确保庙嘴水位不低于39.0m（吴淞冻结）。所以，葛洲坝至庙嘴段应以庙嘴为基本站，根据最新的水位流量关系取基本站39.0m对应的流量，采用最新观测的水文、地形资料推算该段的设计最低通航水位。

B. 庙嘴至湖口段。确定庙嘴至湖口河段的设计最低通航水位，三峡工程有两方面的影响不可忽视：其一是枯水补偿作用，前文的分析已指出，枯水补偿作用使得沿程的水位均有明显的抬升，而按照调度规则，这一补偿作用也可以确保庙嘴水位不低于39.0m；其二是来沙减少造成河床冲刷，引起水位流量关系的改变。

两方面的影响使得该河段单向调整的特点十分明显，不仅蓄水前后的水位流量资料不具备一致性，蓄水以后到该河段实现冲淤平衡之前，各年的资料都不具备一致性；在没有可用资料的情况下，已无法简单套用综合历时曲线法和保证率频率法来进行统计分析计算。另外，近坝段的电站日调节波的影响也不能忽视。

针对这些特点，要形成合理可靠的方法，根据前文界定的调整时期河流设计水位的定义，还需解决以下几方面的问题：

a. 水文资料的选取。不管是何种计算方法，要计算设计最低通航水位，必然仍是以水文资料为基础的。计算方法最基本的要求就应该是能够消除三峡工程蓄水给蓄水前后水文系列资料带来的差异性，通过计算修正，获得具有一致性的长系列水文资料。计算方法的这种功能决定了不管是蓄水以前的资料，还是蓄水以后的资料，都是能够参与计算的。所以，水文资料的选取不需要以三峡工程的蓄水运用作为分界，而应着重考虑其对流域水文特点的反映，选择足够长的系列年水文资料。

b. 地形边界的选取。以设计流量为出发点的计算方法，并不能直接得出水位数据，必须通过水位流量关系来转换。然而水位流量关系是基于特定的地形边界的，处于调整时期的河流，地形也是不断变化的，相应的水位流量关系也是不断调整的。对于这种不稳定的状态，设计通航水位中引入的地形在一定时期内保持稳定的假定是十分重要的，否则推算出的水位值将没有适用期。

（3）设计最高通航水位的确定方法

对应设计最低通航水位的确定方法，设计最高通航水位的确定方法也有如下两种计算方法：

①组合流量法，根据水库防洪调度规程，得出坝上洪水过程经调度后的下泄过程，对调度后的下泄过程统计分析特定重现期的洪水流量，与坝下游沿程的岔口、支流相应重现期的分汇流量组合，得出坝下各基本站的设计洪水流量，根据各基本站的水位流量关系推算出设计最高通航水位。其他断面用水位相关法推求。

②长河段非恒定流数学模型计算法。前文设计最低通航水位的计算方法依据三峡大坝上游来流经水库调节后下泄的长系列流量过程，可以获得固定河床条件沿程各站的长系列水位资料，对该资料进行统计分析，即可获得沿程设计最高通航水位。

基于与设计最低通过航水位确定方法同样的选择理由，推荐组合流量法计算设计最高通航水位。

需要补充说明以下两点：

A. 在城陵矶以上河段，应用这一方法具有一定的意义，因为三峡工程的汛期调度对这一段影响最为明显。

B. 在城陵矶以下河段，在三峡工程调度规则不作大的调整的前提下，作为组合流量计算方法的补充，可以直接对实测水文资料进行统计分析获得设计最高通航水位。

6.1.6 湖口—江阴

6.1.6.1 水文与航道条件

（1）河道概况

长江下游湖口～江阴河段属长江下游河段，长约530km，总体上以分汊河型为主，河道平面形态呈宽窄相间的藕节状。本河段河道宽阔，流路曲折，洲滩众多，河道宽度除局部窄段外，一般都在1km以上，局部宽阔河段，由于水流分散，江中多滩，常形成多支分汊河道。

（2）水沙条件

大通站是长江中下游干流最后一个径流控制站，大通以下区间来水量有限，大通站实测资料可基本用来代表大通至江阴段的径流特征，本章6.1.5.1节已经详尽描述。

（3）潮汐与潮流

湖口至江阴段以大通为界，以上湖口至大通段为不受潮汐影响的河段；以下大通～江阴段为受潮汐影响较弱的感潮河段。该河段潮汐为非正规半日浅海潮，每日两涨两落，且有日潮不等现象，在径流与河床边界条件阻滞下，潮波变形明显，涨落潮历时不对称，涨潮历时短，落潮历时长，潮差自下而上沿程递减，落潮历时自下而上沿程递增，涨潮历时则沿程递减。南京至镇江基本为单向流，枯季大潮涨潮流上溯至镇江附近，河床演变主要受上游径流控制。

河段内主要潮位站有南京下关站、镇江北固山、三江营、江阴，各站潮位特征如下：

①南京下关站

在南京西坝上游设有南京下关站，位于南京市下关唐山路的江边，有多年系统观测资料。考虑到该段水流特性相似，可以借鉴下关站的实测资料分析本段进口水流特性。

南京河段为感潮河段，水位受长江径流与潮汐双重影响，主要受长江径流控制，一般每年5～10月为汛期，11月～次年的4月为枯季，水位每日两涨两落，为非正规半日潮型；涨潮平均历时为3.9h，落潮平均历时为8.5h，水位年内变幅较大。南京站潮位（1985国家高程基准）年特征值见表6–25。

②镇江北固山站

在镇江市设有北固山站，北固山站潮位为非正规半日混合潮型，每天两涨两落的时间为24小时15分钟，一涨一落为12小时25分钟，其中涨潮历时3小时15分钟，落潮历时9小时10分钟，每月两次大潮出现在农历的初三、十八前后。

北固山潮位站历年最高高潮位为 8.59m（吴淞冻结基面）（1996 年 8 月 1 日），每年的最高高潮位一般出现在汛期；北固山潮位站历年最低的超微为 1.24m（吴淞冻结基面）（1959 年 1 月 22 日），每年最低潮位一般出现在一月；北固山潮位站多年平均潮位 4.57m（吴淞冻结基面），每年平均超差 0.96m（吴淞冻结基面）。

南京站潮位年特征值统计表　　表 6–25

项　目	特　征　值	统计时段及发生时间
历年最高潮位（m）	8.31	1950 ～ 2001 年（1954 年 8 月 17 日发生）
历年最低潮位（m）	−0.37	1950 ～ 2001 年（1956 年 1 月 9 日发生）
历年最大变幅（m）	7.81	1950 ～ 2001 年（1999 年发生）
历年最小变幅（m）	4.55	1950 ～ 2001 年（2001 年发生）
汛期最大潮差（m）	1.31	1950 ～ 2001 年
枯水期最大潮差（m）	1.56	1950 ～ 2001 年
历年最小潮差（m）	0	1950 ～ 2001 年

北固山潮位站多年月平均潮位及潮位特征见表 6–26、表 6–27。

北固山潮位站多年月平均潮位（单位：m，吴淞冻结基面）　　表 6–26

月份	1	2	3	4	5	6	7	8	9	10	11	12	年均
月均潮位	3.03	3.13	3.58	4.10	4.89	5.43	6.00	5.93	5.72	5.23	4.39	3.46	4.37

北固山潮位站潮位特征值（单位：m，吴淞冻结基面）　　表 6–27

潮　位		潮　差				多年平均		
最高	最低	最大		最小		高潮位	低潮位	潮差
		涨潮	落潮	涨潮	落潮			
8.59（1996 年 8 月 1 日）	1.24（1959 年 1 月 22 日）	23.32（1979 年 1 月 30 日）	2.20（1979 年 1 月 30 日）	0.00（1969 年 9 月 6 日）	0.01（1969 年 3 月 28 日）	7.07	1.93	0.96（1957 ～ 1998）
						1912 ～ 1937 1946 ～ 1998		

③三江营和江阴站

扬州市都江市设有三江营潮位站，江阴市设有江阴潮位站。其潮汐统计特征值，如表 6–28 和表 6–29 所示。

三江营和江阴的潮汐统计特征（1985 国家高程基准）　　表 6–28

特征值站名	最高潮位（m）	最低潮位（m）	平均潮差（m）	最大潮差（m）	最小潮差（m）	涨潮历时（时分）	落潮历时（时分）
三江营	6.11	−1.1	1.19	2.65	0	3:50	8:35
江阴	5.28	−1.14	1.64	3.39	0	3:30	8:55

三江营和江阴潮位站多年月平均潮位（单位：m，吴淞冻结基面）　　表 6–29

地名	潮位＼月份	1	2	3	4	5	6	7	8	9	10	11	12
三江营	高潮位	3.34	3.46	3.76	4.21	4.79	5.09	5.49	5.42	5.27	4.92	4.29	3.67
	低潮位	2.03	2.11	2.44	2.95	3.71	4.08	4.55	4.22	4.19	3.84	3.15	2.43
江阴	高潮位	3.32	3.38	3.61	3.90	4.28	4.52	4.80	4.82	4.73	4.48	4.05	3.56

长江口潮流界随径流强弱和潮差大小等因素的变化而变动，枯季潮流界可上溯到镇江附近，洪季潮流界可下移至西界港附近。据实测资料统计分析可知，当大通径流在 10 000m^3/s 左右时，潮流界在江阴以上；当大通径流在 40 000m^3/s 左右时，潮流界在如皋沙群一带；当大通径流在 60 000m^3/s 左右时，潮流界将下移到芦泾港～西界港一线附近。

江阴河段以上，中洪水期无涨潮流，只有枯水大潮时才有涨潮流，枯季小潮无涨潮流。涨潮流对河床演变不起主要作用，影响河床冲淤变化的外在因素主要是长江来水来沙，特别是大洪水的影响。

根据三峡水库调度规程，九月中旬至十月为三峡水库的蓄水期。一般水文条件下，进入十月后，长江流域已进入退水期，加之三峡水库 175m 蓄水运用，坝下游出现较大幅度涨水过程的可能性较小；在一段时间内，坝下游河段的流量水位都将是振荡消落的过程，年尾航道的发展趋势将一定程度上取决于径流消落的速度，如果来水急剧减小，径流消落过快，就将局部浅滩的冲刷产生极为不利的影响。

（4）航道条件

本河段总体航道条件较好，枯水期维护尺度高，见表 6–30。

湖口—江阴河段最小维护尺度　　表 6–30

河　段	航道尺度（m）（水深 × 航宽 × 弯曲半径）	保证率（%）
湖口—皖河口	4.0×150×1050	98
皖河口—大通	5.0×150×1050	98
大通—芜湖	5.0×200×1050	98
芜湖—南京	7.5×200×1050	98
南京—江阴	10.5×250×1050	90

本河段南京以上实行分月维护水深情况，见表 6–31。

湖口—江阴河段航道分月维护水深情况表（单位：m）　　表 6-31

河段＼月份	1	2	3	4	5	6	7	8	9	10	11	12
湖口—皖河口	4.0	4.0	4.0	4.5	5.0	6.0	6.0	6.0	6.0	5.0	4.5	4.0
皖河口—大通	5.0	5.0	5.0	6.0	6.0	7.5	7.5	7.5	7.5	6.0	6.0	5.0
大通—芜湖长江大桥	5.0	5.0	5.0	6.0	6.0	7.5	7.5	7.5	7.5	6.0	6.0	5.0
芜湖长江大桥—南京燕子矶	7.5	7.5	7.5	7.5	7.5	9.0	9.0	9.0	9.0	7.5	7.5	7.5
南京燕子矶—南京龙爪岩	10.5											
南京龙爪岩—浏河口	10.5											

6.1.6.2　通航水位影响因素

计算湖口至江阴段的通航水位，主要考虑以下两点：

（1）三峡工程枯水补偿的流量相对于本河段的枯水流量而言，即使沿途有众多支流汇入，仍是不可忽略的。前文也初步估计了补偿流量在大通站所引起的水位增加幅度，约为 0.30m，这个幅度在设计最低通航水位的计算中，是不得不考虑的。

（2）三峡工程蓄水对本河段冲淤的影响虽然会在一段时间后显现，但引起的冲刷对水位的影响不大。

6.1.6.3　通航水位计算难点

与宜昌至湖口河段类似的，在蓄水初期，这一河段设计最低通航水位的确定不能简单应用水文统计分析的方法，因为枯水补偿作用改变了同频率下的枯水流量，蓄水以前的资料已无法使用，而且蓄水后的资料也已不具备一致性。

6.1.6.4　通航水位的确定方法

（1）设计最低通航水位

对于该河段在三峡工程 175m 正常蓄水运用后设计最低通航水位的计算，本部分仍建议采用与沙市至湖口河段相同的方法，即组合流量法：根据沙市至湖口河段设计最低通航水位计算过程中，确定的湖口的设计流量，与湖口下游沿程的岔口、支流特定保证率下的分汇流量组合，得出河段内各基本站的设计流量，根据各基本站的水位流量关系推算出设计最低通航水位。

与沙市至湖口河段不同的是，在本河段来沙减少引起的河床冲淤对水位影响不大，因此，一方面，河床在一定时间内固定的假定就有相当的合理性，设计最低通航水位的修正时间间隔也可以相应拉长。另一方面，只要三峡工程 175m 正常蓄水运用维持足够长的时间，如 20 年，就已形成足够长的具有一致性的水文资料系列，就可以采用综合历时曲线法或保证率频率法对这 20 年的水文资料统计分析，从而直接得出该段的设计最低通航水位。

（2）设计最高通航水位

设计最高通航水位计算方法的确定不再考虑三峡工程调度的影响，根据“14内河标准”6.2.1款第1条规定，设计最高通航水位采用重现期为20年的洪水水位。

从设计最高通航水位的确定来看，该段基本可以认定为天然河流，不受三峡工程的影响；从设计最低通航水位的确定来看，该段受三峡工程清水下泄或者说沙量调节的影响较小，基本可以忽略，但仍需考虑枯水补偿即年内径流调节的影响。

6.1.7 江阴—长江口

6.1.7.1 水文与航道条件

（1）河道概况

江阴～长江口长122km，黄山节点以下属于河口段，江面宽度在5～20km之间，总体上自上而下逐渐展宽。河床演变受径流和潮流的共同作用，河道中沙体较多，且出现大量的发育未成熟的散乱沙群或潜洲，水流切割沙体，沙群分合多变，水道兴衰交替、变化频繁。该段河道形态变化特点表现为江中沙洲及河岸冲淤变化频繁，弯曲河型与分汊河型交替出现。徐六泾为长江最后一个节点，其上游河宽5～10km，下游河道展宽，徐六泾以下河道平面上呈三级分汊、四口入海之势，形成极开阔的喇叭形三角洲，南北支口门入海处宽达90km。

（2）潮位与潮流

本河段潮汐为非正规半日浅海潮，每日两涨两落，且有日潮不等现象；在径流与河床边界条件阻滞下，潮波变形明显，涨落潮历时不对称，涨潮历时短，落潮历时长，潮差沿程递减，落潮历时沿程递增，涨潮历时沿程递减。南京至镇江基本为单向流，枯水季大潮涨潮流上溯至镇江附近，河床演变即造床作用主要受上游径流量控制。

江阴至浏河口沿程主要潮位站有南京下江阴、天生港、徐六泾、杨林站，各站潮位特征，如表6–32所示。

江阴、天生港、徐六泾、杨林站潮位特征值表　　表6–32

站别	潮位、潮差及历时		潮位、潮差及历时	
江阴	最高潮位（m）	5.28	最低潮位（m）	−1.14
	多年平均高潮位（m）	1.92	多年平均低潮位（m）	0.03
	最大潮差（m）	3.39	最小潮差（m）	0
	多年平均潮位（m）	0.98	多年平均潮差（m）	1.93
	涨潮历时	3小时30分钟	落潮历时	8小时55分钟

续上表

站别	潮位、潮差及历时		潮位、潮差及历时	
天生港	最高潮位（m）	5.14	最低潮位（m）	−1.52
	多年平均高潮位（m）	1.92	多年平均低潮位（m）	0.03
	最大潮差（m）	4.01	最小潮差（m）	0
	多年平均潮位（m）	0.98	多年平均潮差（m）	1.93
	涨潮历时	4 小时 09 分钟	落潮历时	8 小时 16 分钟
徐六泾	最高潮位（m）	4.83	最低潮位（m）	−1.56
	多年平均高潮位（m）	2.07	多年平均低潮位（m）	−0.37
	最大潮差（m）	4.01	最小潮差（m）	0.02
	多年平均潮位（m）	0.76	多年平均潮差（m）	2.01
	涨潮历时	4 小时 14 分钟	落潮历时	8 小时 13 分钟
杨林	最高潮位（m）	4.50	最低潮位（m）	−1.47
	多年平均高潮位（m）	1.72	多年平均低潮位（m）	−0.47
	最大潮差（m）	4.90	最小潮差（m）	0.01
	多年平均潮位（m）	0.62	多年平均潮差（m）	2.19
	涨潮历时	4 小时 14 分钟	落潮历时	8 小时 13 分钟

最高潮位通常出现在台风、天文潮和大径流三者或两者遭遇之时，其中台风影响较大。

长江口潮流界随径流强弱和潮差大小等因素的变化而变动，枯水季潮流界可上溯到镇江附近，洪水季潮流界可下移至西界港附近。据实测资料统计分析可知，当大通径流在 10 000m^3/s 左右时，潮流界在江阴以上；当大通径流在 40 000m^3/s 左右时，潮流界在如皋沙群一带；当大通径流在 60 000m^3/s 左右时，潮流界将下移到芦泾港—西界港一线附近。

江阴河段以上，中洪水期无涨潮流，只有枯水大潮时才有涨潮流，枯水季小潮无涨潮流。涨潮流对河床演变不起主要作用，影响河床冲淤变化的外在因素主要是长江来水来沙，特别是大洪水的影响。

根据三峡水库调度规程，每年 9 月中旬至 10 月为三峡水库的蓄水期。一般水文条件下，进入 10 月后，长江流域已进入退水期，加之三峡水库 175m 蓄水运用，坝下游出现较大幅度涨水过程的可能性较小；在一段时间内，坝下游河段的流量水位都将是振荡消落的过程，年尾航道的发展趋势将一定程度上取决于径流消落的速度，如果来水急剧减小，径流消落过快，就将局部浅滩的冲刷产生极为不利的影响。同时大通以下河段，特别是江阴以下的潮流河段，除受上游径流影响外，还受潮汐潮流的影响。该段潮汐类型为非正规半日潮，通常一日内两涨两落，日潮不等现象较明显，但主潮仍以落潮流占优势。

（3）航道条件

本河段的江阴水道、浏海沙水道、南通水道、浏河水道多年来10.5m和12.5m等深线贯通，且各水道全线10.5m和12.5m航宽均可满足500m设标要求，航道条件良好。福姜沙水道、通州沙水道、白茆沙水道滩潮变化大，深泓不稳定，年际间摆幅较大，航道不稳定，但通过疏浚维护，可以确保航道畅通。

6.1.7.2 通航水位的确定方法

江阴至浏河口河段受潮汐影响明显，多年月平均潮位年变幅小于或等于多年平均潮差，说明潮汐引起的水位涨落幅度要大于径流的作用。不可否认，三峡工程枯水期的补偿作用仍会传递到本河段，但是比较于全年数万立方米每秒的流量波动幅度，这种枯水的补偿作用是很小的，对潮位的影响更是可以忽略。因此，该河段设计通航水位的计算沿用“14内河标准”的规定。设计最低和最高通航水位应按如下要求：

（1）设计最低通航水位

按标准中6.2.2款第2条规定，设计最低通航水位应采用低潮累积频率为90%的潮位。

（2）设计最高通航水位

按标准之6.2.1款第2条规定，设计最高通航水位应采用年最高潮位频率为5%的潮位，按极值I型分布律计算确定。

6.2 通航水位确定方法

此内容首先对前文划分的七大具体河段进行分类，将长江干流全线（水富—长江口）归纳为五大类型河段；然后在每一具体河段通航水位确定方法的基础上，提炼出每一类型河段通航水位确定方法及有关通航水位的说明。

6.2.1 河段类型定义

根据前文七大河段的水沙与通航条件，长江（干线）全线（水富—长江口）可归纳为五大类型的河段：枢纽上游河段、枢纽衔接河段、受电站日调节影响的枢纽下游河段、不受电站日调节影响的枢纽下游河段和潮汐影响河段。其中每种类型河段的定义如下：

（1）枢纽上游河段：水利枢纽回水范围内没有其他拦河水利枢纽的库区河段，或者上游枢纽在下游枢纽的变动回水区内的两座枢纽之间的河段。如江津至三峡大坝段。

（2）枢纽衔接河段：上游枢纽位于下游枢纽的常年回水区内的两座相邻水利枢纽之间的河段，为枢纽衔接河段。亦称两座水利枢纽完全衔接。如三峡大坝至葛洲坝段。

（3）受电站日调节影响的枢纽下游河段：枢纽下游受枯水期电站日调节非恒定流影响的河段，以水位日变幅减小到一个较小值，水流基本稳定至界定标准。如水富至合江段、葛洲坝至沙市段。

（4）不受电站日调节影响的枢纽下游河段：按照以上界定标准界定的不受到日调节波影响，但受枢纽日调节运行和枯水补偿作用流量增加的枢纽下游河段，到下游的枢纽上游河段或潮汐影响河段的上游端。如合江至江津段、沙市至湖口段、湖口至江阴段。

（5）潮汐影响河段：潮汐影响河段是指多年月平均潮位年变幅小于或等于多年平均潮差的河段。即江阴至长江口。

6.2.2　不同类型河段通航水位

6.2.2.1　枢纽上游河段

（1）设计最低通航水位

①根据坝前水位的运行过程线确定合理的计算时段，对于坝前水位上升或下降较快时，其计算时段应适当加密。

②根据本河段上游距离最近的水文站和本河段内的各水文站最近不少于20年的日平均流量，计算出各计算时段内多年98%和99%保证率的设计流量。如果入库径流受上游枢纽作用发生改变时，则取各时段枢纽最小下泄流量或径流条件变化后的最小汇入流量。

③根据各水文站上下游的支流汇入情况确定采用各水文站流量资料的相应计算河段。

④根据各时段内的坝前最低水位和各计算河段的设计流量，计算出多组回水曲线。

⑤取各组回水曲线的下包线作为沿程的设计最低通航水位。

（2）设计最高通航水位

采用符合“14内河标准”规定的重现期洪水与相应的汛期坝前水位组合，以及坝前正常蓄水位或设计挡水位与相应的各级入库流量组合，得出多组回水曲线，取其上包线作为沿程各点的设计最高通航水位。

6.2.2.2　枢纽衔接河段

设计最低通航水位可取下一梯级坝前实际最低运行水位作为枢纽间河段的设

计最低通航水位。

设计最高通航水位应根据上一梯级下泄的设计最高通航流量和下一梯级最高坝前水位进行组合推算确定。

6.2.2.3　枢纽下游河段（受电站日调节影响和不受电站日调节影响的枢纽下游河段）

（1）设计最低通航水位

①根据枢纽枯水期的日调节流量下泄工况，考虑支流汇入的影响推算出枢纽下游受日调节下泄影响的河段范围；有实测资料则通过沿程水位日内波动相关性分析，得出日调节的影响范围。

②对于受枢纽日调节影响近坝河段，首先采用“日调节非恒定流数值模拟计算法”，即根据最不利的日调节下泄流量典型工况，采用非恒定流数学模型，推算出沿程各点的最低水位、最小流量，最低水位即为设计最低通航水位；当无法获取典型工况，则根据该最小下泄流量加上支流汇入设计最小通航流量分段计算沿程各点的最低水位，适当考虑日调节波引起的沿程水位抬高情况修正确定；枢纽正常运行较长时间以后，下游基本水文（水位）站具有较长历时的观测资料时，应采用日最低水位保证率法确定设计最低通航水位。

③对基本不受枢纽日调节影响的河段，应考虑枢纽日调节运行和枯水补偿作用增加的流量，重新确定该河段的设计最小通航流量；用该设计最小通航流量加减支流或岔口分汇流设计最小通航流量，查出河段内基本水文（水位）站的水位流量关系曲线上对应的水位（在河段达到平衡状态之前，水位流量关系需要按设计水位使用时限进行修正），即为基本水文站的设计最低通航水位，其他断面可采用水位相关法和同比降观测得到。简称此方法为“组合流量法”。

（2）设计最高通航水位

①当枢纽没有洪水调蓄作用时，应选取枢纽上游最近的水文站规定重现期的洪水流量作为枢纽下泄设计最大通航流量，并考虑枢纽下游河段的支流汇入影响分段确定设计最大通航流量；通过查河段内基本水文站的水位流量关系曲线得出基本水文站的设计最高通航水位，其他断面采用水位相关法推求。

②当枢纽具有洪水调蓄作用时，可直接选取枢纽下泄设计最大通航流量，并考虑枢纽下游河段的分汇流影响，分段确定设计最大通航流量；通过查河段内基本水文站水位流量关系曲线得到基本水文站的设计最高通航水位，其他断面可用水位相关法推求。

6.2.2.4　潮汐影响河段

潮汐影响河段的通航水位确定方法，采用“14 内河标准”的规定。

设计最低通航水位，应采用低潮累积频率为 90% 的潮位。

设计最高通航水位应采用年最高潮位频率为 5% 的潮位，按极值 I 型分布律计算确定。

6.2.3　通航水位有关说明

三峡水利枢纽带给上下游河道水沙条件变化与河床调整在较长时期内将持续存在，干线和支流上其他枢纽的建设同样也会引起近坝河段不同程度的变化。因此，长江干线通航水位的确定，建议在“14 内河标准”的基础上还须符合以下规定：

（1）在长江干线及主要支流上进行枢纽建设时，应根据枢纽的运行水位和下泄流量过程及时计算确定其上下游河段的通航水位。

（2）通航水位应根据上游来水来沙条件的变化情况和河床冲淤情况以及枢纽的运行情况定期调整。对来水来沙较为稳定，且河床冲淤基本平衡的天然河段，宜每隔 8 ～ 10 年调整一次；对来水来沙变化较大或河床冲淤变化较大的天然河段以及枢纽运行不足 20 年的上下游非平衡河段，宜每隔 3 ～ 5 年调整一次。

（3）当枢纽建成运行后，应及时观测枢纽上下游河段沿程的水位变化，并根据实测资料对通航水位作及时调整。当枢纽正常运行超过 20 年，且水文资料的一致性较好时，应按天然河流设计适用的保证率法或保证率频率法计算设计最低通航水位，以及用满足规定重现期的洪水水位作为设计最高通航水位。

（4）在受日调节影响的枢纽下游河段应设置多个固定水位观测点，每天同时多次观读，分析每日最低水位，设计最低通航水位统计分析时应采用日最低水位。

7　长江干线航道通过能力

航道通过能力是指在一定的计算时间内，航道的某一控制断面可能通过的最大运输量。长江干线航道通过能力是衡量长江黄金水道“含金量”极其重要的指标，是长江航运快速发展的基础。长江干线航道通过能力的现状，在《长江干线航道发展规划》的指导下，围绕“深下游、畅中游、延上游”及“率先实现长江航道现代化”的主要目标，长江干线水富—浏河口 2 717.6km 河段实施了一系列的航道整治工程和生产设施工程，干线航道的通航面貌有了很大的改观，航道维护尺度及通航保证率有较大提高，航行条件明显改善，服务水平稳步提升，航道通过能力大幅度增强。

7.1　影响航道通过能力的因素

近年来，国民经济发展迅速，水路运量成倍增加。为应对水运需求的迅猛增加，提高航道通过能力，有必要分析影响通航能力的相关因素。概括起来，影响航道通航能力的主要因素包括航道自身要素、船舶要素及相关政策规定。

7.1.1　航道自身要素

航道通航条件是决定航道通过能力的主要因素之一，决定了可以通过的船舶吨位和尺度。航道等级高，水深可以满足大型船舶的吃水要求，并有利于提高船舶航行速度。航道宽度条件则可以保证船舶安全超越、会遇。航道曲率半径则可以保证船舶通过弯曲、急浅航道时的安全性。水流速则与船舶之间的安全距离船舶领域大小息息相关。另外受潮汐影响，江阴以上河段为感潮河段、以下为倒灌河段，潮汐现象将会对航道水深、水流流速和流向产生较大影响。此外，洪水也使航道水位和流速产生较大变化。

（1）航道维护深度

航道水深是航道尺度中非常重要的指标，决定着船舶的航行速度和载重量。

若水深不足，船舶只能减载航行，大型船舶甚至不能通航。一般在平原河流和河口、港口航道，航道水深不足是关键的碍航因素。在这些地区采取工程措施的主要目的是解决航道水深问题。

航道标准水深是指在设计最低通航水位下航道范围内保证的最小水深，是航道工程设计的主要依据之一，也称为航道设计水深。

航道标准水深由设计船型的标准吃水和富裕水深组成，由下式表示：

$$H=t+\Delta H_1+\Delta H_2+\Delta H_3+\Delta H_4+\Delta H_5 \tag{7-1}$$

式中：H——航道设计水深（m）；

t——设计船型标准吃水（m）；

ΔH_1——触底安全富裕量；

ΔH_2——考虑波浪影响的富裕量；

ΔH_3——船舶航行下沉量；

ΔH_4——考虑水体密度影响的富裕量；

ΔH_5——考虑挖槽回淤影响的富裕量。

设计船型标准吃水，是指设计船舶在标准载重量时的吃水。船体结构所能承载的吃水称最大吃水（亦称结构吃水），最大吃水大于标准载重时的标准吃水。

由以上计算公式可知，除去各种富裕水深，航道水深决定着可通航船舶的大小和规模。对长江下游航道而言，南京—浏河口段航道是海轮进江的重要通道，海船规模较大，载重量较大，进入长江对航道水深有较高要求，因此保证航道的维护水深对于长江中下游航道的通过能力至关重要。不同吨级海轮通航水深，见表 7–1。

海轮通航水深计算表 表 7–1

船舶吨级（DWT）（t）	满载吃水（m）	富裕水深（m）
10000	8.5	1.27
20000	10	1.35
30000	10.8	1.43
40000	11.8	1.5
50000	12.8	1.57

（2）航道维护宽度

在航道的修建和维护中，航道宽度的大小需兼顾交通安全、效率和投资等各方面。在建设新港口而挖掘航道时，要根据船舶的数量和规模来确定适当的航道宽度；在现有航道条件下增大船舶吨位或增加船舶通过数目时，也要以航道宽度为基本条件。长江中下游航道是要在现有航道条件下增大航道的通过能力，航道宽度是重要的考量因素。

航道宽度 W 由航迹带宽度 A、船舶间的富余宽度 b、船舶与航道底边的富裕宽度 C 组成，详见图 7–1。根据港口工程技术规范规定，航道宽度 W 的取值如下：

单向航道 $$W=A+2C \quad (7-2)$$

双向航道 $$W=2A+b+2C \quad (7-3)$$

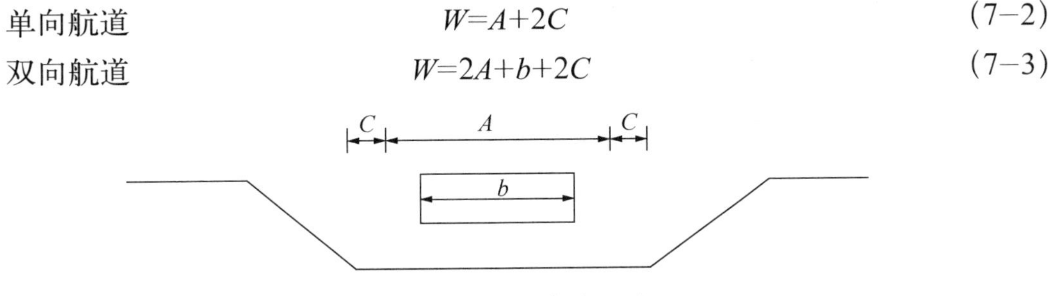

图 7–1 单线航道宽度示意图

在上述航道有效宽度的算式中，航迹带宽度所占比列重大，可见船舶安全通过航道航行所需的航道宽度主要决定因素是航迹带宽度。

航迹带宽度计算公式如下：

$$A=n(L\sin\gamma+B) \quad (7-4)$$

式中：A——航迹带宽度（m）；

n——船舶漂移系数；

L——船舶或船队总长（m）；

γ——风、流压偏角（°）；

B——船舶或船队总宽（m）。各航段漂移倍数及风流压偏角详见表 7–2。

各航段漂移倍数 n 和风、流压偏角取值 表 7–2

风力	横风≤ 7 级		
横流 V（m/s）	$V \leqslant 0.25$	$0.25 < V \leqslant 0.5$	$0.5 < V \leqslant 0.75$
n	1.81	1.69	1.59
γ（°）	3	7	10

在分道通航的双向航道中，船舶间的富裕宽度也是影响航道宽度的一个重要因素。船舶相向交会时，为了防止船舶发生船吸而保持两航迹带间的内侧横向间距，两船的相互作用，主要受船型尺度、两船间距、航速和操船性能等因素的影响。为了有效保持两船间的最小安全距离，许多国家诸如美国、苏联、日本、荷兰及英国等一些港口和科研机构，做了大量的理论研究和船型试验，取得了许多很有参考价值的科研成果。总结国外有关文献资料和我国的一些港口实践经验，建议两航迹带的内侧距离不得小于最大设计船宽。根据《海港总平面设计规范》（JTJ 211—99）的相关规定，当航道较长，自然条件较差和船舶定位困难时，可

适当加宽航道宽度；在自然条件有利的地点，经论证可适当缩窄航道宽度。对于航行密度大的航道、超大型散货船、油船和化学品船等危险品船舶通航的双向航道，应根据当地的自然条件适当拓宽航道宽度。航道的有效宽度，如表 7–3 所示。

航道有效宽度表（散货船） 表 7–3

船舶吨级 DWT	有效宽度（m）		
	$\gamma=3^\circ$	$\gamma=7^\circ$	$\gamma=10^\circ$
10000	161	189	206
20000	184	217	236
30000	208	244	266
40000	231	269	292
50000	254	296	321

（3）航道弯曲半径

航道弯曲半径是指弯曲航道中心线的曲率半径。航道最小弯曲半径 R 是指保证标准船队安全通过弯道的最小弯曲半径，从便利航行考虑，航道弯曲半径越大越好，但因受自然河流地形条件的限制，往往要求船舶在弯曲半径较小的弯道中航行。为保证航行的安全，因而规定了一个最小限值，作为保障航行的一个条件，它主要与船舶（队）长度及（操纵）性能有关。一般情况下，取顶推船队长度的 3 倍，或拖带船队中最大单船长度的 4 倍作为航道最小弯曲半径。在弯道采取了加宽措施，或流态较好，驾驶能通视的情况下，弯曲半径也可适当减小，但不得小于顶推船队长度的 2 倍。拖带船队最大单船长度的 3 倍。

（4）水流条件

船舶在航道中顺利航行，不仅要求航道尺度满足船舶通航要求，同时水流条件也要在一定控制范围内。合适的水流条件，包括流速、比降和流态。

长江下游南京—浏河口河段中，南京～江阴为感潮河段，江阴至浏河口为倒灌河段，受潮汐影响，河段内水流的流速和流态与一般河流不同，船舶在航行时的速度会受到较大影响，航道的通过能力随之受到影响。同时，为保证船舶（队）的安全航行，航道内的表面流速和局部比降不能过大，否则上行船舶（队）的推力不能克服逆流阻力而前进，下行船舶（队）的舵效难以发挥，使船舶（队）操纵困难。垂直航道轴线的横向流速亦不应过大，否则会将船舶推离航道，发生海损事故。而水流形态的好坏，直接关系到航道条件的好坏。险恶水流可以使航行船舶遭受搁浅、触礁、倾覆沉没等严重的海损事故。内河航道中常常有如回流、泡水、漩水、滑梁水、夹堰水、扫弯水、走沙水等流态。以上几种碍航流态，船舶航行应引起重视。

航道内的允许流速和允许比降与船型、功率、载重量、操纵性能等有关，通常应通过实船试验，综合比较后确定。长江中下游航道的流速和比降按照相关规定应符合下列要求：

①平原河流航道内的最大纵向表面流速在整治水位及其以下时不大于2.0m/s。

②船闸上下引航道进水工程的进门及排水工程出口处，航道横向流速不宜超过0.3m/s，回流流速不得超过0.4m/s。

7.1.2　船舶要素

航道通过能力不仅与航道自然条件有关，与船舶及船舶的技术性能的联系也非常紧密。航道上船舶的船型、船舶构成、船舶载重吨位、船舶航行速度、船舶交通特性以及驾引人员的技能都会影响航道通过能力。

（1）船型

船型尺度主要包括船长、船宽以及吃水。船型在很大程度上决定了船舶最大载重吨位。另外，船型也决定了船型系数。船型系数表示船体水下部分几何形状、面积或体积肥瘦程度的各种无因次系数的统称。包括：水线面系数、中横剖面系数、方形系数和棱形系数等。这些系数分别是体积或面积与其相对应的外切矩形面积或长方体或棱柱体体积之比。其中有：方形系数表示水下部分总的肥瘦程度，棱形系数反映船体水下部分的体积沿船长的分布情况，水线面系数反映设计水线面两端的瘦削程度，中横剖面系数反映中横剖面的饱满程度。船型系数与船舶航行性能有密切关系。

（2）船舶构成

航道的通过能力不仅与航道本身的条件有关，还与航道上的船舶构成有关。航道上的船舶类型不同或比例不同，对研究航道的通过能力、营运情况及经济效益有着很大的影响，在一定程度上甚至是关键性因素。

不同类型的船舶，运输性能不同。船舶的不同类型和构成比例决定了船舶的平均吨位，对航道通过能力的影响重大。长江中下游航道距离长，由许多不同的水道构成，不同水道间由于航道条件及运输需求的差异，船舶的类型组成和所占比例也有一定的差别，因此有必要对航道进行分段分析船型。

（3）船舶载重吨位

航道通过能力与船舶载重吨位高度相关。在高等级航道中，如果小船众多，运行船舶吨位不高，会大大降低航道通过能力，航道资源中的水深潜能没有得到充分的利用，高等级航道的优势也就无从体现。船舶等级低，与航道等级不匹配，形成“大马拉小车”的现象，实际上是对航道资源的浪费。

（4）船舶航行速度

船舶速度是很重要的参数，船舶航行速度与通过能力线性相关，在达到畅行速度之前，船舶航行速度越大，航道通过能力越大。目前内河船舶航速远远低于海运船舶，这与内河航运的环境特点有关，也与内河运输船舶船型、主机性能等因素有关。船速过低，舵效变差，又带来操纵上的困难。同时，会直接影响船舶交通流通过能力，易造成航道阻塞。

（5）船舶交通特性

船舶交通流的行驶特性包括船舶密度、船舶速度以及船舶交通量，当密度由零增加时，因为航道上行驶的船舶增多，所以交通量也在增加。此时，由于船舶之间的干扰，速度开始下降（由于船舶间的相互作用）。在低密度和低交通量时，这种下降实际上可以不计。然而，密度持续增加达到某一值时，会使速度急剧下降。当密度增加和速度下降终于引起流量减少时，这时交通量达到最大值。另外，到船特性对通过能力亦有一定影响。

（6）驾引人员的技能

在人—船—环境的交通系统中，船舶是由驾引人员操纵，驾引人员的总体特征影响了船舶的行为。驾驶员的技术熟练程度、遵守交通法规的程度、在本航道或相似条件航道上的驾驶经验以及驾引人员是否具备正常驾驶行为等条件都会对船舶的航行行为产生影响，进而影响航道的通过能力。

7.1.3 相关政策规定

船舶在航道中航行时，需要遵守相关的通航标准和规定，如内河通航标准、船舶定线制规定等。这些政策性的规定很大程度上引导船舶的航行。在某些航行受限的河段，会实行通航管制；有些航道属于单向控制航道，船舶行驶经过的时候，应遵守主管机关颁布的单向航行控制规定。上下行船舶应在单向航行控制段外附近的安全水域等让。

7.2 航道通过能力计算

7.2.1 通过能力计算方法

（1）小时通过能力计算

航道基本通过能力是指航道和交通都处于理想条件下，航道上船舶以最小的船舶间距连续行驶，在单位时间内通过航道断面的最大船舶数。当然，这种情况在实际中是不存在的，仅仅是为了简化研究所抽象出来的理想情况。对于给定船型，利用交通流相关理论以及加权平均船型概念，得到航道小时基本通过能力计算公式：

$$Q_h = m_{上}\frac{(v_{上}-v_{水})3\ 600}{\bar{l}} + m_{下}\frac{(v_{下}+v_{水})3\ 600}{\bar{l}} \tag{7-5}$$

式中：$m_{上}$——船舶上行的通道数目；

$m_{下}$——船舶下行的通道数目；

$v_{上}$——船舶交通流中给定船型对应上水航速（m/s）；

$v_{下}$——船舶交通流中给定船型对应下水航速（m/s）；

$\bar{l}$——船舶流中给定船型的船舶领域纵长；

Q_h——航道基本通过能力（艘次 /h）。

公式（7–5）考虑一定的通航维护水深下，在理想状态下，排除航道条件不利因素、船舶的自身情况以及外部影响因素，通航段航道中按照船舶流中给定船型条件下能够安全顺利通航，利用公式（7–5）可以计算理想状态下内河航道的小时通过能力，对于判断航道瞬时通过能力非常重要，目前已经越来越受到重视。另一方面，对于水运来说，我国长期习惯于采用年通过能力，因此，需要将内河航道的小时通过能力转化为年通过能力。

（2）设计小时系数

设计交通量根据时间不同可以分为设计年交通量和设计小时交通量。现在国内在航道规划设计时多采用年交通量数据。由于内河航道交通和道路交通有一定相似性，可以借鉴道路交通研究成果。在道路交通工程中，交通量具有随时间变化的特点，为了使工程既能满足绝大多数小时车流量能顺利通过，不造成严重堵塞，又不至于建成后车流量小造成浪费，规定采用适当的小时交通量作为设计小时交通量。内河航道上行驶的船舶流也具有随时间变化的特点，主要体现在不均衡系数上，同样利用相关资料研究船舶设计小时交通量。

小时交通量系数为小时交通量与年平均日交通量的比值。由于缺少统计数据，现参考京杭运河施桥船闸 2001 ～ 2005 年的实际运行资料（2003 年船闸大修，未统计），分析历年不同设计小时时位对应的小时交通量系数（按照船舶艘次进行统计），具体见表 7–4 所示。

统计结果表明，设计小时时位越大，小时交通量系数就越稳定，其变化区间越小。以艘次为统计量，第 100 位设计小时时位对应的小时交通量系数为 0.16 ～ 0.22，第 200 位设计小时时位对应的值为 0.13 ～ 0.16，第 300 位设计小时时位对应的值为 0.12 ~ 0.14。由此可见，年交通量与小时交通量之间存在一定的关系：设计小时位取得愈大，由年交通量转化的小时交通量愈稳定，而设计小时时位取得愈大，则相应的小时交通量相对偏小，航道阻塞的概率就会增大。小时交通量系数与设计小时时位关系，如图 7–2 所示。

船舶艘次小时交通量系数统计 表 7–4

设计小时时位	2001 年		2002 年		2004 年		2005 年	
	上行	下行	上行	下行	上行	下行	上行	下行
75	0.19	0.17	0.17	0.17	0.22	0.23	0.19	0.25
100	0.18	0.16	0.17	0.16	0.20	0.21	0.17	0.22
110	0.17	0.15	0.16	0.15	0.20	0.20	0.17	0.21
120	0.17	0.15	0.16	0.15	0.19	0.19	0.17	0.20
130	0.16	0.15	0.15	0.15	0.18	0.19	0.16	0.19
140	0.16	0.15	0.15	0.15	0.18	0.18	0.16	0.19
150	0.16	0.14	0.15	0.14	0.18	0.17	0.16	0.18
160	0.15	0.14	0.15	0.14	0.17	0.17	0.16	0.17
170	0.15	0.14	0.15	0.14	0.17	0.16	0.15	0.17
180	0.15	0.14	0.14	0.14	0.17	0.16	0.15	0.16
190	0.15	0.13	0.14	0.13	0.16	0.16	0.15	0.16
200	0.14	0.13	0.14	0.13	0.16	0.16	0.15	0.16
220	0.14	0.13	0.14	0.13	0.15	0.15	0.14	0.15
240	0.14	0.13	0.14	0.13	0.15	0.15	0.14	0.15
260	0.13	0.12	0.13	0.13	0.14	0.14	0.14	0.14
280	0.13	0.12	0.13	0.13	0.14	0.14	0.13	0.14
300	0.13	0.12	0.13	0.12	0.14	0.14	0.13	0.13
320	0.13	0.12	0.12	0.12	0.14	0.13	0.13	0.13
340	0.12	0.12	0.12	0.12	0.13	0.13	0.12	0.13
360	0.12	0.11	0.12	0.12	0.13	0.13	0.12	0.12
380	0.12	0.11	0.12	0.12	0.13	0.13	0.12	0.12
400	0.12	0.11	0.12	0.11	0.13	0.13	0.12	0.12
420	0.12	0.11	0.12	0.11	0.12	0.12	0.11	0.12
440	0.12	0.11	0.11	0.11	0.12	0.12	0.11	0.12
460	0.11	0.11	0.11	0.11	0.12	0.12	0.11	0.11
480	0.11	0.11	0.11	0.11	0.12	0.12	0.11	0.11
500	0.11	0.10	0.11	0.11	0.12	0.11	0.11	0.11

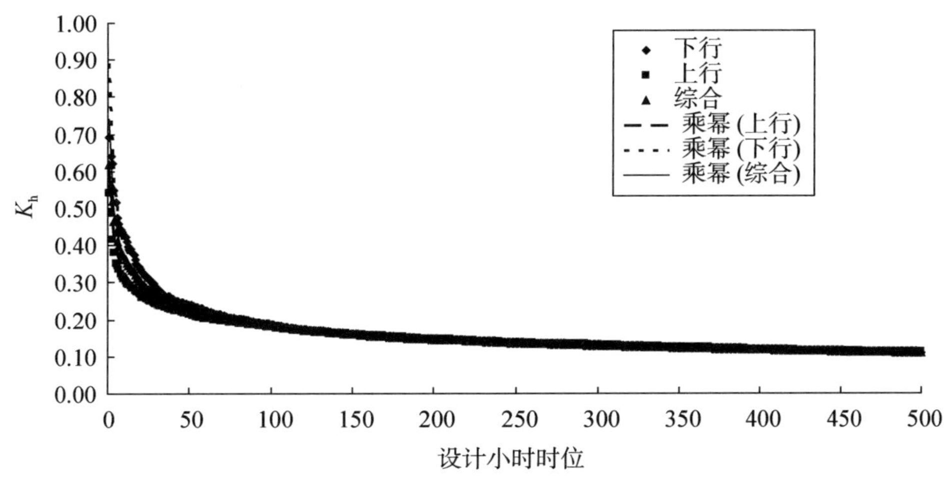

图 7–2　小时交通量系数与设计小时时位关系图（艘次）

设计小时时位愈小，设计交通量系数愈大，即确定的航道畅通保证率高，但是航道的建设成本也就相应增大。当设计小时时位小于 200 时，设计小时交通量系数随着设计小时时位的减小增幅变大，设计小时系数 K_h 的值表现出不稳定性；而当设计小时时位大于 300，随着设计小时时位的增加，K_h 变化缓慢，说明此时通过降低航道畅通的保证率对于节约工程投资、降低设计标准作用已不明显。

因此对于无相关统计资料内河航道其设计小时交通量系数建议取 0.12 ~ 0.16；有充足资料情况下可以按实际资料统计，设计小时时位取 200 ~ 300 之间。

（3）年通过能力计算

在道路交通工程中，为了保证道路规划期内满足绝大多数小时车流能顺利通过，同时避免建成后车流量很低，投资效益不高，规定要选择适当的小时交通量作为设计依据。国内外主要根据多年的实测交通资料，提出采用设计小时系数作为控制指标。设计小时交通量与年平均日交通量的比值称为设计小时交通量系数，通过设计小时系数可以方便地转换小时交通量与年平均日交通量。

在内河航道中，通过拟合船舶吨位和船长，同时结合内河航道小时通过能力计算方法，可方便地计算出不同平均吨位船舶的小时通过能力。参照道路交通通过能力计算方法，统计内河船舶设计小时交通量系数，将小时航道基本通过能力计算公式与设计小时交通量系数相结合，得到航道日通过能力 Q_d、年通过能力 Q_y 计算模型：

$$Q_d = \frac{Q_h}{K_h} \tag{7–6}$$

$$Q_y = A\frac{Q_h}{K_h} \tag{7–7}$$

式中：A——年通航天数。

将式（7–5）代入式（7–7），可得航道年通过能力最终计算模型：

$$Q_{\mathrm{y}}=A\frac{1}{K_{\mathrm{h}}}\left[m_{上}\frac{(v_{上}-v_{下})3\ 600}{\bar{l}}+m_{下}\frac{(v_{上}+v_{下})3\ 600}{\bar{l}}\right] \tag{7–8}$$

公式（7–8）是基于船舶交通流的航道通过能力计算方法，总体上参照理论成熟的道路交通通过能力计算方法，利用小时系数将微观上的航道小时交通量与宏观上的年通过能力进行简便的转换，计算给出了年通过船舶的艘数，再根据航段内标准船型满载时载重，来计算航道年通过能力。

7.2.2 长江干线航道通过能力计算

根据《全国内河船型标准化发展纲要》，“三峡大坝与库区的建成，使得川江及三峡库区的船型较原有船型变化较大，对新船型有大量迫切需求。川江及三峡库区船型标准化的研发工作，采取以‘船舶主尺度系列’为主导，与船型‘技术方案’相结合的形式”、“长江干流中下游流经湖南、湖北、江西、安徽、江苏、浙江、上海等省市，中下游干流水面宽阔，无船闸等通航设施，水域通航条件较好，对内河船舶尺度等的限制较少，船型标准化的形式较为宽泛。但鉴于长江水系船型杂乱，船舶技术水准不高，可归纳、研发、推荐一批优秀船型，引导船舶向标准化方向发展”。由此可知，在长江复杂的通航条件、目前船型标准化程度还不高的情况下，按照传统的计算方法，很难进行通过能力计算。若按照单船计算，则计算分为如下 3 段：

（1）上游

水富—宜宾；宜宾—重庆（羊角滩）；重庆（羊角滩）—宜昌。

（2）中游

宜昌—城陵矶；城陵矶—武汉。

（3）下游

武汉—安庆；安庆—南京。

2012 年及 2020 年各分段河段的水深及代表标准船型情况，如表 7–5 所示。其中 2012 年采用航道实际维护水深；2020 年采用规划水深，船型尺寸参考《内河通航标准》（GB 50139—2014）、《海港总体设计规范》（JTS 165—2013）、《长江水系过闸运输船舶标准船型主尺度系列》、《长江干线船型标准化宣传手册》、《内河货运船舶船型主尺度系列》确定。通过能力计算结果，见表 7–6、表 7–7。

由表 7–5 可知：

①实现 2020 年规划后，水富—南京段的航道水深增加和通过能力均有明显提高，水富—宜宾、宜宾—重庆（羊角滩）、重庆（羊角滩）—宜昌、宜昌—城陵矶、

城陵矶—武汉、武汉—安庆、安庆—南京的航道水深分别提高 0.9m、0m、0m、0.3m、0.2m、0.5m、0.5m；通过能力分别提高 1.05 亿 t、0.00 亿 t、0.00 亿 t、1.31 亿 t、1.29 亿 t、1.16 亿 t、4.93 亿 t，通过能力提升率分别为 130.66%、0.00%、0.00%、23.68%、18.75%、14.19%、55.11%。

长江干线各河段船型及代表船队状况表 表 7-5

河段 \ 条目 \ 年份	2012 年				2020 年				维护水深提高(m)
	航道维护水深(m)	代表船型吨位(t)	推荐船速(m/s)	船长(m)	航道维护水深(m)	代表船型吨位(t)	推荐船速(m/s)	船长(m)	
水富—宜宾	1.8	300	18	44	2.7	1 000	18.4	65	0.9
宜宾—重庆（羊角滩）	2.7	1 000	18.4	65	2.7	1 000	18.4	65	0.0
重庆（羊角滩）—宜昌	3.5	2 500	18.12	86	3.5	2 500	18.12	86	0.0
宜昌—城陵矶	3.2	2 000	18.1	85	3.5	2 500	18.12	86	0.3
城陵矶—武汉	3.5	2 500	18.12	86	3.7	3 000	18.14	87	0.2
武汉—安庆	4.0	3 000	18.14	87	4.5	3 500	20	98	0.5
安庆—南京	5.5	4 000	18	105	6.0	5 000	23.4	110	0.5

长江干线航道通过能力计算表（2012 年） 表 7-6

河段		水富—宜宾	宜宾—重庆（羊角滩）	重庆（羊角滩）—宜昌	宜昌—城陵矶	城陵矶—武汉	武汉—安庆	安庆—南京
船舶领域（4L）		176	260	344	340	344	348	420
小时艘数		102	71	53	53	53	52	43
小时通过能力		30 682	70 769	131 686	106 471	131 686	156 379	171 429
年通过能力	0.14	0.80	1.85	3.43	5.55	6.87	8.15	8.94

长江干线航道通过能力计算表（2020 年） 表 7-7

河段		水富—宜宾	宜宾—重庆（羊角滩）	重庆（羊角滩）—宜昌	宜昌—城陵矶	城陵矶—武汉	武汉—安庆	安庆—南京
船舶领域（4L）		260	260	344	344	348	392	440
小时艘数		71	71	53	53	52	51	53
小时通过能力		70 769	70 769	131 686	131 686	156 379	178 571	265 909
年通过能力	0.14	1.85	1.85	3.43	6.87	8.15	9.31	13.87

②水富—宜宾段由 2012 年维护水深 1.8m 提升到 2020 年规划的 2.7m 时，通过能力提升 1.05 亿 t；而安庆到南京段由维护水深 5.5m 提升到 6.0m 时，通过能力提升 4.93 亿 t。可见不同河段提高航道尺度对通过能力的提升作用不同，下游航道尺度的提高对通过能力的提升作用更明显。

③水富—南京段 2012 年总通过能力为 35.59 亿 t，实现 2020 年规划后，总通过能力为 45.55 亿 t，提升率为 27.37%。

7.3 长江上游通航枢纽船闸通过能力

由于长江上游船型组成复杂，船型组成直接影响合理的闸室尺度的确定；同时，由于闸室尺度增大后，单闸次船舶吨位增大，船闸通过能力相应增加，但每闸次过闸船舶的数量增加，一闸次运行时间增长。因此，应合理论证闸室尺度，使船闸通过能力满足过闸运量增长的需要，同时又不使过闸时间过长。

根据仿真模型，分析不同船闸有效尺寸时的船闸通过能力的船闸尺度的平均闸室面积利用率、平均一次过闸吨位、平均一次过闸船舶艘次和船闸年通过能力。从而合理确定长江上游船闸有效尺度。

从本质上来说，确定船闸的合理有效尺度，就是确定各种船闸有效尺度下的船闸通过能力，再结合过闸货物量的需求预测，最终确定合理的船闸有效尺度。

7.3.1 《船闸总体设计规范》中船闸通过能力计算方法

船闸通过能力是反映船闸规模的重要技术经济指标。船闸通过能力计算是船闸规划设计中的一项重要内容。船闸通过能力计算的科学性直接影响船闸设计尺度和船闸设计规模的合理确定。船闸通过能力计算一般包括设计水平年内各期的过闸船舶总载重吨位、过闸货运量两项指标，并以单向通过能力表示。

我国现行行业规范《船闸总体设计规范》(JTJ 305—2001)(以下简称《规范》)对船闸通过能力计算有具体规定。《规范》中，船闸通过能力根据一次过闸平均吨位、一次过闸平均时间、日工作小时、日过闸次数、年通航天数、运量不均衡系数等因素确定：

$$P_1 = \frac{n}{2}NG \tag{7–9}$$

$$P_2 = \frac{1}{2}(n - n_0)\frac{NG\alpha}{\beta} \tag{7–10}$$

$$n = \frac{\tau \times 60}{T} \tag{7–11}$$

式中：P_1——单向年过闸船舶总载重吨位（t）；

P_2——单向年过闸客货运量（t）；

n——日平均过闸次数；

n_0——日非运客、货船过闸次数；

N——年通航天数（d）；

G——一次过闸平均载重吨位（t）；

α——船舶装载系数；

β——运量不均衡系数；

τ——日工作小时（h），规范推荐取值 20 ~ 22h；

T——一次过闸时间（min）。

其中一次过闸平均吨位和一次过闸平均时间是较难确定的重要参数。其他影响因素相对较容易确定，如船闸有效运营时间可以根据天气和水文的历史统计数据确定，船舶装载系数可根据船闸所在流域的货运现状和发展进行分析与预测。运量不均衡系数综合反映了货运需求的不均衡性和船闸的服务水平，反映货运需求的不均衡性可通过调研、分析得出，而运量不均衡系数与船闸服务水平之间的关系还缺乏相应研究。

船舶双向过闸时间为：

$$T_2=4t_1+2t'_2+2t_3+2t'_4+4t_5 \tag{7-12}$$

式中：T_2——上、下行各一次的双向过闸时间；

t_1——闸门开启或关闭的时间（min），由闸门和启闭机设计确定，大型船闸可取 t_1=4min；

t'_2——双向第一个船舶从停靠段驶入闸室所需的时间（min），可根据船舶在停靠段至闸室内停泊位置的距离除以船舶进闸速度估算，根据对已建船闸营运期的观测，船舶进闸速度可取为 1.0m/s，$t'_2 = L/1.0/60$；

t_3——闸室灌水或泄水时间（min），根据输水系统设计确定，一般应取船闸加权平均水头时的输水时间，也可采用设计水头时的输水时间估算；

t'_4——第一个船舶出闸所需的时间（min），可根据船舶在闸室内停泊位置至停靠段末端的距离除以船舶出闸速度估算，根据对已建船闸营运期的观测，船舶曲线出闸时，出闸速度可取为 1.0m/s，船舶直线出闸时，出闸速度可取为 1.4m/s，因此，$t'_4=L/1.4/60$；

t_5——船舶、船队进闸或出闸时间间隔（min），当过闸船型较多时，若每闸次通过 m 条船（或船队），则有 m—1 个间隔，根据对已建船闸营运期的观测，相邻船舶间隔可取 2min，则 $t_5 = (m - 1)\times 2$，m 为平均每闸次的船舶数量。

船舶装载系数的确定应根据对本河段运输船舶的统计分析得出，对未来的预测还应结合对运量预测和货物流量、流向预测的分析。影响船舶装载系数的因素有航道水深条件、货种、货物批量等。参考三峡船闸船舶装载系数统计资料，近年来，下行船舶装载系数在 0.60 ～ 0.80 之间波动，上行船舶装载系数在 0.51 ～ 0.74 之间波动，主要影响因素是货物流向、批量及航道条件的限制等。本河段渠化后，河段条件得到改善，但货物流向及批量的影响依然存在，通过能力计算时 2020 年、2030 年、2050 年的船舶下行装载系数分别按 70% 和 75% 两种情况计算。

运量不均衡系数衡量船闸满足高峰期船舶过闸需求能力的参数，是船闸服务水平的间接反应。影响运量不均衡系数的因素主要是航道通航条件和货物运输需求的年内季节性变化。运量不均衡系数可以是高峰日过闸货运量与日平均过闸货运量的比值，也可以是高峰月过闸货运量与月平均过闸货运量的比值。一般以月为单位进行统计分析。若两个比值相差较大时，应分析差异的原因，确有需求应满足高峰日船舶过闸需求。对于运输比较繁忙的船闸，据统计资料运量不均衡系数一般在 1.1 ～ 1.2 之间，本次计算各水平年运量不均衡系数值均取为 1.2。

7.3.2 影响船闸通过能力的主要因素

（1）一次过闸平均吨位

《规范》规定了确定一次过闸平均吨位的原则：以设计船型船队和其他各类船型船队为基础，根据运量、货种、船队中船型组合的比重，结合船闸有效尺度进行组合确定。各期的通过能力，应采用相应的一次过闸平均吨位进行计算。

当船型组成较为简单、船闸较小时，每闸次过闸船舶仅为 1 ～ 2 条，一次过闸平均吨位的确定较为简单。但当船型组成较为复杂、船闸较大时，每闸次过闸船舶数量较大，这时船闸尺度与一次过闸平均吨位之间不存在确定的函数关系。根据船型组成的预测和船舶到达的随机性，建立仿真模型，通过试验得到相应成果是唯一有效的手段。

（2）一次过闸时间

《规范》规定一次过闸时间分为单向过闸时间和双向过闸时间。对于与运输繁忙的单级船闸一般都是双向运行。双向一次过闸时间按式（7–12）计算。从该计算公式中可以看出，一次过闸时间分为两部分，即船闸运行时间和船舶进出船闸时间。

船闸运行时间包括闸门启闭时间和输水时间。闸门启闭时间根据闸门和启闭机设计确定；输水时间根据输水系统设计确定，船闸运行水头变化较大时应按加权平均水头确定输水时间，当最大水头和最小水头的输水时间相差不大时，也可忽略输水时间的差异。

船舶进出闸时间可根据其运行距离、进出闸速度、船舶进出闸时间间隔和船舶数量确定。进出闸速度是指船舶从停泊段到闸室内停泊位置之间的平均速度。船舶运行距离根据船闸总平面布置确定，进出闸速度与引航道布置有关，目前可得到的实船观测资料较少，而规范中按船闸单向运行和双向运行分别规定进出闸速度不太合理。一般进闸速度可取 1.0m/s；出闸速度当直线出闸时可取 1.4m/s，当曲线出闸时可取 1m/s。船舶进闸安全间隔目前可得到的实测资料也较少，根据三峡船闸的观测约为 2min。每一闸次的船舶数量与过闸船舶的船型组成和各类关系的尺度分布等密切相关，且具有明显随机性，无法得到解析解或数值分析解，采用仿真试验可能是唯一的工具。

7.4 航道通过能力分析

7.4.1 长江上游主要控制河段

宜宾至重庆河段航道现状达到Ⅲ级航道标准，航道维护尺度为：2.7m × 60m × 560m，基本满足 1000 吨级船舶双向通航的要求。河段有险滩 40 余处，平均每 8km 就有一处险滩，比较著名的有筲箕背、铜鼓滩、小米滩、神背嘴等。对于绝大多数险滩可通过航道整治、上游水库流量和修建梯级等工程措施，使险滩处水流流态、流速、水深等能够满足双向通航要求，但也有个别位置仍很难满足。长江上游部分控制河段航道，如图 7−3 所示。

目前，宜宾至重庆河段实行通行控制的河段约有 11 处，见表 7−8。其中，神背嘴（距宜昌里程约为 873.5km）和葫芦背（距宜昌里程约为 707.6km）为全年

宜宾至重庆通行控制河段情况统计表 表 7−8

序号	河段	距宜昌里程（km）	通行控制情况
1	铜鼓滩	995.2	水位 3.5m 以下北槽实行通行控制
2	香炉滩	982	水位 2.0m 以下实行通行控制
3	冰盘碛	880	水位 3.5m 以下实行通行控制
4	神背嘴	873.5	全年实行通行控制
5	庙角碛	811	水位 1.5m 以下实行通行控制
6	秤杆碛	808.8	水位 4.0m 以下南槽实行通行控制
7	母猪碛	770.2	水位 3.0m 以下实行通行控制
8	葫芦背	707.6	全年实行通行控制
9	车停碛	701	水位 5m 以下实行通行控制
10	虾子梁	690.5	水位 6m 以上实行通行控制
11	九龙滩	671.2	水位 3.0m 以下实行通行控制

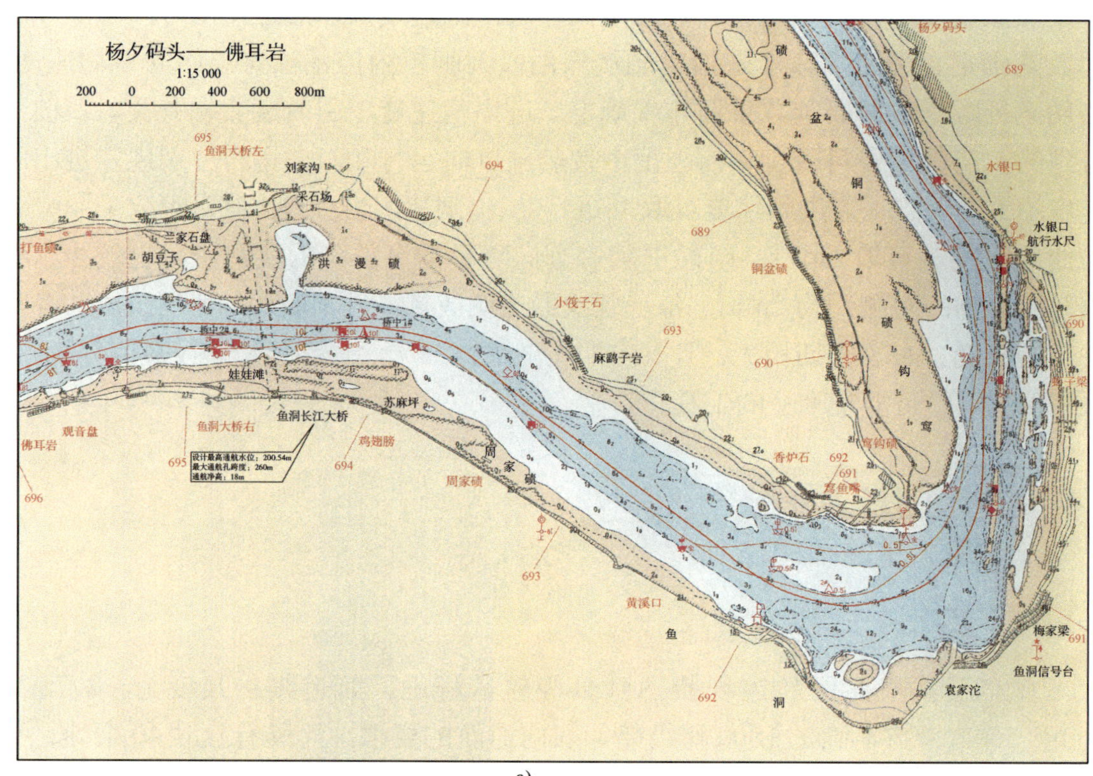

a)

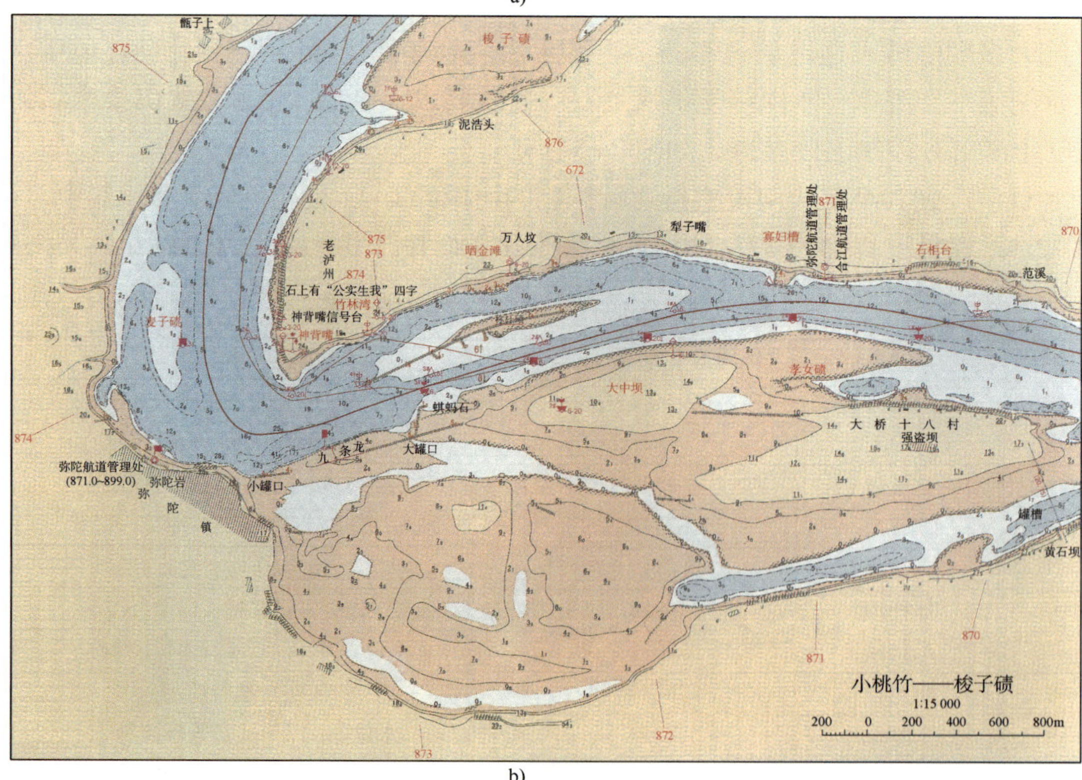

b)

图 7–3 长江上游部分控制河段航道示意图

通行控制河段，通行控制河段内不允许会船，只能满足船舶单向通航。葫芦背由于小南海就在上游 7km，在本河段完全渠化的条件下，通航条件能明显改善。但神背嘴还将是单向通航。

7.4.2 单向航道通过能力

根据《航道设计手册》中的川江航道通过能力计算公式估算航道通过能力。

$$P = \frac{N\sum(\alpha_i n_i G_i)}{\beta} \tag{7–13}$$

式中：P——航道单向通过能力（t/ 年）；

N——全年通航天数；

G_i——某种船舶的平均载量（t/ 艘）；

α_i——装载系数；

n_i——某种船舶的发船密度（艘次 /d）；

β——不均匀系数；采用上述研究的船型组合，日工作小时数取为 22h，年通航天数取为 335d，下行船舶装载系数按照 0.70 和 0.75 分别进行估算，各水平年运量不均衡系数值均取为 1.2。

由于宜宾至重庆河段某些断面为卡口段，不能双向通航，如神背嘴、葫芦背等全年通行控制河段，只能满足船舶单向通航，每天能够通过多少船舶是有限制的，因此，实际航道通过能力受卡口断面通过船舶艘次的限制。通过分析，几个单向通行航段控制长度均在 600m 以上，由于单向通行航段水流条件复杂，船舶航速按 3m/s 计算，因此，船舶通过航段时间约为 3.5min；假设在卡口断面上下行船舶交替通过，同一方向船舶间隔时间为 3.5×2=7min，则一天 22h 内一个断面某一方向通过 189 艘船舶。根据预测船舶组合进行计算，航道单向通过能力见表 7–9。

航道单向通过能力计算表 表 7–9

吨位级别（t）	2020 年	2030 年	2050 年	2020 年	2030 年	2050 年
1000 吨级及以下	10%	5%	3%	10%	5%	3%
1500 吨级	12%	6%	4%	12%	6%	4%
2000 吨级	18%	12%	9%	18%	12%	9%
2500 吨级	20%	18%	12%	20%	18%	12%
3000 吨级	27%	32%	35%	27%	32%	35%
4000 吨级	8%	15%	22%	8%	15%	22%
5000 吨级及以上	5%	12%	15%	5%	12%	15%
合计	100%	100%	100%	100%	100%	100%

续上表

吨位级别（t）	2020年	2030年	2050年	2020年	2030年	2050年
平均吨位	2545	3050	3325	2545	3050	3325
装载系数 α	0.7			0.75		
不均匀系数 β	1.2			1.2		
单向通过能力（亿t）	0.94	1.12	1.23	1.00	1.20	1.31

7.4.3 船舶排队情况下单向航道通过能力

航道通过能力取决于控制断面的通过能力，本河段控制断面以神背嘴为代表。考虑极端情况，若船舶密度较大，在卡口段需排队等候通过，假设等待排队船舶艘次上下行方向各为3艘，某一方向3艘船舶全部通过后另一方向再通过3艘，河段长600m，单个船舶通过通行控制河段时间约为3.5min，同方向船舶间距3min，则一天22h内一个断面单向通过208艘船舶。根据预测船舶组合进行计算，航道单向通过能力见表7–10。

航道单向通过能力计算表 表7–10

吨位级别（t）	2020年	2030年	2050年	2020年	2030年	2050年
1000吨级及以下	10%	5%	3%	10%	5%	3%
1500吨级	12%	6%	4%	12%	6%	4%
2000吨级	18%	12%	9%	18%	12%	9%
2500吨级	20%	18%	12%	20%	18%	12%
3000吨级	27%	32%	35%	27%	32%	35%
4000吨级	8%	15%	22%	8%	15%	22%
5000吨级及以上	5%	12%	15%	5%	12%	15%
合计	100%	100%	100%	100%	100%	100%
平均吨位	2545	3050	3325	2545	3050	3325
装载系数 α	0.7			0.75		
不均匀系数 β	1.2			1.2		
单向通过能力（亿t）	1.04	1.24	1.35	1.11	1.33	1.45

参考文献

[1] 长江航道局.航道工程手册[M].北京：人民交通出版社，2005.

[2] 刘明俊，艾万政，程志友.苏通大桥桥区水域船舶通航能力研究[J].航海工程，2006(4)：80−82.

[3] 王宏达.内河航道通过量估算[J].水运工程，1998(9)：4−6.

[4] 徐婷婷.不同安全条件下的航道通过能力研究[D].南京：河海大学，2007.

[5] 张玮，朱俊，廖鹏，刘韬.内河航道设计小时交通量探讨[J].水运工程，2008(12)：128−132.

[6] 董宇，姜晔，何良德.内河航道通过能力计算方法研究[J].水运工程，2007(1)：59−65.

[7] 沈新民.关于长江上游船舶大型标准化的探讨[J].武汉航海，2008(3)：1−2.

[8] 胡方.长江干线航道通航能力与物流需求适应性研究[D].武汉：武汉理工大学，2009.

[9] 刘明俊，万长征.航道通过能力影响因素的分析[J].航海工程，2008，37(05)：116−118.

[10] 杨锦华.长江中下游航道通过能力的初步研究[J].水运工程，1993(8).

[11] 长江航道规划设计研究院.长江干线与通航有关设施通航技术要求研究[R].2012.

索 引

W

X

Y